本科规划教材

技术创业

JISHU CHUANGYE

主　编　周冬梅　鲁若愚
副主编　杨　俊　周　阳

电子科技大学出版社
University of Electronic Science and Technology of China Press
·成都·

图书在版编目(CIP)数据

技术创业 / 周冬梅，鲁若愚主编. — 成都：电子科技大学出版社，2021.12
ISBN 978-7-5647-0524-4

Ⅰ. ①技… Ⅱ. ①周… ②鲁… Ⅲ. ①高技术企业—企业管理 Ⅳ. ①F276.44

中国版本图书馆CIP数据核字（2021）第237270号

技术创业

JISHU CHUANGYE

周冬梅　鲁若愚　主编

策划编辑　张　鹏　刘　凡
责任编辑　刘　凡　汤云辉

出版发行　电子科技大学出版社
　　　　　成都市一环路东一段159号电子信息产业大厦九楼　邮编　610051
主　　页　www.uestcp.com.cn
服务电话　028-83203399
邮购电话　028-83201495

印　　刷　成都市火炬印务有限公司
成品尺寸　170mm×240mm
印　　张　16.25
字　　数　500千字
版　　次　2021年12月第1版
印　　次　2021年12月第1次印刷
书　　号　ISBN 978-7-5647-0524-4
定　　价　69.00元

前言

Foreword

创新是社会进步的灵魂，创业是推动经济社会发展、改善民生的重要途径，创新和创业相连一体，共生共存。早在1934年，著名经济学家约瑟夫·熊彼特（Joseph Alois Schumpeter）就提出了“创业”的概念，并将创业的过程等同于创新过程，创业者也是创新者，通过创新来克服自由市场经济的内在矛盾。在当下科技与产业加快融合的背景下，技术创业成为最为重要的创业形态，是产业结构升级优化的主要驱动力量。我国《国民经济和社会发展第十四个五年规划和2035年远景目标纲要》指出，要坚持创新驱动发展战略，把科技自立自强作为国家发展的战略支撑，加快建设科技强国，打好关键核心技术攻坚战，同时完善技术创新市场导向机制，强化企业创新主体地位，推进创新、创业、创造向纵深发展。随着“大众创业、万众创新”成为经济增长的新引擎，技术进步、技术创新正成为经济发展的原动力，技术创业的“黄金时代”已经来临。5G、云计算、大数据、人工智能等各种新技术不断涌入各行各业，技术创业的新赛道如雨后春笋般涌现，新的历史机遇让技术创业成为热潮，技术创业者正逐渐走上创业舞台，并通过科学技术创新构建壁垒，形成企业核心竞争优势。

技术创业是基于技术能力和技术创新的新事业创建行为，是创业者对技术创业机会进行开发的过程，技术的经济价值成为企业核心的利润来源。然而，技术价值并不等于商业价值，从技术价值到商业价值的思路转化和落地执行是最考验技术型创业者的一环。有别于一般创业，技术创业资本密集、知识密集和技术密集特性表现得更为突出，面临的资源整合压力和成长风险也更大，具有高度不确定性、高风险性、高技术性、高门槛、制度环境的高敏感性等特征。成功的技术型创业者不仅在技术上要有足够的领先性和学习能力，而且需具备相当程度的商业洞见力，不同商业模式的成长路径和成功要素不同，对创业者的能力要求也不同。因此，面对创业风险大、投入门槛高、能力要求广的技术创业过程，创业者们需要洞察市场机会和商业环境，成功应对并克服复杂且多元化的不确定性因素，全面深入了解技术创业的各个环节以及要素。

国家的创新驱动发展战略离不开人才的培养，20世纪80年代，管理大师彼得·德鲁克指出，美国经济之所以能够打破“经济发展过程中必然出现周期性经济危机”的论断，主要是因为美国培养了大量具有创新精神的企业家，他们使美国的经济模式由“管理型”转向“企业家型”。我国也从国家战略高度大力推动创业教育发展，教育部等多部门多次发文对高校开展的创业教育提出要求，2012年教育部明确提出各高校应将创业教育纳入学校重要议事日程，强调高校要把创业教育教学纳入学校改革发展规划，要求高校将创业基础课作为学校的必修课程。2015年国务院发布《深化高等学校创新创业教育改革的实施意见》，对创业教育课程提出更高层次的要求。可见，创业教育已成为经济社会发展的战略需要，并成为高等教育改革的趋势。创业教育课程是开展创业教育的核心要素，是培养科技型创业人才的主渠道。尤其对于工科优势高校，依托其自身的学科优势，在科技创新、培养技术型创业人才方面发挥着主力作用，一定程度上代表着高校创业教育的未来发展方向。

因此，从国家发展战略出发，跟随时代趋势，以培养技术型创业人才为目标，本书编者群策群力，综合业界多位专家学者意见，结合高校技术创业课程的重点和难点，以切实达到基础课程教育目标要求，构建了本书的框架设计，并对内容进行创新充实，力求在学习本书的过程中，学生成为主动而非被动的学习者，教师则转变为学习过程的促进者和理解能力评估测试的促进者。在价值取向上，以培养企业家精神为指导；在培养目标上，根据学生群体的差异性构建明确的、层次化课程目标；在课程内容上，充分利用工科优势高校优势资源，增加实践性、跨学科性课程。

本书较为系统地介绍了技术创业的要素以及过程。全书共分为12章。

第1章介绍技术创业的基本概念、主要特征以及技术创业类型，对技术创业过程框架进行大概的描述，让读者能够对技术创业有一个初步的认识。

第2章和第3章介绍了技术创业的主体，包括技术创业者和技术创业团队两类角色，对技术创业者的类型、能力培养、角色转变进行介绍，重点阐述高效技术创业团队的构建过程。

第4章介绍技术创业的创业机会，包括机会开发、机会搜寻、机会识别、机会评价与选择等过程。

第5章描述了技术创业过程中技术成果商业化的途径，使读者了解技术成果的开发流程以及渠道，理解技术成果商业化的内涵和途径。

第6章突出知识产权管理在技术创业过程中的重要作用，让读者理解知识产权的内涵，了解知识产权纠纷的主要形式，加深对技术企业知识产权管理的认识。

第7章介绍了技术创业过程中的企业战略，包括创新战略和竞争战略，使读者理解其内涵与区别，了解技术创业企业制订战略的基础、情景与制订过程。

第8章、第9章和第11章对技术创业的商业化过程进行详细的讲解，包括商业模式的设计、创业计划书的构成和写作技巧、技术创业企业的主要融资渠道和融资模式等。

第10章介绍技术创业企业的资源获取，帮助读者理解创业资源的类型和作用，掌握技术创业企业的资源获取策略以及资源管理的过程和机制等。

第12章介绍了技术创业的风险与收益，让读者能够辨别系统风险和非系统风险并明晰规避风险的方法，同时了解技术创业收益的特点、获取方式以及收益分配机制等。

本书内容充实，兼顾技术创业理论知识的系统性、实用性和新颖性，可作为本科生、MBA、硕士研究生的创业教育教材，教师可以根据教学学时，针对不同层次的学生选择不同的教学内容。本书采用模块化结构设计，丰富的内容呈现体例既能够加深学生对学习内容的理解，又能够对理论知识的背景和方法加以消化，同时简化教师的教学压力，具体如下。

【核心问题】提纲挈领，概括本章内容的核心要点，开门见山地明确本章逻辑思路。

【学习目标】提出每一章节对学生的学习要求、需要掌握的要点，让学生带着目标去学习。

【引例】通过展示与当前章节内容有关的企业案例，将学生带入相关情境中，让学生在情境中理解书本内容。

【拓展阅读】在章节末尾设置拓展阅读模块，让学生将前文知识与阅读内容结合起来，获得更深层次的理解。

【课外练习题】有课堂活动式练习活动，也有课后个人作业和小组作业，多样化的课堂参与让学生更加有体验感和学习氛围。

【本章思考题】引导学生进行分析和思考，拓展其创业知识和能力。

本书借鉴和参考了大量国内外创业指导与创业教育研究的文献资料，以及一些专家学者的理论和同行的观点，充分吸收了技术创业理论与实践的最新动态，希望这样的编排能够激发读者学习的积极性，并对读者开展技术创业实践提供理论指导。书中引用的案例和材料均来自文献期刊以及网络，在此一并表示衷心的感谢。

本书由电子科技大学经济与管理学院周冬梅、鲁若愚担任主编，浙江大学管理学院杨俊与电子科技大学经济与管理学院周阳担任副主编，电子科技大学经济与管理学院研究生陈雪琳、韩武成、丁奕文、朱卫杰、湛紫樱、张立锴、朱璇玮参与撰写和统稿工作。

本书是国家自然科学基金重点项目“新创企业商业模式形成与成长路径”（71732004）与国家自然科学基金重大项目“创新驱动创业的重大理论与实践问题研究”（72091310）课题三“大型企业创新驱动的创业研究”（72091311）联合资助项目。

由于编者水平有限，书中难免有疏漏和不当之处，殷切希望能够得到读者和同行专家、学者的批评和指正，以便本书的进一步修订和完善。

编　者

2021年9月

目录

contents

第1章　技术创业概论

【核心问题】

(1) 什么是技术创业?

(2) 技术创业与创业的区别有哪些?

(3) 技术创业与技术创新的区别与联系有哪些?

(4) 技术创业的类型有哪些?

(5) 技术创业的过程有哪些?

【学习目标】

(1) 了解技术创业的基本概念，并掌握技术创业与创业的区别;

(2) 了解技术创业的特征;

(3) 了解技术创业与技术创新的区别与联系;

(4) 从不同角度掌握技术创业的类型;

(5) 了解创业理论模型，熟悉技术创业的过程。

【引例】

创业从来不是一件容易的事，技术型创业更是充满了风险与不确定因素。

“十年来我天天思考的都是失败，对成功视而不见，也没有什么自豪感、荣誉感，而是危机感。”

——华为公司创始人任正非

2019年5月，美国将华为列入“实体清单”，限制美国企业供货给华为;随后的两年，连续多轮升级制裁，限制代工企业给华为代工芯片，限制华为采购使用美国技术制造的芯片等。2021年4月，美国限制华为的器件供应商，只要涉及美国技术的产品，就不允许供应给华为的5G设备。多轮制裁的背后，是忌惮华为强大的技术能力。

华为，这家诞生于1987年的原本不起眼的小公司，经过30多年的发展，在多个领域都有所成就，从芯片到服务器、云端，在全球甚至没有一家可以与之对标的企业。

时间回到1987年9月，43岁的任正非凑了2万元在深圳注册成立了华为技术有限公司，成为香港康力公司的HAX模拟交换机的代理商，凭借深圳特区在信息方面的优势，从香港进口产品到内地销售，以赚取差价。在此过程中，他看到了中国电信行业对程控交换机的需求，同时也看到整个市场被跨国公司所把持。当时国内使用的几乎所有的通信设备都依赖进口，民族企业在其中完全没有立足之地，43岁的任正非决定自己做研发。他认识到“技术是企业的根本”，便从此和“代理商”这个身份告别，踏上了企业家的道路。

1991年9月，华为租下了深圳宝安县蚝业村工业大厦三楼，开始研制程控交换机。最初公司员工仅50余人。当时的华为公司既是生产车间、库房，又是厨房和卧室，这也是很多创业公司常见的景象，后来在华为形成了“床垫文化”传统。1992年，华为的交换机批量进入市场，当年产值即达到1.2亿元，利润则过千万，而当时华为的员工还只有100人而已。

随后，华为始终保持着快速前进的步伐，创造着各种令人瞠目结舌的商业神话，将一个个历史悠久、资金技术实力雄厚的对手甩在身后。

2012年，华为取代爱立信，成为世界上最大的通信设备生产商。

2014年，华为的国际专利申请件数超过多年位居第一的美国高通公司，跃居全球企业之首。

然而，在华为取得这一个个辉煌成就的同时，华为内部不时传出任正非“泼冷水”的声音，比如，“华为没有成功，只是在成长”“华为的冬天”，他甚至要求员工们坚持对自己、对今天、对明天作出批判以及对批判的批判等。正是这种无时不在的危机感，引领着这个庞大的通信帝国披荆斩棘。“华为的追求是在电子信息领域实现顾客的梦想，并依靠点点滴滴、锲而不舍的艰苦追求，使我们成为世界级领先企业……通过市场压力传递，使内部机制永远处于激活状态。”

这是一个互联网的时代。当下，互联网以其无时不在、无处不在的信息沟通、交流以及海量的信息资源传送、呈现、挖掘和共享，正在颠覆传统经营模式，并对越来越多的行业造成巨大影响和冲击。面对这样的形势和挑战，任正非对云计算和大数据提出了富有前瞻性的认识，并吹响了坚定的冲锋号角。

“未来将是一个全连接的世界。”这是任正非领导下的华为孜孜以求的信念。在5G时代，华为已经成为世界一流通信供应商，旗下终端业务凭借超强的性能享誉世界，在5G领域华为投入大量人力、物力、财力进行研发。对于5G技术，任正非举过一个例子：全世界能做微波的厂家也不多，华为做到最先进；全世界能做5G的厂家很少，华为做得最好。能够把5G基站和最先进的微波技术结合起来成为一个基站的，世界上只有一家公司能做到，就是华为。因此，华为的崛起让美国通信行业越发不安，不断出台政策进行打压，企图遏制华为在5G领域的进步。

20多年来，华为抓住中国改革开放和ICT行业高速发展带来的历史机遇，基于客户需求持续创新，坚持聚焦战略，对电信基础网络、云数据中心和智能终端等领域持续进行研发投入，以客户需求和前沿技术驱动创新，使公司始终处于行业前沿，引领行业的发展。

（编者根据互联网公开资料整理）

1.1　创业与技术创业

1.1.1　创业的基本概念

经典语录

创新是社会进步的灵魂，创业是推动经济社会发展、改善民生的重要途径。

——习近平

所有的企业都要经历从无到有的过程，在这个过程中无不凝聚着创业者的智慧与心血。就创业者个人而言，创业是追求理想和财富自由的人生规划；而对整个社会来说，创业则是推动经济发展的源泉和动力。创业作为推动经济发展的重要因素，不仅可以创造就业岗位、提升企业绩效，而且可以提升产业竞争力，推动经济的可持续发展。

由于“创业”概念的复杂性，目前，学术界对其定义尚无统一的标准。1934年，熊彼特（Schumpeter）首次在学术界提出了“创业”这一概念，他认为创业的过程与创新的过程是等同的，创业者可以说就是创新者，通过创新来克服自由市场经济的内在矛盾，这就是创业。美国鲍尔州立大学商学院教授库拉特克（Kuratko）认为，创业是创造力、想象力不断发展变化的动态过程，不仅仅指创办一个企业，尽管这很重要，但这并不是创业的全部。捕捉商业机会的能力、规避风险的能力、将想法变成产品的独特视角，这些都贯穿在创业中。

考夫曼和丹特（Kaufmann and Dant）将学者们具有代表性的“创业”概念分成了三种类型：第一类创业概念强调企业家具有的典型品质，包括勇于承担风险、领导力、积极性、解决危机的能力、创造性、风险规避能力、判定能力等；第二类创业概念强调创业的过程和结果，例如创办新企业、在不确定的环境中引入新的生产要素组合和独特而有价值的资源组合等；第三类创业概念关注创业活动，包括开发新市场、克服市场缺陷、合同的制订和管理、提供市场紧缺资源，以利润为导向满足人们的需求，经营操作企业等。莫里斯（Morris）将创业定义为个人或团队通过把独特的资源输入商机中来创造价值的过程。创业可以发生在任何组织中，导致各种可能的结果，例如新项目的产生、产品的更新、服务的改善等。

通过以上对创业概念的界定可以看出，创业是一个复杂的活动，不同的学者对其定义有不同的认识，莫里斯关于创业定义的研究中，认为学者们对创业的理解可大致总结为以下几种，如表1-1所示。

表1-1　莫里斯关于创业定义的研究

莫里斯关于创业定义的不同理解	
开始、创建、创造	追求成长
新事业、新企业	活动过程
创新、新产品、新市场	已有企业
追逐机会	首创活动，做事情、超前认知与行动
风险承担、风险管理、不确定性	首创变革
追逐利润、个人获利	所有权
资源或是生产方式的新组合	责任、权威之源
管理	战略形成
价值创造	统帅资源

因此，简单来讲，创业是一种创建企业的过程，或者说是创建企业的活动。根据大多数学者的理解，创业是创业者通过发现和识别商业机会，组织各种资源提供产品和服务，以创造价值的过程。

1.1.2 技术创业的基本概念

在科技与产业加快融合的背景下，技术创业是最为重要的创业形态，是产业结构升级优化的主要驱动力量，越来越受到产业界和学术界的关注。创业（Entrepreneurship）长期以来一直被认为在技术转换的长期过程中扮演着核心角色，是经济持续增长的根本驱动力。随着基于新技术的创业活动在增加就业、提升生活质量和水平方面发挥的作用日益增强，技术创业作为个人和区域财富创造的一项影响因素，其重要性已广为认知，很多国家和地区认为技术领域的创业活动能促进当地的技术和经济活力持续提升。技术创业对经济发展有着重要作用：①技术创业是创新的重要来源，将技术发展与市场需求匹配进而取得巨大成功；②技术创业提升行业活力，作为现有企业的竞争对手和合作伙伴，可以打破行业格局，进而刺激其他企业；③技术创业为那些没能在大公司发挥自身作用的工程师和管理者提供了事业机会；④促进区域经济发展。

作为创业研究的一个分支，近年来关于技术创业的研究持续升温。技术创业的概念是在1971年普渡大学的“技术创业论坛”上首次提出的。在此之后的数十年中，学者们对技术创业的内涵进行了定义。如库珀（Cooper）将技术创业定义为着重于开发新技术知识的新企业创建行为。罗伯茨（Roberts）认为技术创业是利用技术资源创造新机会的过程。贝克曼（Beckman）等认为，技术创业是基于一种具有高潜能、技术密集型的创业机会，通过整合各种资源，并利用实时动态的决策制订技巧来实现新企业快速成长的新企业创建行为。Ratinho等认为技术创业是一种围绕技术解决方案去识别、创造和利用机会以及资源整合来进行创业的活动。文章《技术创业的兴起》中将技术创业分为三个层面：个体层面，技术创业是由科学家、企业家、风险投资家以及其他个人所发起和推动的技术创新；组织层面，通过技术团队及各组织间的联系来创造价值；系统层面，是指不同价值创造者之间资源的相互交换（P. H. Phan and M. D. Foo，2004）。因此，对技术创业的研究应该是多层次的、跨学科的。

我们将学者们对技术创业的相关定义和理解整理为表1-2，供读者参考。

表1-2　技术创业的相关定义和理解

学者	技术创业定义
Cooper(1971)	技术创业就是那些着重于开发新技术知识的新企业创建行为
Myers(1983)	技术创业就是提供革命性的创新产品和工艺，技术创业活动对提高美国生产效率和经济活力具有重要意义
Zahra(1993)	在研究公司环境、公司创业与公司财务绩效的关系时提到了技术创业，认为测度公司创业和创新这一维度包含四个组成部分，分别为新业务建立、新产品生产、收入中新产品所占比例和技术创业
Berry(1996)	技术创业就是为开发高新技术而成立的小企业及其初期发展行为。为了生存和发展，在这些公司创立的前几年中必须完成从技术驱动到市场拉动的管理哲学转变，而技术创业者的战略意识在这一转变中具有关键决定作用
加拿大工程学会(The Canadian Academy of Engineering，1998)	技术创业是一个或几个人对科技知识的创新运用，为实现自己的愿景和目标，建立并经营一个企业，承担财务风险
Garud and Karnoe(2003)	技术创业不仅是机敏的个人发现已经存在的机会，推测其未来发展趋势，而且包括通过整合和转移现有资源创造新机会的过程
Shane and Venkataraman(2003)	技术创业是创业者聚集创业公司使用的组织资源、技术系统和所采用的战略以追求机会的过程
Dorf and Byers(2005)	技术创业是一种企业领导方式，包括识别高潜力、高技术性的商业机会，汇集诸如人才和资本资源，以及利用重要而适时的决策制订技能管理重大风险和快速增长。技术创业项目开发在科学和工程中的进步，以向顾客提供更好的产品和服务；为取得成功，技术创业项目的领导者表现出了专注、激情和不折不挠的精神，其技术源可能是突破性技术创新或是渐进性创新，它可能关注现有市场或开创一个全新市场，既有可能成立独立的新技术企业，也有可能于既有企业内部开展
赵炎，卢颖，田蓓(2007)	“技术创业”存在于我们的社会经济生活的各个层面，是那些掌握了一定技术(无论是专利技术或者非专利专有技术)特长，并以此为基础进行完全自主或者接受外部投资(天使投资或者风险投资)来创业的行为
张钢，彭学兵(2008)	技术创业是“发现并开发技术的市场机会的过程”，并从创业结果(如新创企业数或从事创业的人员比例)以及创业特征的角度(如创新、超前行动、风险意识)等对技术创业进行操作化定义，将其划分为独立技术创业与公司技术创业两种形式
吴贵生，王毅(2009)	创业的本质是有价值的机会与具有创业精神的人之间的结合，是一个过程，而所谓的技术创业就是以技术作为重要手段进行的创业活动

可以看出，技术创业是技术、创业和创新三者的交集部分，主要涉及创业和技术创新两大领域。技术创业不同于一般创业，技术创业侧重于技术机会的开发，需要比一般创业更深厚的技术能力和管理能力。因此，本书认为技术创业是基于技术能力和技术创新基础上的新事业创建行为，是创业者组织来自本身或外部的技术以及其他创业资源对技术创业机会进行开发的过程，技术创业可以在组织内部进行，也可以在组织外部进行，如图1-1所示。

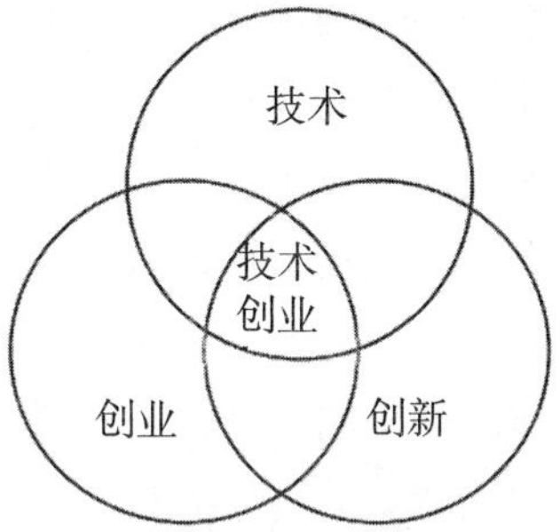

图1-1　技术、创业、创新与技术创业

1.2　技术创业的内涵

1.2.1　技术创业的特征

技术创业不同于非技术创业，技术的经济价值是企业核心的利润来源，技术商业化的成功运作也成为企业快速成长的挑战。技术的复杂性和市场的不确定性使新技术能否被市场和顾客接受成为未知数，技术创业企业能否成功应对并克服复杂且多元化的不确定性因素成为技术创业成败的关键。因此，相比于非技术创业，技术创业资本密集、知识密集和技术密集的特性表现得更为突出，面临的资源整合压力和成长风险也更大，具体表现为不确定性和高风险、高技术性和高门槛、制度环境的敏感性等特征。

（1）不确定性和高风险。技术创业是通过创建一家企业来实现对某种技术的商业化，面临巨大的不确定性，所以技术创业有着其独有的高风险因素。技术创业通常面临较为严重的新进入缺陷，“新进入缺陷”使处于成长初期的技术创业企业面临巨大危机，处于此阶段的企业通常会出现对运营中突发情况应变能力不足、对合法性认识不清、资源获取能力欠缺以及外部关系支持强度不足等问题，导致创业失败率高。这些障碍限制了处于早期阶段的技术创业企业能力的形成，使其难以获得可持续的盈利并成为市场上的成熟企业。除了新创企业普遍存在的困难以外，技术创业企业还会面临独特的障碍，例如新的技术从学术性的、非商业化的环境转变到需要竞争性地获取利润的过程中，可能缺乏商业资源和技能来运用这些技术资产。

（2）高技术性和高门槛。技术创业企业是以技术创新为导向的独立型新创企业，具有新的市场、新产品技术、新的团队管理等特征，这些特性决定了技术创业企业的生产技术对生产团队的经验和知识有更高要求，同时客户对这种新企业的接受程度以及创业团队对商业技能、行业信息、创业经验的掌握程度也决定了企业是否能够创业成功。技术创业的来源可以是大学、研究机构、技术企业，其潜在主体多是学生、教授、研究人员、技术企业职员。独立研究者的创业活动以及公司内的创业活动都属于技术创业。技术创业是以技术创新为支撑，以技术成果的商业化为基础的一类创业活动。这样的技术通常有一定的门槛，是具有高校或科研院所背景的科研人员、大学生进行创业的重要或主要途径，也是美国硅谷以及其他各类新技术园区的创业者的基本特征。所以，技术创新具有一定的高门槛性。

（3）制度环境的敏感性。政府政策推动和市场因素在技术创业企业的发展上存在较大的影响，不同地区间存在的资源禀赋、经济发展水平、经济政策差异能够造成不同地区高科技创业的明显差异，甚至会出现高科技创业“制度重于技术”的发展情况。2008年，张钢和彭学兵就对创业政策和技术创业之间的关系进行了初步探讨，研究结果表明政府的技术、人才和资金支持政策对新技术创业具有重要的作用，同时各个创业政策条件协调配合并与当地基础条件匹配，构成“创业生态系统”，对技术创业的良好发展尤为重要。如前文所述，技术创业企业具有资本密集、知识密集和技术密集的特点，面临市场和技术的双重压力，处于具有高度不确定性和高风险性的环境中，这些特征决定了技术创业活动对制度环境的变动更加敏感，新创技术企业严重地依赖于技术体系的发展以及它们所嵌入的制度环境，同时专利保护以及制造、分销和市场等领域的互补资源的获取也会对技术创业企业造成强烈影响。

1.2.2 技术创业的类型

1. 基于不同技术源的分类

根据不同技术源以及技术源机构与创业企业之间的关系，可将技术创业企业分为技术转让型、内衍生型、直接衍生型和间接衍生型四种。

（1）技术转让型创业企业。技术源组织一般是高校或专业研究机构，通过对源组织转让而来的技术进行市场化开发而成立的新创企业就是技术转让型创业企业。

（2）内衍生型创业企业。技术源组织一般是社会公共研究机构，通过技术许可方式，对新技术进行商业化而形成企业内部新业务部或独立新企业。

（3）直接衍生型创业企业。技术源组织一般是商业研究机构，通过对其知识产权进行商业化而新成立的企业。

（4）间接衍生型创业企业。技术源是原研究机构技术人员，由技术人员创建的新公司开发某种具有广阔市场价值的新技术。

这种技术创业的分类方法是从技术源组织出发，主要针对源组织向创业企业提供的资源和条件，具有一定的普适性。

2. 基于不同创业要素的分类

根据不同创业要素及基础要素情况，可以把技术创业分为研发单位衍生企业、技术创业家自创企业、公司内部衍生企业、技术转移衍生企业、合作发展新创企业五种。

（1）研发单位衍生企业。由国家大型研究开发机构转制形成的、内部研究人员组成的、促成部分重要研究成果商业转化的新企业。

（2）技术创业家自创企业。掌握成熟技术的技术专家从原单位脱离后，自行出资或从金融机构融资创办的新企业。

（3）公司内部衍生企业。部分高技术企业对具有广阔发展前景的高技术项目进行独立运营管理，相当于企业内部创业形式，拥有大型企业强有力的资金支持和人才供给。

（4）技术转移衍生企业。通过技术转移方式将新技术在大型公司内部独立运营，也是企业内部创业的一种重要形式。

（5）合作发展新创企业。创业企业家通过风险投资创立的新企业，通过技术专家的技术支持实现技术转化。

3. 基于不同创业主体的分类

基于创业主体的不同，可将技术创业类型分为公司技术创业和学研机构技术创业。

（1）公司技术创业。

随着20世纪80年代以来全球化和新经济的发展，基于技术的新创企业不断涌现，为应对竞争，适应持续不断的创新和变化的环境，已有企业也开始了具有典型创业特征的经济活动，如持续开发新产品、新市场，建立新企业或新业务，一些大型企业如3M公司、英特尔公司、Dell公司、IBM公司等的创业活动取得了巨大成功，新产品、新事业不断得到开拓，并为公司带来了可观收益。

（2）学研机构技术创业。

随着新经济的兴起，世界各国的大学、公共科研机构和学者个体的专利、授权、衍生企业、联合风险研究等诸多形式的创业活动得到了蓬勃发展。科学技术、知识被认为是经济增长和发展的原动力，而大学和公共科研机构又是公认的技术、知识创造的重要主体，学研机构的创业活动成为技术创业的热点，是指大学及其产业界伙伴为实现大学研究成果进行商业化的努力和活动，也被称为学术创业。学术创业是由学者或学术组织所参与的商业上的创业活动，通过技术许可（包括过技术合作、技术转让、技术咨询和技术服务等）和衍生企业两种主要途径，使科学知识转化为创业资源并促进经济发展。可见，学研机构技术创业就是为实现大学或科研院所所创造出来的知识、技术或其他科研成果的商业化而创建的科技企业，是技术成果和知识转移的一种有效方式，也是大学、科研机构促进经济发展的重要途径。

除此之外，根据创业对象不同，创业可以分为个人创业和企业创业。同样，技术创业也可以分为：①独立技术创业，即成立新的技术型企业的创业行为；②企业技术创业，即现存公司内部进行的技术创业活动。

1.2.3 技术创业与技术创新

经典语录

创业其实首先就是创新。我们要有一个真正创新的点。这个创新的点，并不是你随便想出来的一个小窍门或是比较有意思的想法，并不是这么简单的。当你有了创新点后，需要考虑的就是如何把你的能力或是企业的能力与创新相结合。

——李永胜、张思、公维锋，《三十而谋》

技术创业不同于技术创新，因为技术创业的情境是企业组织形成的过程，而在技术创新的情境中，企业组织是否存在并非关键因素。

技术创新的概念和理论源自于著名经济学家熊彼特，他认为创新是现代经济学的精髓，是“创造性破坏”（creative destruction）。创新使资源重新配置于新的、更富有生产力的产业，如果一个经济没有创新，将是一个静态的无发展和增长的经济，经济之所以发展就在于创新的不断引入。按照熊彼特的观点，“创新”就是“建立一种新的生产函数”，把以前没有过的关于生产要素和生产条件的“新组合”引入生产体系。“技术创新是技术、工艺和商业化的全过程，其导致新产品的市场实现和新技术工艺、准备的商业化应用”，是新产品、新过程、新系统和新服务的首次商业转化。任何创新理论都必须同时考虑技术和市场两个因素，技术创新是技术和市场相互匹配的过程（Freeman，1982）。1998年，我国学者孙一民将技术创新定义为新技术在生产领域的成功应用，包括重组现有技术要素而形成新的生产能力的活动。技术创新不仅包括在过去设备、工艺方法上的改进，而且包括从自身研究开发或利用别人研究开发成果入手，经中间试验、技术改造、新生产线建设、产品批量产出，再用先进营销手段，实现商业化的全过程（荀邦云、李格和邓永玲，1997）。技术创新是以技术为主线，研究技术的发展、演化、应用，强调创意的产生及实现或者新产品、工艺的创造；而技术创业则是从经济上以新事业的创办为主线，研究创业的前因、过程及结果，从技术创业机会出发，通过将市场机会与技术机会进行匹配，组织资源进行开发利用，进而连通技术世界和商业世界（马雷，2012）。

可以看出，技术创新是企业为了获取潜在的超额利润，在激烈的市场竞争中生存与发展而进行生产要素重组，从而生产新产品或提供新服务、推出或引进新的生产工艺和方法、开辟新市场、获得新的原材料或半成品供应来源、建立企业新的组织形式及经营管理模式等一系列经济活动过程，大多是从技术的角度出发进行研究。

在技术创业与技术创新的区别和联系研究上，由于技术创新和技术创业都涉及技术成果的商业化活动，有学者认为技术创新是为利益相关者创造经济价值的发明创新过程和创业过程的组合，是发明与实施的联合体，创新尽管是一个词语，却包括了两个显著不同的过程——发明创造和创业（Kevin，2009）。技术创业和创新是两个具有多重意思、具有重叠性的模糊概念，创新具有高度累积性特点，是由探索（exploration）和开发（exploitation）及与它们相关的一系列活动形成的循环过程，而技术创业则是基于技术机会的开发活动（Stam and Nooteboom，2010）。

从技术创业和技术创新的众多定义来看，两者既有联系，亦有区别。尽管两者都涉及技术活动，但侧重却有所不同，技术创新更多的是从技术角度考虑，而技术创业是从经济角度考虑。技术创业强调新事业的创建，而技术创新强调创意的产生及实现，强调新产品或工艺的创造。技术创业是技术机会和市场机会的匹配，包括对技术创业机会的识别、评估以及组织资源进行开发等一系列活动，起始于技术创业机会。而技术创新活动起始于一项创意，进而进行研究开发和商业化，或者仅是企业不断进行产品或工艺的改进，实现新产品、新工艺等开发成果。技术创业一定包括创新活动，与技术创新紧密相关，但技术创业者可以利用自身开发的技术创新成果，也可以利用来自外部的技术创新成果开展创业活动，即技术创业者也许并不进行技术创新活动，它们可能通过技术授权或者由企业内部现有的组织部门来完成，同时有相当多的技术创业活动可能仅是现有技术成果在新市场上的应用，而不是技术创新。

综上所述，技术创业与技术创新主要有以下几个方面的不同，如表1-3所示。

表1-3　技术创业于技术创新的区别

	技术创新	技术创业
角度	技术角度	经济角度
主线	技术的革新	新事业创办
起源	产品工艺的创意	创业机会
开发主体	内部	内部或外部(授权或购买)

1.3　技术创业的过程

经典语录

一些看似很完美的商业动作——对主流客户所需、赢利能力最强的产品进行精准投资和技术研发——最终却很可能毁掉一家优选的企业。正是那些暂时遭到主流客户拒绝的关键的、突破性的技术，逐渐演变成了主导市场的破坏性创新，如果企业过于注重客户当下的需求，就会导致创新能力下降，从而无法开拓市场，常常在不经意间与宝贵机遇失之交臂。而更灵活、更具创业精神的企业则能立足创新，把握产业增长的下一波浪潮。

——克莱顿·克里斯坦森，《创新者的窘境》

1.3.1　创业过程模型

创业过程是指创业者发现并评估商机，并且将商机转化为企业及创业者对新创企业进行成长管理的过程。本书列出创业过程的两种一般模型，供读者参考。

1. 蒂蒙斯创业过程模型

杰弗里·蒂蒙斯（Jetffy Timmons）于1999年在《新企业的创建》一书中提出创业管理模型。他认为，成功的创业活动必须对商业机会、资源和创业团队三要素进行最适当的匹配，并且还要随着事业的发展不断进行动态平衡。

其中，商业机会是创业过程的核心要素，创业的核心是发现和开发机会，并利用机会实施创业。识别与评估市场机会是创业过程的起点，也是创业过程中的一个关键阶段。资源是创业过程中不可或缺的支撑要素，为了合理利用和控制资源，创业者往往要制订设计精巧、用资谨慎的创业战略，这种战略对创业具有极其重要的意义。而创业团队则是实现创业这个目标的关键组织要素。

在蒂蒙斯创业过程模型（图1-2）中，商业机会、资源和创业团队这三个创业核心要素构成一个倒立三角形，创业团队位于这个倒立三角形的顶部。创业过程始于商业机会，在创业初始阶段，商业机会较大，而资源相对稀缺，于是三角形向左边倾斜；随着新创企业的发展，可支配的资源不断增多，而商业机会则可能会变得相对有限，从而导致另一种不均衡。创业者必须不断寻求更大的商业机会，并合理使用和整合资源，以保证企业平衡发展。机会、资源和创业团队三者必须不断动态调整，以最终实现动态均衡。这就是新创企业的发展过程。

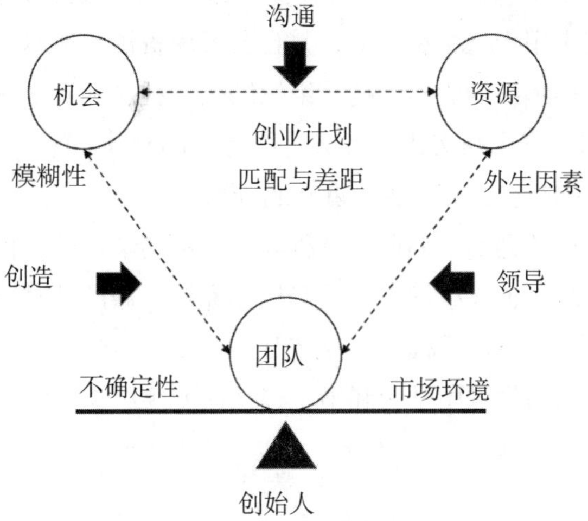

图1-2　蒂蒙斯创业过程模型

而在实际的创业过程中，创业机会往往具有模糊性和不确定性，创业者需要依靠自身能力来观察、辨别和发现潜在的商业机会，充分利用可获取的资源来推动新创企业的成立和发展。

2. **威克姆创业过程模型**

威克姆创业过程模型认为，创业活动包括创业者、机会、组织和资源四个要素，这四要素互相联系，如图1-3所示。与蒂蒙斯模型不同，威克姆认为创业者是创业活动的中心，他在创业中的职能体现在与其他三个要素的关系上，即识别和确认创业机会、管理创业资源、领导创业组织，同时通过创业者来有效处理机会、资源和组织之间的关系，实现要素间的动态协调和匹配。

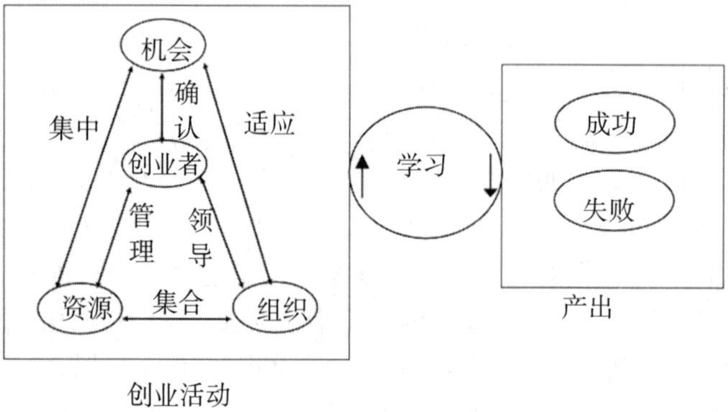

图1-3　威克姆创业模型

该模型还揭示了资源、机会、组织三要素之间的相互关系。资本、人力、技术等资源要集中用于机会利用上，并且要考虑资源的成本和风险；资源的集合形成组织，包括组织的资本结构、组织结构、程序和制度以及组织文化。组织的资产、结构、程序和文化等形成一个有机的整体，来适应所开发的机会，为此组织需要根据机会的变化而不断进行调整。

此外，该模型还揭示了创业的过程是一个不断学习的过程，而创业型组织是一个学习型组织，创业组织不仅要对机会和挑战做出及时反应，还要根据情势变化及时总结、积累、调整，使组织的规则、结构、文化和资源等不断改进，在不断的成功与失败中学习和锤炼，从而实现组织的完善、发展和创业要素间的动态平衡。

1.3.2 技术创业过程

【引例】

1999年的国内电池市场，基本由日系和韩系巨头把持，不同的消费电子产品对电池的规格有千差万别的要求，没有固定形态的软包电池可以差异化定制。曾毓群与创业团队创立了新能源科技有限公司（Amperex Technology Limited，ATL），这个压根不具备做电池基础的创业团队，却在日后的十几年里，打造了一家与国际巨头分庭抗礼的本土电池企业。

创业之初，曾毓群拿着公司的700万元启动资金，跑到美国贝尔实验室，购买了聚合物锂电池的技术专利，准备制造聚合物软包锂电池，历经几番波折，ATL成功杀入了电池市场。

2003年苹果公司也找到了ATL，要求为iPod开发一种既能装进iPod中，又要具有大容量，还要保证安全的电池。凭借之前的技术积累，ALT成功拿下了苹果公司的1800万块iPod电池的订单，进入了苹果公司的供应链。苹果一役后，ATL顺风顺水，从行业黑马一路驰骋为龙头企业，市场版图不断扩张，其产品成为世界一线品牌的平板电脑、智能手机等新型电子移动设备的必备电池。在消费类电子领域，ATL俨然已经是电池行业的全球第一。

借鉴创业过程的研究成果，以技术机会为主线对技术创业进行研究，技术创业包括技术创新和产品创新，以及运用新的技术发明创造新的机会，将技术商业化。技术创业从新发明或新技术的潜在商业价值的创造或识别开始，通过与现有或潜在市场需求相匹配，最终将出现的机会转化为商业产品服务和新事业。技术创业诞生于新的想法，来自具有创造力和不循规蹈矩的个体，此外还由创业角色榜样、大规模市场的进入机会、具有执行力的领导、区域专业化的机会等要素构成。研究普遍认为，可商业化的技术、充分且适时融得的外源资金、稳定且富有激情的技术团队、大规模的需求市场等要素是保证技术创业成功的重要条件。技术创业是一种特殊类型的商业活动，这种活动基于对高潜力、技术密集商业机会的识别，以及对人才、资金等资源的搜集和整合，并通过原则性的实时决策制定技能管理企业的快速增长。一个有吸引力的技术创业机会应该包含具有巨大价值的提案、技术上可行的产品、强有力的知识产权、可持续的竞争优势、有较大潜力的市场以及一个被证明可行的商业模式。一个好的技术创业机会既可以基于突破性的技术变革，也可以基于渐进式的技术改良；既可以指向一个现有的市场，也可以创造一个全新的市场。这种创业过程在独立的新创企业或成熟的企业中都有可能发生。

创新和发明是创业机会的重要来源，由于技术机会窗口的短暂性以及知识的默会性，应该把企业的快速成长也纳入技术创业过程的考虑框架，并在此基础上提出独立技术创业的过程为“创新技术/发明、创业机会、新技术企业创建、新企业初期成长”（田莉和池军，2009）。从学研成果产业化的角度出发，技术创业无论是基于现有市场需求的技术机会的开发还是利用科研创新成果所带来的创业机会，实施技术创业过程一般都会包括机会识别、机会评价与选择、机会开发模式选择、机会精炼与商业模式形成以及新事业局面形成等多个阶段（马雷，2012）。

因此，基于前文的研究，本书将技术创业的过程分为四个阶段：第一阶段为技术创新过程，技术创新是技术创业有别于一般创新过程的一个关键，技术创业依托技术创新的成果而进行商业化；第二阶段为技术创业过程，包括技术创业机会、技术创业团队、技术创业资源（图1-4）；第三阶段为技术创业商业化过程，包括商业化途径、商业模式设计、商业计划书及企业融资；第四阶段为技术创业的企业治理过程，包括企业治理结构、企业竞争战略与创新战略、知识产权的成果保护、风险与收益管理。

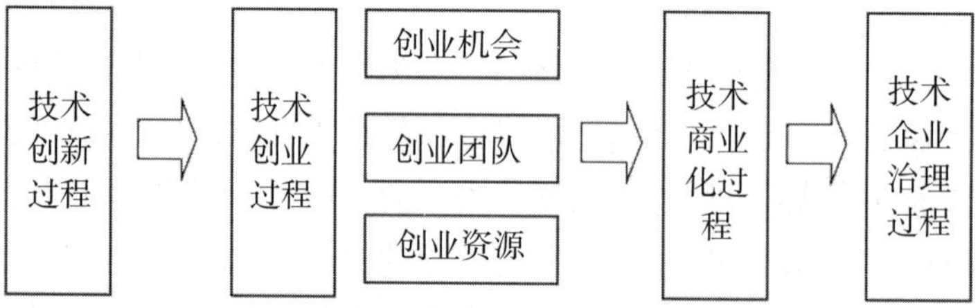

图1-4　技术创业过程模型

1.3.3　技术创业要素

结合技术创业的过程模型，本书对技术创业要素进行了详细梳理。

1. 技术创新过程

前文已述，技术创业一定包括创新活动，与技术创新紧密相关。技术创新过程是通过研究技术的发展、演化、应用，实现新产品或工艺的创造，在过去设备、工艺方法的基础上改进重组现有技术要素而形成新的生产能力的活动，它可以从自身研究开发或利用别人研究开发成果入手，实现后续的商业化。

2. 技术创业过程

本书借鉴一般的创业过程理论，将创业过程的关键要素分为创业机会、创业团队、创业资源三种。

（1）技术创业机会。

技术创业机会是由于技术及相关因素引起的市场需求（已有的或潜在的）变动和技术变革而存在，其创业的起源在于“技术”，基于技术发明、技术创新与新产品市场化的重要桥梁，通过科学的机会识别将不具备创业潜力和易于模仿的创新技术排除在外，而选择具有较好发展前景的新技术进行创业活动。技术创业机会包括机会开发、机会搜寻、机会识别、机会评价与选择等过程。

（2）技术创业团队。

本书将技术创业团队分为技术创业者和技术创业团队两类角色进行讲述。技术创业者兼具技术人员、创业者、管理者多重身份，他们在创业前的背景一般是在研究型大学、科研院所或公司的研发部门工作，具有较强的专业技术能力，掌握专业领域的前沿知识或技术成果。而技术创业团队可以从狭义和广义两个视角来理解。狭义的技术创业团队是指在技术创业初期，由一群愿为企业共同的创业目标而奋斗的人所组成的特殊群体。广义的技术创业团队不仅包括狭义的技术创业团队，还包括与技术创业过程有关的各种利益相关者，如风险投资商、供应商、专家咨询团队等。

（3）技术创业资源。

技术创业资源是技术企业创立以及成长过程中所需要的各种生产要素和支撑条件。通常包括人力资源、社会资源、财务资源、物质资源、技术资源、组织资源等。为识别和开发创业机会而进行创业资源获取，以及把资源要素组合转化为具有异质性的产品和服务，是构建新创企业优势的核心基础，同时要求新创企业具备资源基础观和能力观，从而提升企业的核心能力。

3. 商业化过程

技术创业的商业化过程包括商业化途径、商业模式设计、商业计划书及企业融资等。技术成果的商业化即市场化，在商业化的过程中，需要技术创业企业进行商业模式的设计，确立自己的盈利方式；同时由于技术创业具有高投入和高风险特征，通常需要进行企业融资，从而需要创业者就某一项具有市场前景的新产品或服务，向潜在投资者、风险投资公司、合作伙伴等游说以取得合作支持或风险投资，在这一过程中，具备可行性的商业计划书必不可少。融资过程中又将涉及融资渠道与融资模式等，将在本书的后续章节中详细阐述。

4. 技术企业治理过程

技术企业治理涉及的范围较为宽泛，包括企业治理结构、企业治理的体制机制等，也包括企业战略的制订，决定企业如何经营、发展，如何在竞争中获得成功，以及如何吸引和满足顾客以实现组织目标，为企业制订战略方向。此外企业还要有风险意识，对技术创新成果进行有效的知识产权保护，合理的知识产权管理可以在保护和促进技术创新方面，建立企业的知识产权优势，激发企业进行技术创新的动力。

课后练习

【拓展阅读】

1. PMF理论

PMF即Product/Market Fit，意为产品与市场匹配，由马克·安德森于2007年提出，其主要观点是任何一家创业公司最关键的事情都是尽快找到产品和市场匹配的地方，并且以此为根基来发展。该理论重点探讨了团队、产品和市场三者之间的关系，并引出PMF的重要性。安德森认为，创业公司只有两种：一种是PMF的，另一种是没有找到的。

PMF有三个衡量标准：

第一，团队的衡量标准。可以定义为CEO、高层团队、工程师和其他关键人物与所做事情的契合度。当一个创业公司摆在眼前的时候，我们会判断，这个团队是否可以抓住这个机会。我们看中的更多的是团队的能动效率，而非其经验有多少。历史证明，很多成功的公司都是由毫无经验的人创办的。

第二，产品的衡量标准。可以将其定义为一个真实的用户对于该产品的感知，主要指产品的易用性、产品功能的丰富度、反应速度、扩展性、精致度等关乎产品的质量的因素。

第三，市场的衡量标准。可以将其定义为该市场的用户数量和增长率。这里的市场有两个假设条件：①市场容量足够大就能够盈利，且收入是可规模化的；②CAC（用户获取成本）低于LTV（用户生命周期价值）。

安德森认为，创业最重要的就是找到市场/产品的匹配。安德森所说的“市场”，从宏观上讲，跟国内的“风口”类似，从微观上讲，就是我们所说的

"用户需求"。基于市场/产品的匹配，延伸出创始人/创业公司的匹配、创业公司/规模化的匹配。

PMF要做到三个匹配：

第一，市场/产品的匹配。需要判断两点：其一，需求是否真实，市场是否有效；其二，产品/服务是不是解决这一市场需求的有效手段。

第二，创始人/产品的匹配。主要是指团队的能动效率以及与产品的匹配度。

第三，创业公司/规模化的匹配。重点判断规模化本身，规模化是VC投资的基本条件。

2. AARRR模型

AARRR模型由500 Starups创始人Dave McClure提出，其主要观点是搭建一个关于用户生命周期的框架，具体包括获取用户（Acquisition）、提高活跃度（Activation）、提高留存度（Retention）、获取收入（Revenue）和传播（Referral）。

第一，用户获取。指让用户注册你的产品。在用户获取上，会有几个指标，如用户获取成本、用户获取方式（渠道）、用户规模等。其中，用户获取成本是最关键的指标。

第二，提高活跃度。当有人注册了但不使用你的产品时，你需要提高他们的活跃度。关于活跃度，一般有两个指标：DAU（Daily Active User，日活跃用户数量）和MAU（Monthly Active User，月活跃用户数量），有些产品甚至还看周活跃用户数量，如游戏。

第三，提高留存率。当有了活跃用户之后，他们会慢慢沉淀下来，但也会有用户流失，这个时候需要提高留存率。关于留存率，也会有几个指标，如次日留存率、周留存率、月留存率等。这些指标的权重由行业决定，不同的业务模型的着重点不一样。

第四，获取收入。当有了有效用户群体之后（用户规模大、高活跃度、高留存率），企业需要从用户身上获取收入。一般而言，收入是由用户基数、客单价、转化率、复购率等因素决定的。

第五，传播。当一款好的产品或服务受到用户认可后，会发生传播行为。而传播反过来又会促进或削弱用户获取、活跃度、留存率、获取收入等流程。通过口碑的方式，形成正反馈或负反馈效应。

AARRR模型与国内的"拉新—留存—转化—流失"的产品生命周期理论类似，对于把握产品和服务的生命周期有一定借鉴意义。

3. MVP理论

2012年，埃里克·莱斯在《精益创业：新创企业的成长思维》一书中首次提出了“精益创业”的概念，为当今新创业企业探索生存发展道路提供了理论指导。精益创业理论认为，为了适应更加多元和快速变化的内外部环境，如今的创业者必须颠覆“先通过调查找到市场空缺，然后依据设计者对用户的理解策划出相对完整产品形态”的工业思维和逻辑，相反，精益创业者实践的是“开发—测量—认知”反馈循环（图1-5）：发现用户痛点，找出潜在的商业契机与可能的商业模式。首先提出这一模式的价值假设与增长假设，价值假设用于衡量顾客在使用某种产品或服务时，是否真的实现了其价值；增长假设用于观察新顾客如何发现一种产品或服务，早期参与者是否会积极向其他人推荐，以及这种产品或服务能否进行大规模地传播。根据假设，在最短的时间内构建最小可行性产品MVP（Minimum Viable Product），完成产品的开发。然后对这一实验性的产品进行测量，根据测量的数据进行“验证性学习”，查看产品开发上的努力是否给企业带来了真正的发展，从而做出坚持、转向或终止的决策。最后，如果产品不符合市场需求，就“快速而廉价失败”，需要重新变革最初战略，做出重大转变，但如果产品被用户认可，就通过不断学习，挖掘用户的需求，快速迭代优化，形成商业模式，最终推向市场。对于创业者来说，他们急需将这一循环的总时间缩至最短。MVP的本质是低成本地探索未知领域，而一旦MVP完成验证后，创业公司需迅速规模化。

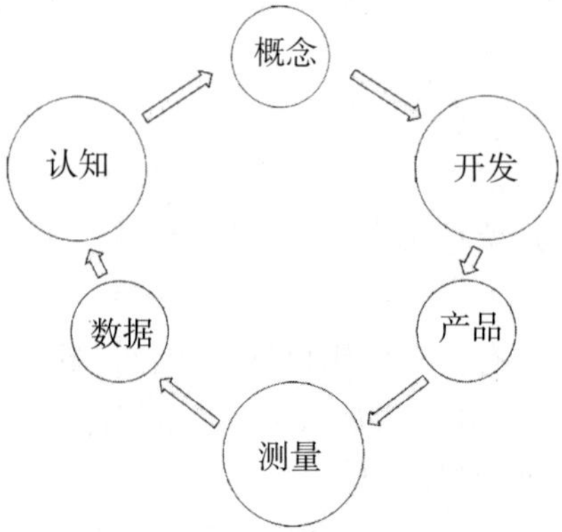

图1-5　精益创业MVP模型

【课外练习题】

将班级成员分成几个小组，分别寻找两个创业案例，一个技术创业案例，一个非技术创业案例，案例需包括技术创业的全过程。结合技术创业过程，简要分析技术创业案例中，技术创业的特征与类型、技术创业与非技术创业的区别、技术创业企业的技术来源途径，并讨论技术创业企业的创业机会是如何进行开发、搜寻、识别以及选择的，该技术创业团队拥有或者获取了哪些创业资源，最后如何进行商业化，商业模式是什么样的，等等。每个小组选择一个代表，在课堂上进行PPT展示和讲解，其余各组进行提问和打分，最后，由老师对该组的案例分析过程进行评价。

学习目标：

（1）通过案例寻找和选择的过程，能够区分技术创业与非技术创业。

（2）通过案例分析，了解技术创业的过程。

（3）通过全班学生的集体讨论，掌握技术创业的概念、特征等。

（4）通过案例的梳理，对本书其他章节有一个框架性的理解和掌握。

练习要求：

（1）本作业要求学生进行分组，并在课外进行案例寻找和选择。

（2）本作业要求要求每组对案例进行分析，并于2～3周后完成PPT制作。

（3）在课堂上讨论：学生以PPT形式展示案例的创业过程，并讨论相关核心内容。

【本章思考题】

1. 什么是技术创业？

2. 技术创业与非技术创业有什么区别？

3. 技术创业与技术创新的区别有哪些？

4. 技术创业企业的技术来源途径有哪些？

5. 技术创业有哪些区别于非技术创业的特征？

6. 技术创业的过程有哪些？与非技术创业过程的区别有哪些？

第2章　技术创业者

【核心问题】

（1）创业精神的定义和内涵是什么？

（2）技术创业者有哪些特征？

（3）技术创业者需要具备什么样的创业能力？

（4）技术创业者如何进行角色转变？

（5）技术创业的创业伦理是什么？

【学习目标】

（1）理解创业精神的核心内涵以及对创业者角色进行正确定位；

（2）分析归纳技术创业者区别于普通创业者的核心创业能力；

（3）掌握技术创业者在创业过程中的角色转变过程；

（4）理解技术创业者所应该具备的基本创业伦理。

【引例】

首先使我惊奇的事情是，大部分成功的创业者似乎并不知道他们未来会取得如此大的成就。有些公司的创立纯属机缘巧合。一般人都认为这些创业者拥有超人的自信心，但实际上他们中的许多人在创办公司的时候都对公司的前途很不确定。他们在犹豫是应该将一些事情做得出色，还是应该将一些固有的条条框框打破。

创业者决定去做的事情都有了效果，实际上，我不得不承认决策力是所有创业者所拥有的唯一的、最重要的能力。如果说这些创业者有什么过人之处，那就是他们的坚定不移。坚定不移非常重要，因为在初始阶段，没有什么事情是按照计划进行的。创业者日复一日地生活在不确定、孤独和事情毫无进展的挫败感中。除此之外，创业者天生就喜欢做一些新鲜的事情，而一般的人则可能会出于天性对新生事物产生排斥。

……

除了坚定不移以外，创业者们还需要有适应能力。不仅因为创业者要对用户的需求十分敏感，而且因为他们必须面对随时可能发生的变化。人们通常认为一些事业的兴起源自一个非常优秀的创意，正如植物从种子里萌芽一样，但是我所采访的所有创业者都承认他们曾经调整过他们的发展计划。PayPal公司起初从事的是编写密码软件，Excite公司一开始从事的是数据库研究，Filckr公司开始从事的是网络游戏。

创业是一个不断试错的过程，引导创业者贯穿创业过程始终的是他们对用户的关注，他们总是努力满足用户的任何需求。成功的创业者都是通过满足用户来变得富有的，但他们的目的又不仅仅是为了金钱，他们还获得了许多引以为豪的技能，同时他们希望改变整个世界，这就是当他们开始一个新的项目时总是充满野心的原因。当然，他们希望获得更多财务上的自由，而他们选择的方法就是持续地创造更多的事物。

（杰西卡·利文斯顿，《创业者》，前言）

2.1　创业精神与创业者

2.1.1　创业精神的定义与内涵

1. 创业精神的定义

重要概念

创业精神

Entrepreneurship来自法语，有人翻译为“企业家精神”，也有人称它为“创业精神”或“创业”。创业精神所关注的在于“是否创造新的价值”，而不在于设立新公司，因此创业管理的关键在于创业过程能否“将新事物带入现有的市场活动中”，包括新产品或服务、新的管理制度、新的流程等。

创业精神这个概念最早出现于18世纪，其含义一直在不断演化。很多人仅把它等同于创办个体工商企业。但大多数经济学家认为，创业精神的含义要宽泛得多。

熊彼特关于企业家是从事“创造性破坏”的创新者观点，凸显了企业家精神的实质和特征，他将其视为个人的基本冲动（行为），通过破坏旧的经济结构并创造新的或创新的破坏，不断地从内部对经济结构进行革命。一个企业最大的隐患，就是创新精神的消亡。创新是企业家活动的典型特征，从产品创新到技术创新、市场创新、组织形式创新，等等。创业精神的实质是“做不同的事，而不是将已经做过的事做得更好一些”。所以，具有创新精神的企业家更像一名充满激情的艺术家。

柯兹纳（Kirzner）认为企业家精神是个体企业家在面对不确定性时寻求机会的机敏。企业家精神在于对以前未被注意的获利机会的感知，其中“机会”在本质上是套利可能性的代名词。企业家对这些机会“保持警惕”，他的机敏使他有能力发现这些机会。

文卡塔拉曼（Venkataraman）认为企业家精神是个人发现机会创造未来商品和服务的能力。米勒（Miller）指出，如果个体表现出创新、承担风险和主动进取的行为，那么他就具有创业精神。坎迪隆（Richard Cantillion）和奈特（Frank Rnight）两位经济学家将企业家精神与风险或不确定性联系在一起，认为如果没有甘冒风险和承担风险的魄力，就不可能成为企业家。企业创新风险只有两种结果，要么成功，要么失败，只能对冲而不能交易，企业家没有别的道路。

沙曼和克利斯曼（Sharma and Chrisman）将创业精神定义为：创业精神包含现有组织内外创立的新组织、更新及创新活动。他们将“创业精神”分为个体的创业精神与组织的创业精神。个体的创业精神指的是以个人力量，在个人愿景引导下，从事创新活动，并进而创造一个新事业。而组织的创业精神指在已经存在的一个组织内部，以群体的力量，追求共同远景，从事组织的创新活动，并进而创造组织的新面貌。其中又包含策略的更新，对公司的策略及结构方面做重大的改变；以及组织创业，可分为组织外和组织内的创业。

综上所述，“创业精神”类似于一种能够持续创新成长的生命力，一般可区分为个体的创业精神及组织的创业精神。创业精神所关注的在于“是否创造新的价值”，而不在于设立新公司，因此创业管理的关键在于创业过程能否“将新事物带入现存的市场活动中”，包括新产品或服务、新的管理制度、新的流程等。

2. 创业精神的内涵

重要概念

创业精神的内涵

创业精神包含着“企业家精神”，是企业家特殊技能的集合，是企业家组织建立和经营管理企业的综合才能的表现，是一种重要而特殊的无形生产要素，也是创新精神在经济领域的一种具体体现和引申。“创业精神”包括两方面的含义。第一方面含义是精神层面的，代表一种以创新为基础的做事与思考的方式和动机，主要体现为创业企业家的独特的心理特质。第二方面含义是实质层面的，指的是发掘机会，并组织资源建立新公司，进而提供市场新价值。

纵观各流派学者对创业精神的界定会发现，创业精神的核心思想就是创新。无论从个人特质角度还是从企业家行为研究来看，大多数学者都认为创业精神应包括创新意识、风险承担能力和冒险精神，以及对市场机会的识别能力。创业精神不是天生就有的，可以通过教育和实践进行培养和塑造。创新精神和创业精神的核心都是“创新”，所不同的是创新精神更注重创新机理与精神层面的探究，而创业精神更执着于创新活动的实践过程，它的本质着重于一种创新活动的行为过程，就是创业者通过创新手段，将资源更有效地利用，创造出新的价值。虽然创业常常是以开办新公司的方式产生，但创业精神不一定只存在于新事业中。一些成熟的组织，只要有旺盛的创新活动，依旧具备创业精神。

目前人们对创业精神有不同的看法。从行动和思想角度区分，一种看法认为创业精神是一个综合的概念，包含了一个人的创新素质的一切因素，即一个人从事创新活动、产生创新成果、成为创新的人所具备的综合素质；另一种看法认为创业作为一种精神，主要是指人的创新勇气、胆识等，是一个人在创新上表现出来的志气、意志力量。还有从主体的角度区分创业精神，分别为个体的创业精神与组织的创业精神。个体的创业精神指的是以个人力量，在个人愿景引导下，从事创新活动，进而创造一项新事业。而组织的创业精神是指在已经存在的一个组织内部，以群体的力量，追求共同远景，从事组织的创新活动，进而创造组织的新面貌。创业精神的特点是复杂、动态和新兴的过程。

创新精神的本质是一种主体精神，只有人类才具有这种精神。而且当人类的能力发展到一定的程度，能够运用自身的主体力量把握和改变客观世界时，才会出现创新精神。创新精神也是一种实践精神，创新来源于实践，并且体现了实践的精髓，只有通过实践才能创造新的价值。创新精神也具有时代性，当社会发展比较落后的时候，创新精神只是少数人表现出的特质。但当社会发展到知识经济时代，创新是社会生产力发展的需要，大多数人都可以产生创新的行为。

今天的大多数经济学家都认为，创业精神是在各类社会中刺激经济增长和创造就业机会的一个必要因素。在发展中国家，成功的小企业是创造就业机会、增加收入和减少贫困的主要动力。因此，政府对创业的支持是促进经济发展的一项极为重要的策略。在中国，政府是产生并维持创业精神的生态系统的组成部分。特别是在中国某些地区，政府通常在建立生态系统中发挥积极作用，甚至起主导作用。国家支持的定性本质是准确评估和评估中国创业精神的关键。

2.1.2 创业者的角色定位与特征

1. 创业者的定义

重要概念

创业者

创业者“entrepreneur”一词是从法语中引申而来的，其原意是“冒险事业的经营者或组织者”。我们定义，创业者指在有赢利机会的情况下自愿承担风险创业的创新者，并将创业者分为狭义和广义两种。狭义的创业者是指参与创业活动的核心人员。广义的创业者是指参与创业活动的全部人员。

创业者是创业活动的灵魂人物，也是创业管理的最核心议题，因此引发很多对于创业者行为与人格特质研究。根据《美国百科全书》的说法，“创业者”一词是法国人在1755年提出的，指的是15世纪中欧的将官，组成军队四处远征探险而借此图利，这些人的基本特质就是承担风险。《韦氏国际词典》将创业者定义为经济事业的组织者，特别是指管理组织企业并承担风险的人。

1880年，法国经济学家萨伊（Say）曾经给“创业者”做过最早的定义，即所谓“创业者”是指这样的个人：“……将经济资源从低效率、低产出的区域，转移到高效率、高产出的区域的人。”萨伊相信，创业者以一种创造新财富的方式将各种生产要素聚集在一起，是打破经济稳定状态及其组织制度的“第一人”。1934年，著名经济学家熊彼特提出创业者应是创新者，是“创造性的破坏者”。创业者采用的“新组合”使旧产业遭到淘汰。原有的经营方式被新的、更好的方式所摧毁。他们应具有发现和引入新的、更好的、能赚钱的产品、服务和过程的能力。彼得·德鲁克进一步发展了熊彼特关于创业者的定义，称创业者是主动寻求变化、对变化做出反应并将变化视为机会的人。他认为，不是只有从事经济活动的人才能称为创业者。一个人在任何一个领域中进行了创新性的活动，提高了资源的利用效率，都可以称为创业者。美国伊文·马里恩·考夫曼基金会将创业者定义为“一个利用知识和资源来识别和追求机会，以改变自己及他人生活并创造价值的人”。

2. 创业者的特征

约翰·考（John Kao）总结了创业者的十一个共同的特点：第一，全心投入，有决心，有毅力；第二，追求成功和发展；第三，以机遇和目标为导向；第四，积极主动并且富有个人责任感；第五，解决问题时坚持不懈；第六，现实主义，有一定的幽默感；第七，寻求并利用反馈意见；第八，内在控制中心；第九，估算已承担的风险和将要承担的风险；第十，不热衷于权力和地位；第十一，真诚、值得信赖。也有学者总结归纳为以下特点：强烈的成就需要（追求成功，想把事情做得更有效率）、内部控制点（内在归因，相信人定胜天）、高冒险倾向（敢于冒险，更快决策）、模糊容忍度（接受不清晰、不确定性）。霍那代（Homaday）查阅各种研究资料，列出了创业者的42个特征，如表2-1所示。

表2-1　创业者的42个特征

1.自信	10. 创造力	19. 乐于接受批评和建议	27.能够从失败中汲取教训	35.争强好胜
2. 决心,毅力	11. 影响力	20. 争分夺秒,效率高	28.权力感	36.懂得享受
3. 精力充沛,勤奋	12. 善于与人相处	21. 决策果断	29.友善的个性	37.讲求功效
4. 足智多谋	13. 积极主动	22. 责任心	30.自我主义	38.奉献
5. 能承担预计到的风险	14. 灵活	23. 有远见	31.勇气	39.信任员工
6. 有魄力和领导能力	15. 智慧	24. 准确	32.想象力	40.敏感
7. 乐观	16. 目标明确	25. 合作精神	33.洞察力	41.诚实守信
8. 有成就的需要	17. 用于迎接挑战	26. 以利润为导向	34.能忍受不确定的问题	42.成熟,心态平稳
9. 多才多艺,了解产品、市场、设备和技术	18. 独立			

资料来源:John A.Homaday,1982

创业者的各种特性并不是单一发挥作用，而是各种能力相互作用和影响。本书中主要归纳了创业者的八项基本特征：自我控制，全心投入、有决心、有毅力，追求成功，以机遇为导向，主动性和责任感，坚持不懈地解决问题，寻求反馈，容忍不确定性。

（1）自我控制。自我控制是自我调节的基本和重要方面，它包括抵制强烈的冲动，避免进行被认为有害或至少与主要目标不一致的行为（例如，暴饮暴食、超速驾驶等），它还涉及抵制冲动以停止执行本来不愉快但被认为对实现关键目标有益或必要的动作。大量研究检查了自我控制的效果。这些研究的结果表明，个人在自我调节方面存在很大差异，因此有些人能够在很长一段时间内对不同任务进行控制，而另一些人则表现出较差的控制力。进一步的研究结果表明，自我控制是一种可消耗的资源。在完成一项任务的自我控制之后，个人往往在另一项任务中表现出自我控制的能力较弱。更广泛地说，自我控制是一种可穷尽的认知资源，但是可以补充。成功的创业者相信自己，而不相信企业的成功或失败是由诸如命运、运气或类似的因素决定的。他们相信成就和挫折都在自己的控制之中，他们能影响事情的结果。这种自我控制的特点和高成就感的驱动、勇于承担责任和高度自信的特征是一致的。

（2）全心投入、有决心、有毅力。当创业者遇到困难和挫折时，这三种品质比其他因素更有助于创业者的成功。只有坚定必胜的信念才能越过别人认为不可逾越的障碍。此外，它们还能弥补创业者自身的一些不足之处。当创业者要建立一个有较大潜在风险的企业时通常会准备一份风险融资计划，这时风险投资家会从几个方面来考察他们是否全心投入。例如是否愿意抵押他的房屋、削减工资、牺牲和家人在一起的时间，以及降低目前的生活水平等。

（3）追求成功。创业者是自我驱动的。在别人看来，他们内心有一股强大的欲望去竞争，去不断超越自己设定的标准，去追求并达到具有挑战性的目标。高成就感的人倾向于承担适中的风险，他们研究投资环境，考虑如何增加成功的胜算，然后才采取行动。

（4）以机遇为导向。成功的并且关注企业发展的创业者看重的是机遇而不是公司的资源、结构或战略。他们以机遇作为起点，然后通过对机遇的把握来规划其他重要的方面。他们在寻求机遇时目标明确，设定较高但又可达到的目标，从而能集中精力，有选择地去寻找机遇，并且知道什么时候应该拒绝。目标导向还能帮助他们分清轻重缓急，同时也为他们的表现提供了评价的依据。

（5）主动性和责任感。创业者常被看作独立的、高度自我依赖的创新者。大多数研究者认为卓有成效的创业者往往是积极地寻求机会主动出击。他们自愿对经营的成败承担责任，喜欢主动解决问题，或主动担当起领导角色。他们希望能够体现出个人对问题的影响力。这些都是创业者行动导向的具体表现。

（6）坚持不懈地解决问题。创业者并非是为艰难的境况所迫。实际上，他们的自信心和乐观精神似乎转变成了一种观念，就是没有不可能解决的问题，只是花的时间长一点而已。当然，在他们勇敢攻克阻碍企业运行的困难和障碍时，也不是盲目的或有勇无谋的。创业者具有超人的毅力，他们也会很现实地意识到什么是能做到的，什么是做不到的，以及从什么地方能得到帮助以解决那些既困难但又无法避免的问题。

（7）寻求反馈。高效的创业者也是高效率的学习者。与许多人不同的是，他们非常希望了解自己究竟做得怎样，以及应该怎样改进和提高。为了做出这些判断，创业者们积极地获取反馈并加以利用。此外，反馈也有效地帮助创业者从失误和挫折中吸取教训。

（8）容忍不确定性。起步的创业者总会面临很多不确定性和变化无常产生的模糊性，这种不确定性会存在于创业的每一个环节，挫折和意外是不可避免的；成功的创业者则为不确定性的存在而感到兴奋，他们在变化和不确定的环境中反而更快成长起来。他们通常不会去考虑工作的安全感，也不想退休。

除了以上的八项基本特征以外，创业者还有以下一些特征：

（1）风险度量。成功的创业者不是赌徒。当他们决定开始创业时，是经过了仔细估算和充分考虑的。他们总是尽可能地让每件事的发展都如自己所愿，并避免承担不必要的风险。采取的策略包括：和其他人一起分担财务和商业风险，例如，游说合作者和投资者投入现金；劝说债权人提供特殊条款；要求供应商更新设备等。

（2）诚实可信。诚实和信用能使个人和企业的关系稳固持久。投资者、合作者、顾客和债权人等都非常看重诚信。诚实和信用还有助于建立和保持相互的信任和信心，特别对小企业而言，这两种品质对企业的成功都起着至关重要的作用。

（3）忍受失败。创业者懂得从失败中汲取教训。要成为成功的创业者必定会经历反反复复的成败得失。挫折和失望也是不断学习的过程。最有效的创业者总能预计到现实中的种种困难，而且他们不会因此而灰心失望或因挫折而沮丧，反而会在逆境和困难中寻找希望。他们中的许多人相信从早期的失败中学到的东西要比从早期的成功中学到的要多。

（4）旺盛的精力。巨大的工作量和压力要求创业者们具有过人的精力。许多创业者通过各种方式来调节自己的精力，如认真安排饮食、定期锻炼、在适当的时候休息放松等。

（5）创造力和创新。曾经有人认为创造力是与生俱来的。在新兴企业中，创业者和员工经过共同努力会产生集体创造力，从而创造出独具特色的产品和服务。

（6）远见。创业者们知道自己前进的方向，他们能预见企业的明天。例如，苹果公司的史蒂夫·乔布斯（Steve Jobs）想让公司开发一种从小学生到商业人士都能使用的微型电脑。他认为这种电脑不仅仅是一台机器，还将是人们生活中学习和交流不可缺少的工具。史蒂夫·乔布斯的远见使苹果公司成为微机行业最主要的竞争者。不是所有的创业者都具有预见性的眼光，很多人是在开始了解企业的现状和未来后才逐步形成这种洞察力。

（7）独立。渴望独立是当代创业者的一大动力。在严格的等级制度下的挫折感和对“与众不同”的向往增强了他们独立的个性，他们总是尝试以自己的方式来完成工作。独立并不意味着创业者必须进行所有决策，实际上他们只是想在重要的问题上具有权威。

2.1.3　创业者的压力

在创业过程中，创业者将承受来自各方面的压力，包括创业时候的孤独、过分沉迷于工作等。同时，在创业生涯中，创业者将不得不在时间的压力下处理各种问题，同时还要为生存拼搏。另外，创业者在决定如何解决道德问题时，非常有可能牵涉到各方的利益，包括顾客、雇员、股民、家人、合伙人，或这些人的组合等。要在道德框架和常规做法之间寻找平衡点，就如同走钢丝一样，必须十分小心。

同时，部分创业者的自我主义也会对创业活动的进行产生负面的影响，包括创业者过强的控制欲、缺乏信任感、对成功的追求超过一切以及一些不切实际的乐观。创业者在创业过程中需要构建积极的心态，同时避免在极端情况下变得过于自恋和狂妄自大。

2.2　技术创业者的类型

2.2.1　技术创业者的特质

重要概念

技术创业者

技术创业者兼具技术人员、创业者、管理者多重身份，他们在创业前的背景一般是在研究型大学、科研院所或公司的研发部门工作，具备较强的专业技术能力，掌握专业领域的前沿知识或技术成果。但是部分技术创业者的缺陷也较明显，他们往往重视技术研发而轻视经营管理，执着于技术转化而忽略市场需求，社会关系网络较窄，缺乏从事商业活动的经验和技能。

1. 技术创业者的定义

技术创业者是技术资源型的创业者，体现了对技术的研发、创新和运用能力。技术创业者被定义为：具备技术背景、掌握高科技知识，可快速捕捉机会从而实现技术价值的创业者。技术创业者是指凭借某个技术专利或发明从而创建一个新的企业或通过改进技术进行再创业，或者将最新科学技术应用于创业活动中的科学家、学者、工程师、管理者。技术是技术创业者创业的基础。

技术创业者主要在高风险与高增长潜力并存的高技术企业中从事风险事业。技术创业者一般都是具有广博、深厚的科学知识和工程技术背景的人员，这主要是由于两方面原因：第一是正确把握高新技术企业经营方向的需要，第二是在企业内部树立管理权威的需要。故技术创业者是具有自然科学或工程技术背景，由技术人员转变而来，在技术产业中担负着技术企业的创立、决策、经营等重任的个人或创业团队的领导者或带头人。

技术创业者选择创办企业的原因可以分为经济因素和非经济因素两个方面。经济因素即经济层面的激励，包括增加收入和财富。非经济因素包括渴望实现对新技术的控制和社会效益最大化。前者是指创业者希望对自己的技术保持一定的控制，能够对使用该项技术的人以及他们如何使用它具有一定发言权，抱有对他们的发明被应用到不受欢迎的环境的担心；后者是创业者认为他们的技术有可能对企业或社会做出实质性改进，担心如果没有商业化，他们的改进将会停留在实验室架上或纸面上，这些发明人将知识产权保护视为鼓励商业发展的可行手段。还有其他的创业原因，包括：获得成就和赏识；振兴民族高技术产业；增加职权、职责和领导权；忧虑专业技术过时；其他偶然因素。

2. 技术创业者的独特性

技术创业者作为创业者中的一个群体，除了部分或全部拥有创业者的特征以外，他们最主要的特征是以下几方面。

（1）具有较强的专业能力。对于以技术为主导的企业，创业者只有拥有技术能力，才能使企业获得稳定的竞争优势。作为技术载体的创业者应重视技术的重要性，应具有较强的技术能力才能促进企业的发展。很多学者认为技术是影响组织绩效的一个重要方面。实践中也已证明技术对于企业的竞争、创新和绩效有着重要的影响。创业企业具有较强的技术能力，就能研发新产品和服务，从而在竞争中获得优势地位。

（2）具有较高的技术匹配能力。技术是指构成企业技术核心能力的基础，是实际设计、研发或制造产品过程中需要的知识，通常可以用语言表达、文本化或符号化并且容易转移、交流和共享匹配，具有相似性、关联性或兼容性。技术匹配的概念是从匹配理论的角度出发对创业研究中先前知识（特定领域知识或兴趣）的提炼。它对于机会识别的影响因素和效果具有更强的解释力，同时相比先前知识的技术匹配更易于理解和把握。技术匹配能力是指创业者拥有的专业技术知识与创业机会领域所存在的关联性，能够利用其特定领域知识合理解读创业机会信息，识别具有潜在价值的创业机会。

（3）具有较强的主动学习和探索能力。一方面是因为技术行业的信息更新换代的速度远超过其他行业，技术人员的专业性也较强，持续学习的意识和能力是行业岗位的需求；另一方面是因为技术创业企业的风险较大，员工只有通过自发性的专业成长，才能保证职业发展良好。技术创业企业更强调创业者的主观能动性，即主动探索学习能力。作为企业灵魂人物的创业者，需要掌握与企业主营业务相关的专业技术知识和技能，并不断关注和洞察相关专业技术领域的变化，强化自身的技术能力，制定适宜的企业发展战略。

2.2.2　技术创业者类型

1. 按照技术创业者的职业背景区分

根据技术创业者以前的组织背景，可将其分成四类："研究"型创业者、"生产者"型创业者、"用户"型创业者和"机会主义"型创业者。

"研究"型技术创业者是指一直参与科学或技术发展的创业者。这些创业者可以分为纯研究的创业者和研究-生产型创业者，前一种创业者只进行学术研究，而后一种创业者在从事学术研究的同时，也参与商业决策。"生产者"型技术创业者是指参与一个产品的直接商业性生产或开发的创业者。该类技术创业者既要参与商业决策，又要推动技术进步。"用户"型技术创业者是指主要参与外围技术角色，如技术销售或营销，或作为技术的最终用户。该类创业者主要从事商业活动，但是必须关注并理解某项技术的发展，这也许是因为他们参与了这项技术的营销或销售，或者是因为他们要利用这项技术达到某个商业目的。"机会主义"型技术创业者是指以前的职业经历在非技术组织中。该类技术创业者不参与技术研究，但是他们寻找与技术相关的商业机会，并通过创立新企业来使用这一机会。该类创业者需要具有一般性的技术知识，并有热情去了解一项新技术以及它能给人们带来的好处。

这种划分技术型创业者的方法指出了创业者需要具备哪些要素才能推动其风险事业的成功，这不仅包括"研究"型和"生产者"型技术创业者所掌握的技术要素，还包括"用户"型创业者和"机会主义"型创业者所具有的商业管理方面的经验。同时为投资人进行投资提供了有效的判断标准：平衡的管理、有效的创业管理团队及明确的市场潜力。

2. 按照技术创业活动发生场所区分

按此标准，可以将技术创业者分为独立技术创业者与公司技术创业者。独立技术创业者不依托于某一特定组织，具有独立性，资源受限明显，自己承担风险，一次失误就可能意味着创业失败，但是潜在回报是无限的。公司技术创业者则依托于已有的组织，属于由组织中的个体或团队推动的创业，创业者更多的会受到团队或者公司内部其他人的影响，资源获取比较占优势，由公司承担风险，个体不需要冒着生涯失败的风险，允许有试错机会，但是获得的潜在回报是有限的。其中以技术为导向的公司创业模式包括传统研发、特别风险小组、收购和外包等模式。

3. 按照技术创业者的组织背景区分

技术创业者主要来源于高校、科研院所和高科技企业。在高校环境中，绝大多数教师的创业活动会带领学生参与，甚至有些创业想法是学生主动提出的，学生在其中起主导作用，因此技术创业者不仅涵盖高校教师、助理研究员，还包括参与科研活动的博士生、硕士生和本科生。有学者的研究结果显示，大学毕业生创立新公司的可能性是大学教师的两倍，而且他们创办的公司并不像人们预期的那样质量较低。对于科研院所和高科技企业来说，技术创业主体则包括专业技术人员、技术研究员及助理、研发中心的研发人员、技术工程师等开展科学研究活动的研究者。技术创业者产生的主要背景除了以研究为基础的学术环境（包括非营利组织，即非营利性研究机构、政府研究中心和大学）之外，还包括从大型工业组织中“脱身”的个人，这些企业家与那些源自学术环境的企业家具有完全不同的特征。

4. 按照技术创业者的技术背景区分

国际上一般把尖端技术、先导技术等称为高技术（雷家骕，2005），技术创业者包括高技术创业和其他技术创业者。按照技术创新的类型，还可将创业者分为前瞻性技术创业者、突破性技术创业者、理论技术创业者和实践技术创业者，以及产品创新创业者和工艺创新创业者等。

2.3 技术创业者能力的培养

2.3.1 创业能力的定义

重要概念

创业能力

基于创业者在创业活动中所要扮演的创业、管理和技术功能的角色，将创业能力定义为：创业者充分利用所掌握资源识别并开发创业机会，为创业活动提供持续动力并促使创业企业成长的能力。既包括了传统资源基础观中的获取创业资源、整合并提升创业资源，更包括了创业研究中机会核心的观点，即整合创业资源的最终目的是开发先前识别出的创业机会，通过创业机会的开发达到创业企业成长的目标。在此过程中需要创业者具备资源整合的能力、运营管理的能力以及机会识别和开发的能力，只有将这些创业能力综合运用才能够使创业获得成功。

就创业能力概念而言，由于研究视角和研究层次不同，各种创业能力概念相互交织，很容易引起概念上的混淆和模糊。实际上，创业能力是一个非常复杂的概念，迄今为止学术界对创业能力尚未达成一个统一的定义。但从现有文献来看，关于创业能力概念界定主要从个体层面和组织层面展开。

学者们普遍认为个体层面的创业能力是创业者有效、成功完成创业活动时所具备的能力，包含性格特质、知识和技能等。在个体层面，创业能力是创业者拥有的一种高层次智力资本，是创业者能够成功履行职责的整体能力，包含个性、技能、知识等，具有动态性。在组织层面，创业能力包括机会能力和运营管理能力两个维度，其中机会能力是指机会识别能力与机会开发能力，是组织根据识别到的市场机会获取资源进而开发机会或者新市场的能力。运营管理能力则包含组织管理能力、战略能力和承诺能力，运营管理能力是公司创新和获取超额利润的源泉，能够给公司带来持续的竞争优势。在创业企业发展的不同阶段，需要将个体层面和组织层面的创业能力进行整合，在创业企业创建阶段，个体层面发挥主要作用，成长阶段由个体层面和组织层面交互影响，组织层面的战略能力和组织能力等创业能力主要在企业成熟阶段发挥作用。在本书中，更强调个体层面的创业能力。

2.3.2　创业能力的分类

从前面的定义可以发现，创业能力是个多维度的概念，包括了不同的划分方式。

1. 从创业角色的视角分类

个体层面的创业能力体现为创业者成功完成一项工作的整体能力。在创业过程中，创业者需要扮演创业、管理和技术职能的角色。在履行相应的角色过程中，创业能力包含机会识别能力、机会预见能力、概念能力、人际关系能力、政治能力以及技术（职能）能力。

2. 从创业认知的视角分类

从创业认知视角来看，以往的文献关于创业能力的概念主要是从创业者的“心理品质”和“认知能力”方面进行界定。“心理品质说”认为创业能力包括竞争素质、心理适应性、责任感、自信心、克制能力、处事风格、焦虑水平、情绪稳定性、思维能力等方面。“认知能力说”认为创业能力就是以认知活动为中心所表现出来的能力，相当于智力，包括记忆力、想象力、创造力、观察能力、思维能力五个方面。这五种因素主要是认知能力，作为人类行为的基本能力，认知能力确实是必需的，但是对于复杂的创业活动而言，仅仅考虑这五种基本的认知能力显然不够的。

3. 从创业主体的视角分类

对于创业能力的分类，更多是从个体和组织两个层面进行梳理和总结。从创业者个人特质角度，学者们多采用自我效能和自我评估的方法来度量创业能力。个体在创业过程中需要完成多种任务、承担多种角色，个体对是否有能力成功完成这些活动的信念程度就是自我效能。而自我评估的创业能力就是创业者自我评估完成具体创业行为所具备的能力。从创业者个人特质角度，学者们把创业能力划分为六个维度：机会能力、关系能力、概念能力、组织能力、战略能力和承诺能力。组织创业能力以个人创业能力为基础；个人创业能力越强，组织创业能力有可能越强，但却不一定，个人创业能力与组织创业能力并不必然处于一致状态，需要一系列的能力转化机制（比如，通过共享机制、组织学习机制、情感机制、合作机制、信任机制）等作用的发挥，可促使个人创业能力向组织创业能力转化。

4. 从创业行为的视角分类

从创业行为来看，以往的文献中关于创业能力的定义包含了诸多与行为相关的能力元素，如识别和把握机会、整合资源、提出创意、实施革新、管理创业团队、经营企业、市场营销等多种能力，具体见表2-2。

表2-2　创业能力分类

创业角色视角	创业者需要扮演创业、管理和技术职能的角色。创业能力包含机会识别能力、机会预见能力、概念能力、人际关系能力、政治能力以及技术(职能)能力
创业认知视角	从创业认知来看,主要是从创业者的“心理品质”和“认知能力”方面进行界定
创业主体视角	根据不同的创业主体,从个体和组织两个层面进行梳理和总结
创业行为视角	创业能力包括识别和界定可行的市场利基、产品和服务开发、产生想法、环境扫描、识别和构思可利用的机会的能力
	创业能力包括机会重新界定、杠杆化资源的能力和获取支持的能力
	创业能力包括机会识别与开发能力和运营管理能力两个二阶维度,其中机会识别与开发能力包含机会识别能力与机会开发能力,运营管理能力包括组织管理能力、战略能力、关系能力和承诺能力
	创业能力指企业积极开展产品创新、勇于承担风险、主动参与市场竞争的能力
	创业能力包括机会能力、关系能力、制定战略能力以及利用机会的能力
	包括机会识别能力、概念抽取能力、战略规划能力、战略执行能力、技术能力、社会网络能力以及创业精神能力

2.3.3　技术创业者创业能力的构成

重要概念

技术创业者的创业能力

技术创业者的创业能力是指具有科学或工程相关背景知识的个人或团队，从事工程或技术的开发、生产和服务等相关领域创业活动的能力。

研究者总结了技术创业者的创业能力应具有的特征：第一是具有创造力和想象力；第二是有创业精神；第三是有商业实践，能有效管理项目，了解财务，以便能与风险资本合作，对新产品的研究和开发有基本的解释能力，具有沟通技能，能说服管理者或风险投资资助新企业；第四是有理解科技与社会之间相互作用的能力；第五是有建立良好工作关系的能力，有与不同群体联系的技能和扩大人际圈的能力。综合以往研究，本书将技术创业者的创业能力定义为：具有科学或工程相关背景知识的个人或团队，从事工程或技术的开发、生产和服务等相关领域创业活动的能力。

技术创业者在创业过程中要运用自身能力扮演三种角色：技术角色、管理角色和创业角色。所以技术创业者在创业过程中最核心的能力应该包括：自我提升能力、技术创新能力、团队管理能力和市场把握能力。

1. **自我提升能力**

技术创业者在创业的过程中需要完成三大任务：技术革新；感知、发现和开发机会；进行项目管理，构建组织客户网络并使企业持续成长。在这个过程中创业者自我提升能力非常重要。创业过程可以看作是创业者学着寻找机会、开发产品、经营企业的一个成长经历。创业者在创业之前所储备的专业领域的知识是提供创新来源的重要途径，技术型创业者尤为如此，在专业技术领域的学习使技术型创业者能够准确把握行业技术发展的方向，很容易发现技术上的创新点，而已经掌握的技术也能够支持他们在实际操作过程中迅速更新自己的技术水平，大大提高了创业成功率。创业者在企业发展不同阶段面临的情境与任务不同，所以在整个创业的过程中持续地提升自我是技术创业者必须具备的能力。在创业初期，关注创新产品开发所需的专业知识，通过创新水平的提高来提升产品在市场的竞争力，是创业者在创业初期最需要学习的内容。

2. **团队领导能力**

团队领导能力的强弱，直接影响创业成效。对于处于起步阶段的科技型企业而言，仅靠创业者一个人的资源和经验，单枪匹马创业的时代已经一去不复返了。当今世界，全球经济形势复杂多变，很少有单个创业者在深度和广度上同时具备创建工程技术类企业所需要的专业技术和经验。工程师和科学家们普遍认为创业团队对于科技创业至关重要，通常的“纯技术”创业团队往往会失败，而由市场、商业及技术人才组成的团队更容易取得成功。从以往的研究来看，工程科技人才创业所需具备的团队领导能力主要包括团队组建能力、团队激励能力、团队合作能力等方面内容。技术创业团队除了需要具备基本的团队职能以外，还要求具备项目管理能力和项目服务能力。项目管理能力是指在项目开发过程中协调各个部门，在团队中与团队成员沟通合作的能力，控制项目进度以及及时纠错等方面的能力；项目服务能力是指在项目交付之后持续关注产品或服务改进，了解客户反馈，与客户和其他上下游伙伴维持关系的能力。

3. **技术创新能力**

技术创新能力是创业者进行技术商业化最为核心的能力，也是工程科技创业者区别于其他创业者的最重要标志。新产品的产生是将技术创新能力与顾客需求紧密联系的结果。技术创新能力是专业技术人员跨专业学习其他领域的技术知识，关注市场需求，识别创新机会，并且将其转化为创新成果的能力。技术创新能力是指理解、利用、适应、更改和发展技术的能力，技术创新能力有助于技术的模仿、修改与创新，并且技术创新能力也是提升技术进步层次的条件。

4. 市场把握能力

创业从本质上而言，是识别市场中的商业机会，并通过提供商品和服务的方式来实现赢利。因此，市场把握能力是成功的创业者必备的核心能力。创业是有效地组织新的市场、流程、原材料等要素，把握机会谋求成功。从现有文献来看，市场把握能力包括商业机会的识别能力、机会开发能力、战略能力、需求分析能力、市场营销能力、财务管理能力、公关（处理公共关系）能力、商法能力等，详见图2-1。

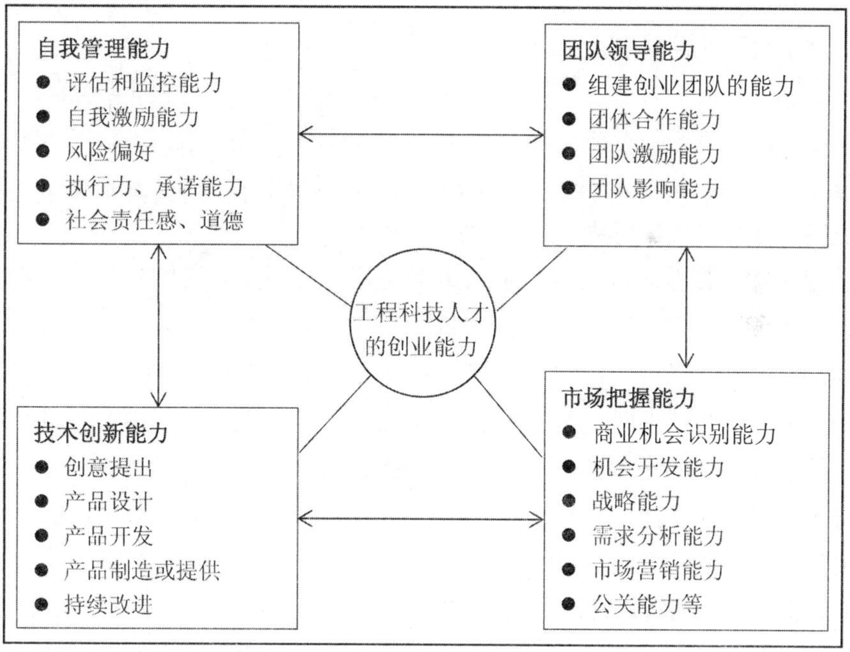

图2-1　工程科技人才的创业能力构成要素的初始模型

（资料来源：高树昱，2014）

关于创业能力培养研究方面的焦点之一是创业能力培养的可行性研究，即创业能力能否被教授？从历史和逻辑上看，不可否认在某些成功的创业者身上存在着天生的无法复制的特质或天赋，如一些工程科技创业者的成功的确与其家庭背景及环境因素有关。然而大量的事实证明，越来越多的具有创业潜质的人通过教育成为创业者。从总体上看，具有良好教育背景的创业者比那些未受过良好教育的人更容易获得成功。当代著名的管理大师德鲁克对此做出了精辟的论断："创业并不神秘，也与遗传无关。创业是一门学科，像其他任何学科一样，是可以学得的。"许多学者也认为尽管创业精神和创业能力可以通过文化和社会获得，但同样受到教育和培训影响。

2.4　技术创业者的角色转变

2.4.1　专业技术人员与技术创业者

专业技术人员是技术企业发展的中坚力量，其技术能力可以使其在工作与学习新知识、新技术的过程中发现创新机会，并且将其付诸实践，形成项目规划。在项目开发过程中，他们可以协调部门或者团队协助，实时掌控项目的进度，控制项目成果的偏差，所以专业技术人员对产品开发过程非常熟悉。但产品从生产线到市场并不是一个线性的过程，将技术从生产线引入市场所需要的技能，与产品在开发设计阶段所需要的技能是完全不一样的。这种技能上的差异就是专业技术人员与技术创业者之间的区别。

很多技术创业者存在的一个思想误区是：只要技术优势存在、产品质量好，不需要担心市场和客户。他们对技术和产品的过度自信导致他们更倾向于技术者的角色，甚至有些创业者存在管理无用论的思想，不愿意向管理者过渡，因此，增强技术创业者的转型意识是促进个体转型、维持企业发展的必要条件。技术开发和市场之间的鸿沟，必须要靠一个商业模式来填补——一种创造价值和从顾客那里捕捉价值的手段。消费者花钱不是为了购买技术，而是要购买解决实际问题的方法。如果顾客无法从技术中获得任何益处，或者这项技术所提供的价值不能转化成货币，那么即使是世界上最伟大的技术也会招致失败。

创业过程可以看作是一种商业化，而完整的商业化过程包括发明新的产品或流程、商业机会识别、检验技术与市场的可行性、知识产权的保护、进行原型设计、进行市场和初始顾客的检验、确定投放策略、开发商业计划、创业企业等步骤。所以技术创业者除了基本的技术能力以外，还应具备其他特殊技能，如公司的创办和组建、业务计划的开发、公司资本与财务、创新产品营销、构思围绕新技术的产品与服务、创新系统和网络、创建团队、实施CDIO

工程过程、管理知识产权等。

2.4.2 职业经理人与技术创业者

创业活动在很大程度上是管理行为，创业者和职业经理人在很多方面存在重叠，但仍然存在较大的差别。管理涉及计划、组织、领导、控制、激励等关键词，职业经理人的宏观把握、灵活的发散思维、资源优化、注重团队建设等，与创业者的特质存在一定差别。研究创业者和职业经理人的区别时可以发现，区分创业者和管理人员的关键就是看其是否承担风险。职业经理人是被雇用来控制、组织、指导整个业务活动或整个组织，或部分业务活动或组织的某一部分。创业者从事的是开拓性的工作，通过他们的创业活动，实现从0到1的变化；职业经理人则侧重于经营活动，按照程序、制度开展工作，他们将1变成10，将10变成100。创业者发现机会，创造新事物，而经理人在维持现状的基础上，保持项目的持续和演进。

需要注意的是，创业者和职业经理人并不是对立的关系，如果技术创业者对自己有清晰的认知，认为自己完全不适合当管理者，只擅长技术钻研，那么为了企业的长远发展，他可能聘用专业的职业经理人来进行企业运营。

本书总结了创业者、专业技术人员与职业经理人的区别，如表2-3所示。

表2-3 创业者、专业技术人员与职业经理人的区别

特征变量	创业者	专业技术人员	职业经理人
雇佣关系	雇主	雇员	雇员
创业与否	创业者 （与所控资源无关）	企业内创业	企业内创业
出资与否	出资或继承出资	不出资	不出资
承担企业风险	承担企业风险	与本人雇佣契约有关的风险	与本人雇佣契约有关的风险
所有权与控制权	同时拥有	无所有权， 有一定控制权	无所有权， 有一定控制权
担任企业主管与否	担任	不一定担任	不一定担任
创新功能	更强调	强调	强调
技术能力	强调	更强调	不强调
市场能力	更强调	不强调	更强调

2.5 技术创业者的创业伦理

重要概念

创业伦理

创业伦理要求创业者在开展创业活动的过程中，不仅要追求创业行为的有效性，而且还要追求创业动机、行为合乎道德原则与规范。在创业过程中，上述调整诉诸创业行为本身，形成了创业行为所应遵守的道德规范，即创业伦理。

目前我国的各种创业活动都是在社会主义市场经济体制下产生、发展、成长、成熟起来的，因此，马克思主义伦理思想及社会主义市场经济体制下的基本道德原则内容和主要道德规范要求成为我国现阶段创业活动中基本道德原则的构建依据，其主要内容有四个方面：集体主义原则、义利统一原则、诚实守信原则、以人为本原则。其中，集体主义原则是基本原则，其他三者则是主要原则。在全球经济格局框架下，市场经济中竞争的主体不再是个体，而是各种利益相关者的投入或参与，比如股东、政府、债权人、员工、消费者、供应商，甚至社区居民。均衡考虑所有利益相关者的利益诉求，对保持创业企业长期生存与稳定发展起到至关重要的作用。

创业伦理意识有助于降低交易成本。在创业过程中，企业是否会遵守企业伦理道德也是出于企业内部对企业伦理道德对企业利益的影响的不同看法。表面上来看，企业恪守伦理道德会给企业造成显性的经济损失，如购买排污设备会增加产品的成本、降低效益；广告中对产品属性中的缺陷的披露会减少产品的销量、降低收益，等等。企业的存在是为人们的需要服务的，在其危害人们的需要时就会失去公众的信任，失去顾客，从而必然被市场淘汰，更谈不上有经济效益可图了。可见，创业中企业不恪守伦理道德，不仅影响到企业的经济效益，甚至影响到企业的生存。相反，企业对伦理规则的恪守，不仅会降低经济协约的额外交易费用，创造合作效益，而且还会增强企业效益和社会效益。技术创业过程中涉及许多新兴技术，为了履行以上准则，在维护创业伦理的过程中，需要注意以下问题。

1. 坚持正义是创业定位的基本前提

正义是人类社会普遍认可的崇高的价值，是指具有公正性、合理性的观点、行为、活动、思想和制度等。我们应该从唤起全社会的“正义感”着手，从心灵深处抓起，让“良心”从源头上监督创业活动及其他各种社会活动。市场经济离不开公平正义的经济秩序环境。创业定位是否正义，是创业活动能否顺利进行的重要前提，也只有正义的创业定位才可能促成未来“服务社会、造福人类”的经济活动的诞生。

2. 诚实守信是创业行为的重要规范

对于一个企业而言，“诚信”可以说是立业之本。“诚信”作为一项普遍适用的道德规范和行为准则，是建立行业之间、单位之间以及人与人之间互信、互利的良性互动关系的道德杠杆。诚信精神就是培养人的高尚道德情操、指引人们正确处理各种关系的重要道德准则。企业的诚信反映在消费者对其的信任程度上，反映在企业的信誉度上，企业的信誉是指企业及其产品与服务在社会公众中的信任程度。

3. 社会责任是创业价值的终极旨归

企业社会责任是企业为所处社会的全面和长远利益而必须关心、全力履行的责任和义务，是企业对社会的生存和发展在道义方面的积极参与。企业社会责任的内容极为丰富，既有强制履行的法律责任，也有自觉履行的道德责任。企业社会责任中的道德责任实际上包括两层含义：一是履行经济责任时讲道德，不能损人利己；二是除了履行经济责任，还需为增进社会福利做出贡献。

4. 维护道德和技术的平衡是创业价值的规则

对技术设计价值冲突的调适需要以对调适的目标和可行性的思考、分析以及确定为出发点。技术设计价值冲突调适的目标就是在一种“公共善”的前提下，为技术设计价值相关者构建一种以“道德—知识—责任”为主线的“技术设计价值妥协观”。

综上所述，技术创业者的伦理自律既表现在技术设计价值相关者对社会规则、制度的他律性认同的基础之上，也表现在技术设计价值相关者对于价值行为的主观反映和精神需求之中。技术创业者创业伦理的实质就是将外在的社会管理规则、制度、价值规范、道德规范等要求转化为个人的内在情感、意志、信仰，并形成长期践行的道德化的惯性价值意向标准。

课后练习

【拓展阅读】

为了将一项发明从绘图板推向市场，可能需要进行认真的心理调整以及掌握一系列全新的技能。目前，没有人比您更重视您的发明。并且您可能会发现，对其价值的估计是不现实的。当发明人问我自己的发明是否有价值时，我可以明确地回答是，因为发明至少对一个人有价值：发明人。

（罗纳德·多西，《发明家圣经》，2004）

在许多创业公司中，创始人……除了希望和梦想之外，几乎没有为投资者提供任何服务。当然，他们可能会支持提供广泛的尽职调查，或可能依赖奖励计划。

（阿玛尔·毕海德，《新企业的起源与演进》，2004）

【课外练习题】

访谈创业者并自我评估

本练习中，学生访谈一位自己选择的创业者，目的是让学生真正了解现实生活中的创业者，最理想的访谈对象是他们感兴趣的行业中的创业者。接受访谈的创业者不仅为学生提供新的学习机会，而且有希望变成一位导师，可能为学生提供工作实习机会，诸如此类。访谈应该当面进行并持续30～60分钟。访谈之后，学生应该准备用于观察和进行叙述性记录的田野笔记，之后这将成为撰写分析报告的一手研究数据。学生应该利用访谈和随后的分析来评估自己的创业潜力。在访谈的过程中，访谈的问题包括但不限于：谁是创业者？创业者的专业经验或背景是怎样的？创业者采用何种方法创建企业？这种方法成功了吗？按照何种标准可以认为企业是成功的？与创业者对话，你学到了什么？基于访谈和个人自我评估，你觉得自己的创业潜力如何？不管是否创业，你需要什么技能来取得成功？为了帮助自己掌握这些技能，可以制定一个初步的时间表。

学习目标：

（1）从实际创业者身上学习成功创业的战略。

（2）获得对产业空间的洞察。

（3）构建人际网络并获得一位潜在导师。

（4）评估个人创业潜力。

练习要求：

（1）本作业布置后3～4周内上交最终报告。在访谈结束一周后，学生应该向访谈对象寄一封手写的感谢信，承诺后续会向他们提供一份报告的副本。

（2）在课堂上讨论：要求学生在课堂总结3天前提交报告。学生将报告张贴在黑板（或其他电子平台）上并讨论两个话题：最令人吃惊的创业者言论；感触最深的创业者品质。

（3）总结访谈中得到的教训以及学到的知识和经验。

【本章思考题】

1. 如何理解创业精神？
2. 技术创业者有哪些独特性？
3. 有哪些类型的技术创业者？
4. 什么是创业能力？包括哪些维度？
5. 技术创业者如何实现角色转变？
6. 创业经理人与专业技术人员有何区别？
7. 你认为应该如何构建创业者的创业伦理？

第3章 技术创业团队

【核心问题】

(1) 什么是技术创业团队?

(2) 高效的技术创业团队有何特点?

(3) 技术创业团队有哪些类型?

(4) 技术创业团队在不同发展阶段的异质性该如何安排?

(5) 如何构建技术创业团队?

【学习目标】

(1) 理解技术创业团队的定义、特征与类型;

(2) 分析技术创业团队的危险和组成要素;

(3) 理解技术创业团队的异质性与应对安排;

(4) 掌握技术创业团队的建设流程。

【引例】

2008年年初，有了方向和目标的五个人开始摩拳擦掌、满怀激情地进行创业规划：产品应该做成什么样子？怎么做？除了团队内的五个人，还需要什么样的人？接下来，公司在招聘时却屡屡碰壁，原来公司刚刚注册时，为了节省租金，租用了海淀区大河庄苑的民房作为办公场所。因为办公场所不正规，所以在招聘时总是会被求职者当成皮包公司。后来，杜昶旭经过考察，选中了铸诚大厦的一处办公室，这里地理位置优越，交通便利，但是租金却比旁边的信息大厦便宜很多。

但是好景不长，在这艰难的初创时期，队伍出现了问题——李剑语和秦越要退出！朗播网要做的就是经验知识的产品化，而创意与产品衔接的基础是计算机技术，算法便是其中重要一环，但是五人中的算法专家李剑语却不得不向现实妥协，离开了朗播网。在做出最后的决定之前，李剑语也犹豫了很久，作为一名计算机专业博士，他有着用技术改变社会的理想主义梦想，但是作为丈夫和儿子，他也需要面对家人的期望和压力，最终，梦想为现实让步。秦越坚持了半年多，在山西老家和北京之间徘徊，最后还是离开了朗播网。

就这样，五个创始人就只剩下了三个，而彭闻宇虽然还在朗播网，但是他的经济压力大，所以在中国移动通信集团工作的收入对他很重要，只能兼职来朗播网帮忙。这样，支撑朗播网的重担大部分都落在了杜昶旭和金晶身上，大事小事都要亲力亲为，但是他们坚信自己一定能够做出成绩来，坚决不放弃。三人之间的分工也更加明确，杜昶旭负责市场开拓、网站内容编辑、人力资源和行政管理，是朗播网的顶梁柱；金晶的重心放在技术方面，负责软件开发的全部事宜；而彭闻宇在移动通信领域经验比较丰富，主要在产品测试和移动平台方面帮忙。

选择英语培训和计算机技术的交叉领域进行创业，对朗播网来说既是机遇也是挑战。谈到其中艰辛，金晶深有感触：

“这个东西的艰辛程度比我们想象的要大得多，为什么呢？没有一个人知道这个产品该做成什么样，我们没有一个同类型网站可以参考。比如说我做一个团购网站，我还有同类型网站可以参考。而这个东西没有可借鉴的，国外也没有同类型的网站，美国从来不做这个，因为人家是native speaker，根本就不需要这个东西。

所有的产品都经过了至少3次的重写，第一版做出来，拿给客户免费用，发现问题就改，小改改到一个程度，发现没办法继续改，就推倒重来。我们这几年一直在不断做，不断研究，做出来给学生用，反馈意见，重做，再反馈，一直在这个过程中前进。”

2009年是朗播网最痛苦最艰难的一年，杜昶旭回忆当时的状态就是“产品出不来，反馈得不到，每个月付出大量的成本，挺难受的，就是扛啊”。此时恰逢杜昶旭博士毕业，他拒绝了其他公司的邀请，继续坚守在朗播网。经过不断的自我否定和自我迭代，朗播网终于开发出满意的产品，在2009年7—8月，阅读产品上线，11月推出大改版的作文产品，此时距离2007年11月他们写下第一行代码，已经过去了整整两年的时间。

（宋继文、谭浩艺、郭一蓉，《朗播网：披荆斩棘的开拓者》，中国社会科学案例中心）

3.1 技术创业团队的定义与内涵

仅仅依靠创业者个人的资源和经验，单枪匹马创业的时代已经一去不复返了，至少对于处于起步阶段的技术类公司来说是这样的。当今世界，全球经济形势复杂多变，很少有单个创业者在深度和广度上，同时具备创建技术类企业所需要的专业技术和经验。团队成员从不同的专业技术出发，各自发挥自己的优势，公司才能更富有创新性，更有利于开展市场细分，找出利基市场，让公司更为顺利地进入该市场。

在牛津大学出版的《高科技中的企业家》一书中，麻省理工学院（MIT）的爱德华·罗伯特教授（Edward Roberts）提出，由团队创办企业的失败率远远低于由个人创办的企业。在高速成长的企业中，只有6%是由个人创办的，而54%的企业有两个创始人，40%的企业有三个或更多的创始人。苹果、微软、惠普等许多世界知名企业都是团队创业成功的范例。因此，建立高效的创业团队，是创业过程中极为重要的问题之一。

3.1.1 创业团队的概念

众所周知，创业是“要和正确的人一起做正确的事”。一个人即便是三头六臂，如果仅凭自己的力量也很难完整地做好一件事，创业更是如此。人的能力是有限的，何况术业有专攻，只有集结了一群有能力并且有凝聚力的人，形成创业团队，在互信的前提下，为了统一的目标而付出努力，选择合适的人在合适的位置上做其擅长的工作，才能产生“1+1>2”的效果。

创业团队通常由一群掌握某一领域专业知识、具备领导才能和管理能力的人组成。在知识密集、发展较为迅速的技术行业，技术创业团队往往能战胜那些单打独斗的创业者，因为新创企业要求的不仅仅是某一个人的能力，而是多种能力的组合。引领企业成功需要的是一系列互补能力的组合，因此，创业团队的优势在于将一群具有不同特点、技能、知识和能力的人聚集到一起，他们每个人在自己的特定领域内都是专家（Fischer and Boynton，2005）。如果团队成员之间有一些相似之处，可以在很大程度上促进团队的沟通，使团队决策可以迅速地执行；而团队成员之间的差异则给予了这个团队更多发挥创造性的空间，这对促进技术型企业的市场开发大有裨益。

在团队概念的基础上，多位学者从不同角度对创业团队给出了自己的定义。1990年，Kamm、Shuman、Seeger和Nurick从所有权角度指出，创业团队是两个或两个以上参与公司创业过程并投入同比例资金的个人。但从各国高科技创业团队的情况来看，创业团队成员的出资比例因个人经济条件不同而各不相同。因此，1998年，郭洮村对创业团队的定义进行了修正，他认为创业团队是指两个或两个以上参与公司创立过程并投入资金的个人。在其定义中，明确提出了创业团队的各成员股权并不一定相等的观点。

从人员构成的角度来看，创业团队应该包括对战略选择产生直接影响的个人，即把董事会尤其是占有一定股份的创业者包括在内。创业团队是参与且全身心投入公司创立过程，并共同克服创业困难和分享创业乐趣的全体成员。创业团队要全心全意让组织成长。至于律师和会计师等外部专家，由于只参与公司创立的部分工作，所以不能算作创业团队的成员。从参与时间的角度看，创业团队是在公司成立之初执掌公司的人或是在公司营运的前两年加盟公司的成员，但不包括没有公司股权的一般雇员。

目前，广泛应用的是美国伊利诺伊州立大学莱昂博士（2002）提出的一个相对比较全面的创业团队的定义：创业团队由两个或两个以上的人组成，他们对企业的将来负责，拥有共同的财务或其他方面的义务，他们在完成共同目标的工作中相互依赖，他们对创业团队和企业负责，在创业的初期（包括企业成立时和成立前）处于执行层的位置，并实行企业的主要执行工作。这群人自认为也被公认为是一个社会实体。

3.1.2　技术创业团队的概念

技术创业由于具有多元化不确定性、高风险性、企业间关系网络依赖性等特点，所以多以能实现优势互补的团队创业形式展开，而且技术创业企业的成长高度依赖技术创业团队，技术创业团队是影响技术创业企业生存和成长的关键要素。

技术创业团队是一种特殊团队，也是一个重要而又容易引起混淆的概念。然而，目前学者们对于技术创业团队尚未形成统一的定义，而且少有权威学者对技术创业团队提出正式的定义。国内外关于技术创业团队的定义，在创业团队概念的基础上，一般集中于公司内部创新团队或者是从高新技术企业集体离职的创业团队。较为明确的一点是，技术创业团队是一种特殊的创业团队，与创业团队相比，技术创业团队更加强调“技术”。

对于技术创业团队，本书做出如下界定：将有形的或无形的资源投资于技术企业的创建，拥有所创企业所有权，参与该企业的创建并在企业中占据重要管理或技术岗位的两个或两个以上个人或其代理人所组成的团队就是技术创业团队。

另外，技术创业团队可以从狭义和广义两个视角来理解。狭义的技术创业团队是指在技术创业初期，由一群愿意为技术企业共同的创业目标而奋斗的人所组成的特殊群体。广义的技术创业团队不仅包括狭义的技术创业团队，还包括与技术创业过程有关的各种利益相关者，如风险投资商、供应商、专家咨询团队等。

技术创业团队的特征主要表现在以下几个方面：

（1）技术人员在创业团队中占据重要地位，创业团队中有专门负责技术相关工作的成员。

（2）团队一般都有非常清晰的愿景，有明确的共同目标，并结合个人所长，制订出详细的分工计划。

（3）团队领导者以团队为重，乐意与其他成员分享领导权，鼓励成员参与讨论和决策。

（4）团队拥有高效沟通的物质技术条件，团队工作安排一般运用网络等远程通信方式展开。

（5）技术创业团队具有开放的沟通氛围和强烈的创新意识，对于技术不断进行研发、试错、迭代、升级。

（6）团队成员在责权方面扮演着弹性角色。

（7）团队能为成员提供实现自我价值、发挥个人技能的机会，团队充满激情和活力。

随着科学技术的不断发展，“创新团队”一词使用愈发频繁，不少人将创新团队与技术创业团队混为一谈。表3-1对两类团队进行了比较。

表3-1　技术创业团队和创新团队的比较

特征	技术创业团队	创新团队
任务特征	创新任务：创办一个新企业	创新任务：开发一项新产品
共有目标	成功的企业	成功的创新
时间期限	开放式，无明确的截止日期	2年或2年以上，有明确的截止日期
共有责任	对经营成果负责	对技术成果负责
共有风险	个人和职业风险	职业风险

（资料来源：Thomas Lechler. Social Interaction：A Determinant of Entrepreneurial Team Venture Success. Small Business Economics，Kluwer Academic Publishers，2001：268）

3.2 高效技术创业团队的组成要素与特点

技术创业团队，一方面对于投资者是一个关键要素，它将影响投资决策；另一方面，创业团队有把握市场和技术的能力，对于新公司能否取得成功，在相当长的时间内也有重要影响。如果技术创业团队拥有相当强的技术能力，他们更有可能研发出具有突破性或破坏性的技术，淘汰当前的技术，开辟出新的技术路径。除了技术能力外，新企业的管理资源的能力也是至关重要的，因为这不仅关系到公司的运营状况，还决定着公司所采用的战术策略。

3.2.1 技术创业团队的组成要素

1. 技术（Techniques）

技术是创业团队及企业获得竞争优势（创造新业务领域、改变竞争规则、支持现有业务等）的重要来源，也是改变生产经营环境（机器—人—环境之间关系）、改变人的生活（体验、感受）等的重要因素。

2. 目标（Purpose）

技术创业团队应该有一个既定的共同目标来为团队成员导航，指引前进的道路。目标在创业企业的管理中以企业远景、战略的形式体现。团队目标的制定可以参考SMART原则。SMART原则是管理学大师彼得·德鲁克在其著作《管理实践》一书中首先提出来的，包括以下几方面。

（1）目标必须是明确的（specific）。

所谓明确，就是要用具体的语言清楚地说明要达成的行为标准。很多团队难以取得成功的重要原因就是因为目标定得模棱两可，或者没有将目标有效地传达给相关人员。

（2）目标必须是可以衡量的（measurable）。

可衡量性就是指目标应该是清晰的、容易衡量的，而不是模糊的。应该有一组明确的数据，作为衡量目标是否达成的依据。

（3）目标必须是可以达到的（attainable）。

目标是可以让执行人达到的，目标设置要坚持员工参与，以及上、下、左、右沟通，使拟定的工作目标在组织及个人之间达成一致。

（4）目标之间具有相关性（relevant）。

目标的相关性是指目标之间具有关联性，如果实现了这个目标，但与其他目标完全不相关，或者相关度很低，那么这个目标即使达到了，意义也不是很大。

（5）目标必须具有明确的截止期限（time-based）。

目标设置要根据工作任务的权重、事情的轻重缓急，拟订出完成目标的时间要求，并定期检查项目的完成进度，及时掌握项目进展的变化情况，以方便对下属进行及时的工作指导，以及根据工作计划的异常变化情况进行及时有效的调整。

3. 人（People）

人是构成技术创业团队的核心力量。三个及三个以上的人就形成了一个群体，当群体有共同奋斗的目标时就形成了团队。在一个技术创业团队中，人力资源是所有创业资源中最活跃、最重要的资源。技术创业团队应充分调动团队成员的各种资源和能力，将人力资源转化为人力资本。

通常情况下，创业团队由二到六人组成，他们需要制订商业计划，确保资金充足，并注册公司。确保每个团队成员都做出贡献并发挥关键作用对团队的成功至关重要。杰夫·贝索斯，Amazon.com的创始人，认为团队规模应遵循“两个比萨规则”：两个比萨饼就够整个团队吃，否则这个团队很可能过大。

4. 定位（Place）

技术创业团队的定位包含两层意思。一是技术创业团队的定位，即技术创业团队在企业中处于什么位置，由谁选择和决定团队的成员，团队最终应对谁负责，采取什么方式激励下属。二是创业者的定位，即作为成员在技术创业团队中扮演什么角色，是制订计划还是具体实施或评估，是委派某个人管理还是共同参与管理或者聘请职业经理人管理。

1981年，英格兰学者贝尔宾（Belbin）在《团队管理：他们为什么成功或失败》一书中提出了团队的九种角色，即贝尔宾团队角色理论（见表3-2）。

表3-2　贝尔宾团队角色理论

角色	角色描述
信息者(resource investigator)	性格外向,有交际能力,热情健谈,发掘机会,增进联系
创新者(plant)	有个性,才华横溢,富有想象力,不拘一格,适合提出建议
技术专家(specialist)	目标专一,自我鞭策,甘于奉献,提供专门的知识和技术
实干者(company worker)	有组织能力,个性保守,缺乏灵活性,对没有把握的事不感兴趣
推进者(shaper)	激发进取心,有活力,在压力下成长,有克服困难的动力和勇气
协调者(coordinator)	沉着自信,有控制局面的能力,是称职的决策人
监控者(monitor evaluator)	理智,清醒,有战略眼光,判断力强,有选择与决断的能力
完美者(punisher)	注重细节,力求完美,容易刺激他人产生紧迫感
凝聚者(team worker)	擅长人际交往,善解人意,处事灵活,合作性强

贝尔宾提出以上九种团队角色后，还为此设计了一个先后顺序，即：首先是信息者提供最新信息，创新者提出自己的新思路，技术专家提供技术支持；接着是实干者开始运筹计划，推进者希望散会后赶紧实施，协调者在想谁干合适，监督者开始泼冷水；最后是完美者吹毛求疵，凝聚者润滑凑合。

5. 权限（Power）

在技术创业团队当中，领导人的权力大小与团队的发展阶段和创业实体所在的行业有关。一般来说，技术创业团队越成熟，领导者所拥有的权力相应越小，在团队发展的初期领导权相对比较集中。高科技实体企业多数实行的是民主的管理方式。团队权限关系着两个方面：一是整个团队在组织中拥有的决定权，二是组织的基本特征。

6. 计划（Plan）

计划有两层含义：第一，目标的最终实现需要一系列具体的行动方案，可以将计划理解为达到目标的具体工作过程；第二，按计划进行可以确保团队的进度顺利，只有在计划的指引下，技术创业团队才会逐步接近目标，最终实现目标。

3.2.2　高效技术创业团队的特点

根据罗宾斯的观点，高绩效的团队应该具备如图3-1所示特征。

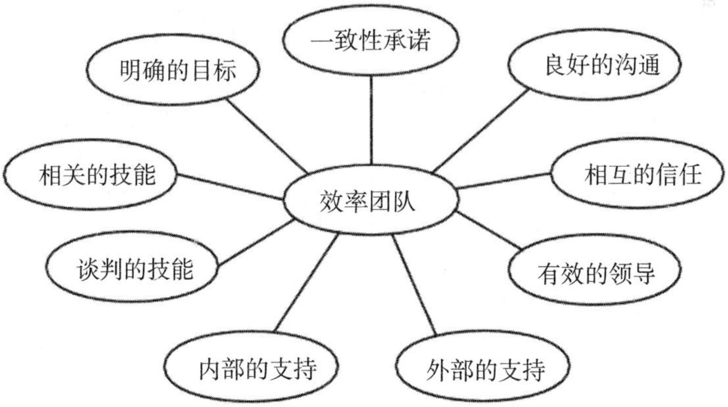

图3-1　高绩效团队的特征

图3-2举例说明了一个技术创业团队及其扩展团队的情况。一般来说，高效的技术创业团队具有以下特点。

（1）团队成员对公司抱有共同的梦想，团队成员同甘共苦，形成凝聚力与一体感，满怀热情地为了公司的成功而努力工作。

（2）团队所掌握的关键知识涵盖该行业的各个方面：技术、财务、营销、运营等。在寻找团队成员时，主要考虑弥补当前资源和能力上的不足，即考虑其当前所具备能力与创业目标之间的差距；团队成员之间的能力形成良好的互补，这种互补有助于强化团队成员间的合作。

（3）团队成员中至少有一人对于公司所处的行业有一定经验。具有一定的行业经验可以使技术创业企业更快、更稳地进入行业市场。

（4）团队拥有行业关系网，其兄弟公司能够助其一臂之力。在技术创业的初始阶段，如果遭遇重大困难，兄弟公司的帮忙往往可以使得初创团队和初创企业迅速摆脱困境。

（5）团队全心全意致力于公司发展，一致把创造新企业价值当作创业活动的主要目标，共同应对融资约束问题。团队成员对企业经营成功给予长期的承诺，不会因为一时的利益或困难而退出。

（6）如果团队成员此前就在一个团队里愉快地合作过，不管是在大公司还是在新建公司中，那么这个团队往往具有更多优势，因为成员们已经经过了磨合期，不再面临初次合作存在的问题。

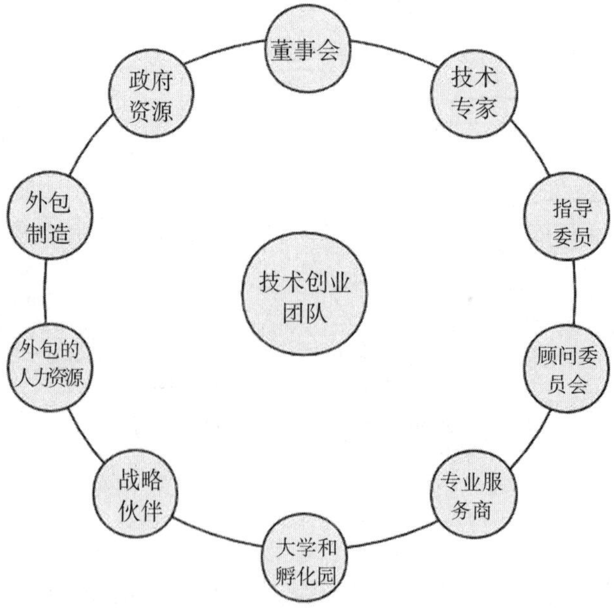

图3-2　技术创业团队关系网络图

这是最理想的创业团队所具备的特点，但对于技术创业团队而言，他们往往具备坚实的专业知识和技能，但却缺乏商业方面的相关知识。如果创业者的创业活动需要外部资金支持，外部投资者很可能会坚持把专业化的管理模式纳入团队范畴，从而确保公司运行的高效性。

今天，很多公司要面对的是全球顾客，在这种情况下，技术创业团队必须具备的一项能力，就是拥有国际经验或国际合作伙伴。研究发现，国际企业的成功往往取决于技术创业团队成员在海外旅行或工作的情况，以及他们对外语的熟练掌握程度。最后需要强调的一点是，成功的技术创业团队所具备的一个重要特点是，能够妥善利用社会关系网络寻找专业人才、开辟资源，进行专业能力的完美搭配，以此来弥补团队的不足。这对于任何创业团队来说都是至关重要的。

3.3　技术创业团队的类型

3.3.1　技术创业团队的一般类型

从不同的角度、层次和结构，可以将技术创业团队划分为不同类型。依据技术创业团队的组成者来划分，有星状技术创业团队（Star Team）、网状技术创业团队（Net Team）和从网状技术创业团队演化而来的虚拟星状技术创业团队（Virtual Star Team）。

1. 星状技术创业团队

一般在团队中有一个核心人物（Core Leader），充当了领队的角色。这种团队在形成之前，一般是核心人物有了创业的想法，然后根据自己的设想进行技术创业团队的组建。因此，在团队形成之前，核心人物已经就团队组成进行过仔细思考，根据自己的想法选择相应人员加入团队，这些加入技术创业团队的成员也许是核心人物以前熟悉的人，也有可能是不熟悉的人，但这些团队成员在企业中更多时候是支持者角色。这种技术创业团队有几个明显的特点：

（1）组织结构紧密，向心力强，主导人物在组织中的行为对其他个体影响巨大。

（2）决策程序相对简单，组织效率较高。

（3）容易形成权力过分集中的局面，从而使决策失误的风险加大。

（4）当其他团队成员和主导人物发生冲突时，因为核心主导人物的特殊权威，其他团队成员常会处于被动地位。当冲突严重时，他们一般会选择离开团队，因而对组织的影响较大。

2. 网状技术创业团队

这种技术创业团队的成员一般在创业之前就有密切的关系，比如同学、亲友、同事、朋友等。一般都是在交往过程中，共同认可创业想法，并就创业达成了共识以后，开始共同进行技术创业。在技术创业团队组成时，没有明确的核心人物。大家根据各自的特点进行自发的组织角色定位。因此，在企业初创时期，各位成员基本上扮演的是协作者或伙伴角色。这种创业团队的特点如下：

（1）团队没有明显的核心，整体结构较为松散。

（2）组织决策时，一般采取集体决策的方式，通过大量的沟通和讨论达成一致意见，因此组织的决策效率相对较低。

（3）由于团队成员在团队中的地位相似，所以容易在组织中形成多头领导的局面。

（4）当团队成员之间发生冲突时，一般都采取平等协商、积极解决的态度消除冲突，团队成员不会轻易离开。但是一旦团队成员间的冲突升级，使某些成员撤出团队，就容易导致整个团队的涣散。

3. 虚拟星状技术创业团队

这种技术创业团队是由网状技术创业团队演化而来，基本上是前两种的中间形态。在团队中，有一个核心成员，但是该成员地位的确立是团队成员协商的结果，因此核心人物从某种意义上说是整个团队的代言人，而不是主导型人物，他在团队中的行为必须充分考虑其他成员的意见，不如星状技术创业团队中的核心主导人物那样有权威。

3.3.2 大学生技术创业团队的形式

从我国大学生技术创业团队的实际操作看，有多种不同的组织形式，它们各自具有不同的特征。

1. 同学组合型

同学组合型技术创业团队的成员都接受过高等教育，知识储备相对丰富，思维活跃，较少受到习惯思维束缚，容易发现商机。搭配合理的技术创业团队，其成员在专业学科上的优势，在创业项目的选择中容易转化为创业过程中的技术优势。这种创业团队对于团队核心人物的要求比较高，他要能正确处理技术创业过程中的民主决策与专制决策之间的矛盾关系。

2. 师生合作型

师生合作型技术创业团队，由导师或指导教师作为团队的主要成员，指导想法和思路，把握大方向；由经过挑选的学生组成实践团队，负责实现创业目标的各项具体工作。这种技术创业团队，容易得到社会各方面的关注和支持，它的发展可能会少走许多弯路。如何处理好学生与导师的关系，成为这一类型团队需要注意思考的问题，如果处理不当，可能会影响到创业企业的生存。

3. 爱情搭档型

情侣创业的目标会更加一致，沟通协调不存在障碍，在项目选择、经营决策等重要创业环节中，可以提高管理效率。但是这种类型的技术创业团队也面临着一些比较现实的问题，最突出的就是容易将感情混入事业之中，把创业上不如意的情绪带进爱情之中。如果创业失败，不仅增加双方的生活压力，严重的话还有可能造成情侣失和。

4. 兴趣组合型

兴趣组合型技术创业团队，是指由于对某些创业项目的实现所要求具备的技术、资源、服务等要素或者创业前景志趣相投，而自由组建的技术创业团队。这种团队的选择多是因为彼此间有相同的兴趣，而非团队成员的个别专业能力互补。在商业环境日益复杂多变的情况下，以兴趣相投为纽带的同质化的组合标准，与团队组建要求的人力资源互补理念相悖。

3.4 技术创业团队的组建

3.4.1 技术创业团队组建的基本原则

1. 共同目标原则

任何一个新创企业都是为了一定的使命和目标而组织起来的。无论团队成员各自的目标有何不同，但一定有一个为全体成员所接受的共同目标。对创业者来说，目标就好比路标，它指明了技术创业团队努力的方向，确定了新创企业应在哪些领域取得成就。创业者在创业过程中要想得到满意的效益，就应使创业的目标内化为技术创业团队的共同目标。

2. 互补原则

建立优势互补的团队是创业成功的关键。理想的状况是，一个团队的成员在知识、技术、经验等方面具有高度的互补性。只有当技术创业团队的成员相互间在知识、技能、经验等方面实现互补时，才有可能通过相互协作发挥出协同效应。

3. 简洁高效原则

精简、统一、高效是组织设计的重要原则。机构精简、人员精干，才能实现高效率，同时实现低成本管理。在企业发展的各个阶段，为了减少运作成本，最大限度地分享成果，技术创业团队的人员构成应在保证企业能高效运作的前提下尽量精简。

4. 动态开放原则

创业过程是一个充满不确定性的动态过程，团队中可能因为能力差别、观念分歧等多种原因而不断有人离开，同时也不断有人加入。因此，在组建技术创业团队时，应注意保持团队的动态性和开放性，从而将真正完美匹配的人员吸纳到技术创业团队中来。

3.4.2 技术创业团队成功的因素

1. 足够的资源

技术创业团队是创业企业的一部分。每一个团队都会依赖资源来维持运转。资源的稀缺性会直接影响技术创业团队工作的有效性以及能否实现创业目标。研究表明，资源供给的满足是创业成功的基础条件，这些资源包括及时获得的信息、适用的设备、恰当安排的人员、行政管理上的帮助等。

2. 高效的领导

如果技术创业团队成员无法在谁承担什么工作和责任方面达成一致意见，那么团队就无法正常运作。无论团队表现为创业领导者或是团队自我领导的形式，在匹配工作具体细节和个体技能的问题上，必须考虑创业领导者和团队构架。

3. 互相信任的环境

技术创业团队的成员之间相互信任，能够促进合作，并免除相互监督的成本。并且团队成员愿意承担风险，将自己的弱点暴露出来，互相帮助，共同成长。因此，信任是领导力的基础，它能使整个技术创业团队认可创业领导者制定的目标和决策，并共同完成。

4. 科学的绩效评估和奖酬制度

如何才能使技术创业团队的成员在承担个体责任的同时兼顾共同责任？这是一个需要认真考虑的问题。个体绩效的评估和激励往往会对团队整体绩效产生干扰。因此，在对员工的个体贡献做出评估和奖酬之外，管理层也应当对传统针对个体的评估和奖惩系统做出一定的修改，使其能反映团队绩效。以团队为基础的评估、利润分成、收入分成、小型群体奖励和其他一些制度修订的方法都能够加强团队成员的努力和承诺。

3.4.3　技术创业团队的组建

创业团队的组建是一个复杂的过程，不同类型的技术项目所需的团队不一样，创建步骤也不完全相同。概括来讲，技术创业团队的组建应该是一个动态过程，它应遵循“按需组建，渐进磨合”的要求逐步达到相对稳定的状态。成功的技术创业团队的组建，其大致的组建程序如图3-3所示。

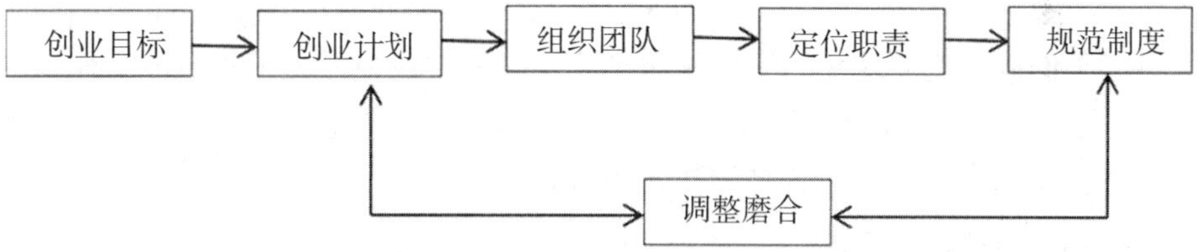

图3-3　技术创业团队的组建程序

1. 确立创业目标

技术创业团队目标的确立建立在明晰的市场分析基础之上，这个目标要有挑战性，以激发未来团队成员的斗志和兴趣。总目标确定之后，为了推动团队最终实现创业目标，需要对总目标进行分解，设定若干可行的、阶段性的子目标。

2. 制订创业计划

在确定了阶段性子目标以及总目标之后，需要研究如何实现这些目标。这就需要制订周密的创业计划，创业计划是在对创业目标进行具体分解的基础上，以团队为整体来考虑的计划。创业计划确定了在不同创业阶段需要完成的阶段性任务，团队可以通过逐步实现这些阶段性目标来最终实现创业目标。

3. 招募人员组成团队

选择团队成员是组建技术创业团队的重要一步。技术创业团队需要具备创新意识的人、具备策划能力的人、具备执行能力的人。关于技术创业团队成员的招募，主要应考虑两个方面：

（1）考虑互补性，即考虑团队成员之间能否在能力和技术上形成互补。这种互补性的形成既有助于强化团队成员间的合作，又能保证整个团队的战斗力，更好地发挥团队作用。一般而言，技术创业团队至少需要技术、管理、营销三个方面的人才。只有这三个方面的人才形成良好的沟通协作关系后，技术创业团队才可能稳定高效地发展。

（2）考虑适度规模，适度的团队规模是保证团队高效运转的重要条件。团队成员太少，无法实现团队的功能和优势；而团队成员过多则有可能造成沟通的障碍，产生团队内部的冲突，削弱团队的凝聚力。一般认为，技术创业团队的规模控制在3～12人为最佳。

4. 明确职责和角色定位

为了保证团队成员高效执行创业计划、顺利开展各项工作，必须预先在团队内部进行职权的划分。技术创业团队的职权划分就是根据创业计划的需要，具体确定每个团队成员需要担负的职责以及相应享有的权限。团队成员的职责划分必须明确，既要避免职责的重叠和交叉，也要避免无人承担造成工作上的疏漏。此外，技术创业团队在创业行动和市场中的定位必须明确，要立足市场，结合实际，遵循经营管理规律和市场规律。

5. 构建团队规章制度

规章制度主要是指科学的绩效考核机制，包括激励机制和约束机制。激励机制主要包括利益分配方案、考核标准、团队文化的建立等，使团队成员的自身利益与团队创业目标相关联，最大限度发挥团队成员的作用；另外，要实现有效的激励，首先需要把团队成员的收益模式界定清楚，尤其是关于股权、奖惩等与团队成员利益密切相关的事宜。约束机制主要包括纪律条例、保密条例、组织条例、财务条例等，避免团队成员做出不利于团队发展的行为，实现对其行为的有效约束，维护团队秩序的稳定。

总之，技术创业团队应该建立完善的绩效考核机制，从而充分调动团队成员的积极性，保持团队的相对稳定性。此外，最好将技术创业团队的制度体系以规范化的书面形式确定下来，以免产生不必要的混乱。

6. 团队的调整融合

完美的技术创业团队的建立不是一蹴而就的，随着团队的运作，团队之中存在的问题会逐渐暴露出来。这时就需要对团队进行调整，使之磨合。由于问题的暴露需要一个过程，所以团队的调整、磨合也应是一个动态且持续渐进的过程。在这个过程中，需要保证团队成员间经常进行有效的沟通与反馈，培养强化团队精神，提升团队士气。

需要注意的是，技术创业团队的组建过程不是一个完全严格的顺序过程。

事实上，很多技术创业团队的建设过程并没有明确的步骤阶段的界限划分，如创业计划的完善、创业团队的调整磨合贯穿于技术创业团队和新创企业发展的整个过程之中。技术创业者在组建技术创业团队的时候应在上述基本原则的指导下，根据实际情况灵活地进行调整。

课后练习

【拓展阅读】

令人不可思议的是，在创业之初，Linkface就把人脸识别技术做到了世界领先的水平，其创始团队也以“美女+学霸+90后”的组合方式惊艳了创业圈。一个年轻的创业公司是如何在短时间内一跃而成为业界翘楚的？下面就来揭秘一下Linkface这匹黑马的“彪悍人生”。

始于“黑科技”敢为天下先

颜值高的人完全可以靠刷脸生活——在人类世界，这是一句玩笑话，体现的是人的视觉本能；但对于计算机而言，这是个高难度的技术活。而Linkface基于深度学习的人脸识别技术已经达到了世界顶尖的水平。

首先我们需要了解一下人脸识别这项“黑科技”的不明觉厉之处。计算机需要以深度机器学习的算法为基础，再配合模拟人类的视觉、传感和认知机制，才有可能像人类一样“看”到。如果想要进一步做到“识人”，真是难上加难，计算机还需要克服“认知”上的三个难点：

一是人脸检测，即找到人脸在哪里；二是关键点对准，即在确定人脸所处位置之后，再找到眼、耳、鼻、目及面部轮廓等，准备进行更精确的面部特征分析；三是人脸识别，这也是计算机“识人”的最后一步，即基于前两步积累的人脸大数据，分析之后得出结论“这是谁的脸”。关于这三点，国际上分别有一套公认的权威评测平台，即人脸检测FDDB、人脸关键点定位300-WBenchmark和人脸识别LFW。在创业初期，Linkface的技术在这三大平台上均有相当出色的表现——FDDB人脸检测公开测试世界第一、300-W Benchmark准确率世界第一、LFW人脸识别准确率已达99.5%以上。

当然，人脸是一个鲜活的存在，技术出了实验室还得应对真实应用场景中的“意外”，如果有人用图片来冒充真人怎么办？不用担心，因为Linkface的黑科技中还包含了活体检测的功能。

噪声当前唯以实力相对

高颜值高学历90后创业团队、世界领先的技术水平、打败巨头的辉煌战绩、蜂拥而至的合作伙伴、正在开启的全新生活方式……Linkface被诸多光环围绕。人们一边为这些炫目的成绩而折服，一边又忍不住会想："这是不是噱头?"公司的联合创始人马廷姣说，面对质疑，Linkface一直都很"自信和勇敢"，之所以能够取得如此成绩，也是依靠"对中国原创技术的自信、对团队成员能力的自信，这些自信又带给Linkface在市场开拓上的勇敢"。

她还提到一个非常有意思的细节："有位朋友曾说'Linkface，好名字啊，LinkedIn和Facebook你们都占了'——但我们想做的绝不是复制，我们希望能设计并兑现中国原创技术在中国市场发挥的魔力。"这个细节恰到好处地传递出Linkface的理念。从根本上讲，一个创业公司的基因由创始人决定，这种基因决定着它在日后的发展方向。而Linkface这种"自信、勇敢、原创"的理念正是源于它有一个卓越的创始团队。

它的四位创始人均毕业于知名高等学府，各自都有多项荣誉加身：石建萍和夏炎分别拥有港中文、中科大的计算机视觉博士学位，二人在该领域的顶级会议上都发表过多篇论文，成名已早；马廷姣曾在港中文取得管理硕士学位，担任过学生会主席，创办过香港国际讲堂，阅历颇丰；方芳毕业于清华，是曾经的省高考状元，精通五门语言，聪颖过人。

（李芳，《揭秘Linkface：创业黑马如何炼成》，哈佛商业评论）

【课外练习题】

解手链互动游戏

形式：10人一组为最佳。

时间：20分钟。

材料：无。

适用对象：全体人员。

操作程序：

（1）每个小组围成一向心圈，面朝内站立。

（2）培训师说：先举起你的右手，握住对面那个人的手；再举起你的左手，握住另外一个人的手。现在你们面对一个错综复杂的问题，在不松开的情况下，想办法把这张乱网解开。

（3）告诉大家一定可以解开，但答案会有两种：一种是一个大圈，另一种是两个套着的环。

（4）如果过程中实在解不开，培训师可允许学员决定相邻两只手断开一次，但再次进行时必须马上封闭。

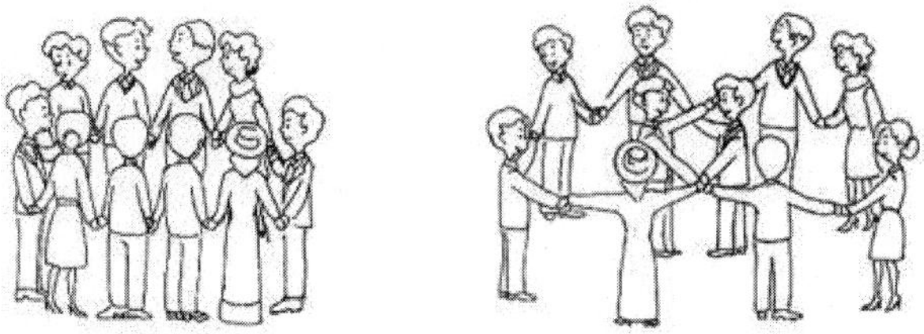

游戏完成之后讨论：

（1）你在开始时感觉怎样？是否思路混乱？

（2）当解开一点以后，你的想法是否发生变化？

（3）最后问题得到了解决，你是不是很开心？

（4）在这个过程中，你学到了什么？

学习目标：

（1）在游戏过程中理解团队沟通与协作。

（2）获得对团队决策过程的洞察。

（3）思考高效的技术创业团队的特征。

（4）探索团队成员互补与角色定位。

练习要求：

（1）本作业布置后1～2周内完成，并提交游戏报告（包括游戏分工、过程与体会）。

（2）在课堂上讨论：①通过这个游戏，你有什么感悟和收获？②对于技术创业团队，你有什么新的理解？

（3）延伸思考：①合作精神、沟通技巧在不同类型的创业团队中发挥的作用是否不同？②尝试着开发新的团队游戏，并向朋友或同学推广你发明的新游戏。

【本章思考题】

1. 简述技术创业团队的组成要素。
2. 高效技术创业团队有哪些特点？
3. 一般技术创业团队有哪些类型？
4. 简述技术创业团队组建的程序。

第4章　创业机会

【核心问题】

（1）什么是创业机会？

（2）创业机会来自哪里？

（3）如何识别创业机会？

（4）如何评估机会的价值？

【学习目标】

（1）理解创业机会的内涵；

（2）了解创业机会的分类和来源；

（3）理解识别创业机会的方法；

（4）掌握对机会进行评估的相关指标和使用方法。

【引例】

英国赫特福德大学的心理学家理查德·威斯曼为了探究性格与运气的关系，曾经做过一个实验。他把精心挑选的实验对象分为两组，一组自认为是生活的幸运儿，而另一组总感觉自己是十足的倒霉蛋。实验人员给每位实验对象一张完全相同的报纸，要求他们数一数报纸里共有多少张图片。实验结果很有意思，那些自认为是生活的幸运儿的人在几秒钟内就完成了任务，并且没有一个人出错；但那些自称是十足的倒霉蛋的人却花了几分钟时间，多数人还是数错了。为什么会有这么大差别呢？原来，实验用的册子是经过精心设计的，里面有两处醒目的提示。

第一处在封面的内页，用5厘米大小的字写着一句话："别数了，这里共有43张图片。"但只有"幸运儿"们注意到了这句话，几秒钟就完成了任务，"倒霉蛋"们却只顾着埋头数数。第二处是在册子中间，用同样大小的字写着："别数了。告诉实验人员你看到了这句话，你就能赢得250美元。"可惜，没有一个人赢得250美元。

这个实验充分说明了两点：第一点，不同的人观察世界的方式不同。有的人对周围的一切充满好奇，东张西望；有的人却只顾埋头老老实实地干活。第二点，无视周围环境，往往会错失良机。生活中处处都蕴藏着机遇，关键在于你是否具有敏锐的观察力和强烈的好奇心。

（案例来自网络）

4.1 创业机会的概念

4.1.1 创意与创业机会

1. 创意的基本概念

重要概念

创意

创意是一种通过创新思维意识，进一步挖掘和激活资源组合方式进而提升资源价值的方法。

创意是创业的开端，是创业机会的来源，任何创业者要做的第一件事就是为新业务产生一项创意。一个好的创意就像一颗优质的种子，是创业成功的前提条件。但是，创意不等于创业机会，只有具有商业价值的创意才能创造好的市场机会。而创业机会是预期能够产生价值的清晰的目的—手段组合。目的是满足顾客的需求，解决顾客意识到和没有意识到的实际问题，让人们生活得更好，这是价值来源的根本。

重要模型

创意引擎模型

创意引擎模型包括六个要素：知识、想象力、态度、资源、环境和文化。该模型由内层和外层两个部分组成。

内层包含三个因素：知识、想象力和态度。其中知识储备是发挥想象力的基础；想象力是将已有知识转化为新想法的催化剂；态度是点燃创意引擎的火。

外层也包含三个因素：资源、环境和文化。资源指你所处的团体内一切可利用的东西；环境指你的生活环境，比如家庭、学校或者办公室；文化是你所处的团队中体现出来的集体信仰、观点和行为。

2. 创意的产生方法

创意的来源有多个方面，创业者可以运用多种方法来帮助激发新的创意并加以测试。

（1）系统的创新方法，例如TRIZ、六顶思考帽、KT矩阵法、田口方法等，这里重点介绍TRIZ方法。20世纪50年代，苏联发明家阿奇舒勒提出“发明问题的解决理论”，缩写为“TRIZ”。其中的重要理论之一是技术系统进化理论。该理论主要有八大进化法则，可以用来解决难题，预测技术系统。这八大法则是：①技术系统的S曲线进化法则；②提高理想度法则；③子系统的不均衡进化法则；④动态性和可控性进化法则；⑤提高集成度再进行简化的法则；⑥子系统协调性进化法则；⑦向微观级和增加场应用的法则；⑧减少人工介入的进化法则。阿奇舒勒和他的TRIZ研究机构50多年来提出了TRIZ系列的多种工具，如冲突矩阵、76标准解答、ARIZ、AFD、物质—场分析、ISQ、DE、8种演化类型、科学效应等。

（2）在积极的情感体验中提升想象力。北爱尔兰贝尔法斯特皇后大学教授阿利斯泰尔·费在给企业管理人员授课时，为了训练他们的想象力，常常让他们写诗。除了写诗以外，他还借助音乐启发学员，使他们能从自己的情感世界中获得创造灵感，学会跳出理性逻辑，依靠情感逻辑认识事物。

（3）有一些方法已经久经验证，例如头脑风暴法、聚点小组、问题编目分析。其中头脑风暴法屡获好评。头脑风暴法是一种集体开发创造性思维的方法，就是让一群人聚在一起，围绕特定的话题，自由地思考，大胆地提出各种想法，然后在他们提出的观点的基础上建立新观点。如果运用得当，头脑风暴法可以帮你快速跳过浅显答案，迅速找到高效、富有创造性的解决方法。迈克尔·戈登教授提出10条头脑风暴法法则，可以帮助提高创造力：①确定你的目的；②选择参与者；③选择协调人；④进行自发而广泛的集体讨论；⑤不要批评，也不要否定别人；⑥将意见完整地记录下来；⑦开拓思维，将想象力发挥到极致；⑧避免在某一思路上花过多的时间；⑨识别最有希望的思路；⑩提炼各种思路并排列其优先顺序。

3. 创意与创业机会

重要概念

商业概念

商业概念既体现了顾客正在经历的，也是创业者试图解决的种种问题，还体现了解决问题所带来的顾客利益和获取利益所采取的手段。这种利益是顾客认可并愿意为其支付的价值。

创意与点子的不同之处在于创意具有创业指向。创业机会与一般的创意有所区别，它具有新颖性、真实性、商业性等特性，其关键在于可以为客户或最终用户提供创造或增加价值的产品或服务。能够在市场中看到机会、产生创意并发展成清晰的商业概念，意味着创业者识别到机会，并因为找到解决问题的手段而有可能把握住机会，这是启动创业活动必须具备的基本前提。打算创业的人在产生创意后，会很快甚至同时就把创意发展为可以在市场上进行检验的商业概念。综合柯兹纳（Kirzner）等学者的观点，创业机会主要具有以下特征：

（1）新颖性。新的技术、新的商业模式以及差异化的解决方案，具有一定程度的领先性，并非即刻完全被发现和利用。

（2）真实性。有价值的创意绝对不能是空泛的联想，而要有现实意义，具有实用价值。创意要可实现，潜伏在现有的市场环境中，或由市场环境变化所创造，简单的判断标准是能够开发出可以把握机会的产品或服务，而且市场上存在对产品或服务的真实需求，或者可以找到让潜在的消费者接受产品或服务的方法。

（3）并不是可以直接且客观地进行描述的，它们必须区别于创业者对它们的感知或者构造；有时候只被特定的企业家发现，因为市场中信息是分散的，并且局部化的隐性知识并不是可以直接交流的，在企业家发现之前，发现的概率是未知的。

（4）商业性。创意可以产生商业价值，有很大的利润和成长潜力。

4.1.2 创业机会的定义

重要概念

技术创业机会

技术创业机会是由于技术及相关因素引起的市场需求（已有的或潜在的）变动和技术变革而存在，其创业的起源在于技术，基于技术发明、技术创新与新产品市场化，通过科学的机会识别将不具备创业潜力和易于模仿的创新技术排除在外，而选择具有较好发展前景的新技术进行后期创业活动。这些技术又往往来源于高校、公共研究机构或者大型企业自身的研发机构。

创业研究的机会理论认为，创业过程即是对创业机会识别与开发的一系列过程，因此，机会识别与开发是创业机会研究的重要议题。对创业者而言，识别具有价值的创业机会，并且着手开发该机会，才能将机会转化为企业的绩效，获得良好的回报。界定创业机会非常困难，因为对不同个体意味着不同的机会，因此，创业学研究对创业机会没能形成统一定义（表4-1）。

表4-1 创业机会定义

创新视角	Schumpeter(1934)从创新视角定义创业机会,指出创业机会是为了满足市场需求,创业者将资源创造性地结合起来从而实现价值传递的一种可能性,要创造产品和服务来弥补这种空白的一种客观存在的市场状态,创业机会与经济价值息息相关
	Drucker(1985)指出“改变”提供了人们创造新颖的、与众不同的事业的机会,当改变出现,创业家利用机会去创造新价值。这种改变可能来自产品市场或要素市场的变化,也可能来自技术、政策的改变
	Shane 和 Venkataraman(2000)认为,创业机会是新产品、新服务、新材料,甚至是一种新的组织方式,可以通过生产与销售来获得高于成本的收益
经济视角	Kirzner (1973,1979)提出发现机会是创业的核心问题。他认为创业机会是一系列的市场不完全,市场参与者由于信息的不对称,对市场出清价格和未来出现的新市场会有着不同的判断,所以会产生一系列市场机会。创业者利用经济波动,凭借对事物的了解和识别能力(他人不具备的)发现并开发机会,而且大多数机会是偶然发现的
	Casson(1992)对创业机会的定义为“那些新产品、服务、原材料和管理能够被应用或出售以获得高于其成本的情况”

续表

市场视角	Hulber 等(1997)认为,创业机会本质上是一种市场需求,只是这种需求尚未得到满足
	Kirzner(1997)认为,创业机会是未得到充分满足的市场需求
	Hills (1998)认为商业机会的识别和开发对创业起到核心作用
	Smith 等(2009)指出,创业机会是在未来情境下,创业者利用市场的不完善性来追逐利益的一种可能性,该定义包括两种情境,一种情境是创业者通过创新为市场提供一个不断创新的产品服务、原材料或组织方式,另一种情境是在未饱和市场中提供模仿性的产品服务、原材料或组织方式
顾客视角	Timmons (1994)认为,创业机会是具有吸引力、持久性和适时性特征,并且伴随着可以为购买者或者使用者创造或者增加使用价值的产品和服务
	Alsos 和 Kaikkonen(2004)认为,创业机会是向市场引入新产品,为顾客提供更好的商品和服务以获取利润的可能性
	Gregoire 和 Shepherd(2012)认为,创业机会往往象征着消费者的某种需求,可能涉及对技术、产品的开发与升级等
	Chandler 等(2003)认为创业机会代表了创业者解决问题、满足消费者需求的能力
动态视角	Dutta 和 Crossan(2005)基于风险视角指出,创业机会是一种环境条件,包括创业者在判断风险的基础上引入新产品和新服务的一系列条件
	Overholm(2015)指出,创业机会是创业者之间在创业生态系统运作过程中创造出的有价值的机会
	Yonni 等(2017)在研究中提出,创业机会是一个宽泛的概念,具体包括机会的来源、利用机会的具体方式、发现机会的复杂过程,这些内容共同反映了创业过程中创业者与机会之间的关系

本书中界定创业机会是未明确市场需求或未充分使用的资源或能力，它不同于有利可图的商业机会，其特点是发现甚至创造新的目的—手段关系来实现创业收益，对于“产品、服务、原材料或组织方式”有极大的革新和效率的提高。

4.1.3 创业机会开发过程

重要概念

创业机会开发过程

创业机会开发过程包括机会搜寻、机会识别和机会评价三个阶段，这个过程受到机会本身的特点、创业者决策逻辑、创业者先前经验、创业者社会网络与创业警觉性的影响。

1. 创业机会开发的过程

广义的创业机会开发过程一般包括机会的搜寻、机会的识别、机会的评价三个阶段，见图4-1。

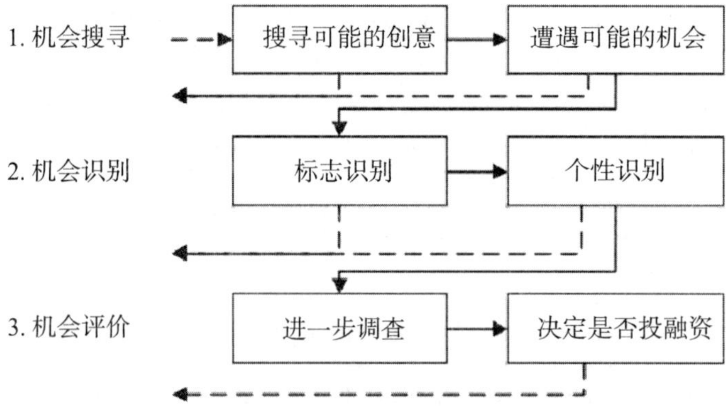

图4-1　创业机会开发的过程

（1）机会的搜寻。在这一阶段，创业者会对整个经济系统中可能的创意展开搜索，如果创业者意识到某一创意可能是潜在的商业机会，具有潜在的发展价值，就将进入下一阶段。

（2）机会的识别。这一过程包括两个步骤：第一步是通过对整体的市场环境以及行业状况进行分析来判断该机会是否在广泛意义上属于有利的商业机会，这一阶段称为机会的识别阶段；第二步是考察对于特定的创业者和投资者来说，这一机会是否有价值，也就是个性化的机会识别阶段。

（3）机会的评价。这一阶段考察的内容主要是各项财务指标以及创业团队的构成等，通过对机会的评价，创业者便可以决定是否正式创办企业，吸引投资。

2. 创业机会开发的影响因素

近年来，学术界一直努力回答为什么有的人而不是其他人看到创业机会，下面是取得共识的五类主要因素。

（1）机会本身的特点。创业机会本身的特征，不仅会影响机会开发决策，还影响机会开发的成果。通常创业者识别的创业机会具有盈利性和可行性两个特征。创业机会盈利性较强意味创业机会的盈利空间很大，能够创造巨大财富，创业者选择这一机会，围绕机会进行开发，能够取得良好绩效。而创业机会的预期盈利水平，必须高于创业者机会成本、对失去资金流动性以及不确定性的补偿等。创业机会可行性越高意味着机会实现的可能性越高，风险度较低，机会开发的难度对创业者而言不大，那么创业者从事创业活动的自信心会更强，取得较好结果的概率也较高。当在机会的可行性方面存在很大的优势时，在创新精神的驱使下，新创企业会努力提高资源利用效率，深层次开发可行性机会。

（2）创业者决策逻辑。创业者的决策并非总是非理性的，而是依照一定的逻辑通向所谓的“有效决策”，这就是效果逻辑。学者Sarasvathy首次提出了效果逻辑的四条原则：可承受损失、战略联盟、利用权变以及控制未来。①可承受损失指创业者更关注自己最多可能承受的损失。通过估算他们最多能承受的损失，创业者实际上减少了风险。②战略联盟指创业者通常会采用战略联盟的形式，一方面减小不确定性，另一方面与利益相关者共担责任。③利用权变指创业者能在实践中善用权变，把意外之事转化为有利于自身的机会。④控制未来指创业者在对现实控制的基础上力图去创造未来。

（3）创业者先前经验。创业者的先前经验可分为特殊兴趣、行业经验、创业经验和职能经验。①特殊兴趣主要是指创业者或企业家对特定的创业领域的特殊兴趣、好感以及爱好。②行业经验主要指创业者创业之前已经在相关行业工作的经历长度，它旨在强调与产品、流程和技术有关的隐性知识。③创业经验指创业者在创办新企业之前有过的创业经历，让创业者对于创业过程中的未知与风险有更为客观的评估，更为创业者的人格塑造打下根基。④职能经验指创业者在创业之前具有的企业主要职能管理方面的经验，并且细化为不同的职能类别，如营销、生产、研发、财务以及一般通用性的管理等。

（4）创业者社会网络。创业者社会网络是其获取信息和资源的重要途径。机会开发需要人力、物力和财力等资源的投入，创业者要考虑资源获取的成本问题，而社会网络理论指出，创业者与网络成员的信任机制，能够使其以较低的成本顺利地获得网络中的资源，从而增大了开发机会的可能性。

（5）创业警觉性。创业警觉性是指对物体、事件和行为模式的信息具有敏感性，是一种持续关注的能力，关注那些尚未被发觉的机会，也称为创业意识。创业警觉性被视为机会识别的心理基础，有助于指引各种注意力去关注新颖的、不同寻常的事物出现。警觉性个体有一种内在的习惯，倾向于反向思考或者寻求变革，这种习惯性思维常常会挑战创业者当前的状态，促使创业者频繁地在保留图式和批判图式的两重境界中做出决策。

4.2 创业机会的搜寻

4.2.1 技术创业机会的特性

1. 技术创业机会属性

究竟该从什么样的角度去观察和搜寻并识别出真正的创业机会呢？首要任务是掌握创业机会的特征。创业机会作为新企业创建的起点，具有机会属性、商业属性和技术属性。

（1）机会属性。创业机会具有吸引力强、持久、实时的特性，吸引力表示一种顾客渴望的未来状态；持久性是指机会将持续一定的时间；实时性表示机会有一定的时效性。

（2）商业属性。创业机会植根于可以为客户或最终用户创造或增加价值的产品或服务中，所以具有很强的商业属性，包括：为顾客或最终用户创造或增加极大的价值；能够解决一项重大问题，或者满足了某种重大需求或愿望；有需求旺盛的市场；实现市场状况和风险、回报的平衡。

（3）技术属性。技术创业机会有较强的技术属性，一是技术创业机会必须遵循自然规律；二是技术的产生和发展要受到社会条件的制约；三是创业的时间窗口非常有限，必须快速地采用一定的手段和途径来开发新技术以把握住稍纵即逝的创业机会。由于技术的模仿和替代技术很可能会对企业的生存造成极其严重的威胁，所以，企业必须依赖非常灵活和成熟的商业化模式和手段。

2. 机会窗口

重要概念

机会窗口

机会窗口即特定创业机会存在于市场之中有一定的时间跨度，创业者在适当的时间实施创业才有希望获得相应的投资回报。否则，就可能血本无归。

某个机会能否为创业者带来期望的利润，取决于该机会有多大的起始市场规模、市场成长率、前景市场和利己性，又取决于创业者能否适时起步，及时抓住这个机会。蒂蒙斯（Timmons）认为特定的机会仅存在于一定的时段内，称为创业的“机会窗口”，如图4-2所示。在他看来，机会存在或产生于现实的实践之中，所谓“机会窗口”，即特定创业机会存在于市场之中有一定的时间跨度，创业者在适当的时间实施创业才有希望获得相应的投资回报。当然，特定机会的时间跨度越大，成长性越好，机会窗口才会越大，创业者越有可能抓住这个机会。

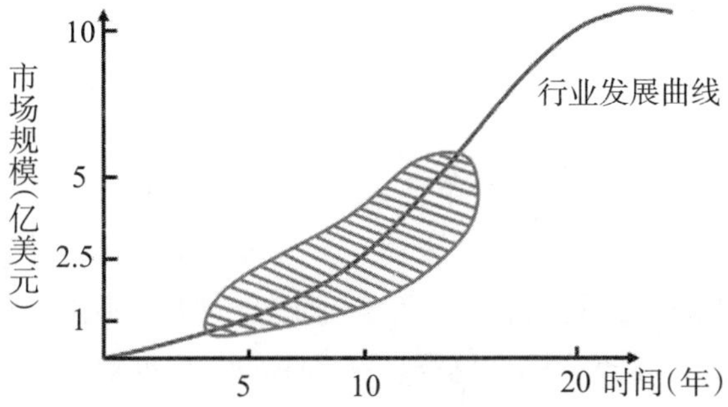

图4-2　创业机会窗口

蒂蒙斯认为一般而言，随着时间的变化，在机会呈现的不同阶段，市场会以不同的速度增长，并且随着市场的迅速扩大，往往会出现越来越多的机会点。但是当市场变得更大且趋于稳定时，对创业者而言，市场条件就不那么有利了。因而，当一个市场开始变得足够大，并显示出强劲的增长趋势时，机会窗口就打开了；而当市场趋于成熟时，机会窗口就开始关闭了。

图4-2中的曲线是一条典型的产品或行业市场生命周期曲线，在产品或行业的发展初期，曲线的坡度比较平缓，市场规模比较小，商机出现的概率不大，机会窗口尚未打开。随着时间的推移，产品或行业被越来越多的消费者认可，市场就会得到高速度的增长，市场机会也随之越来越多和非常明显，就如同为创业机会打开了一扇窗户。但是经过一段时间的发展，市场开始成熟，成长的空间开始变得越来越小，机会窗户就会关闭。因此，整个机会窗口的发展过程实际上也是创业机会的生命周期。

因此，如何及时掌握机会窗口打开的时间，以及如何判断这个机会窗口是否拥有足够获利回报的时间长度，就成为创业成败的关键因素。美国风险投资业者的一项研究调查发现，当创业机会窗口的时间短于3年时，新企业投资失败率高达80%以上；如果机会窗口的时间超过7年，则几乎所有投资的新企业均能获得丰厚的回报。

4.2.2 技术创业机会的分类

重要概念

创业机会类别

由于分类的依据不同，目前对创业机会有很多种分类方式，例如根据技术优势和市场优势把创业机会划分为两类，分别是技术主导型机会和市场主导型机会。

技术主导型机会源于技术的革新、新技术的出现，在技术上拥有独特优势；而市场主导型机会是因政策、人口、环境等因素变化，导致原有市场均衡被打破，出现新的机会。也有根据产生创业机会的因素不同，将创业机会分为技术机会、市场机会和政策机会三类。在本书中，根据对创业计划划分标准的差异，对创业机会进行了如下详细的分类。

1. 依据“目的—手段关系”划分

张玉利和陈寒松（2011）依据“目的—手段关系”的明晰程度将创业机会划分为识别型机会、发现型机会和创造型机会。识别型机会是指在市场中目的与手段关系明显，市场供给与需求存在差异。这时市场中潜藏着大量的机会。供求双方的矛盾使创业者能够辨别出价值潜力大的机会并合理利用之。发现型机会是指在市场中目的与手段关系存在一方不明的状态。这时，需要创业者依靠自身的创业经验、创业资源和创业网络来开发识别这种机会。这种机会一般要求创业者具备高素质的创业能力水平，并且能够比其他行业内的竞争对手提前发掘机会。创造型机会是指在市场中目的与手段关系均处于不明状态。此时市场进入的壁垒极高，创业成功的难度极大。创业者要比其他竞争对手更加具备高水平的洞察力和创造力，运用远见来联结市场供给与需求，运用智慧来开发目的与手段，才能获取成功。可见，创造型机会一般是创业者通过主动性的行动，创造、开发出一种新产品或服务，并随之自动创造出对应的市场需求来得以发生、形成和开发的。

2. 依据“价值搜寻和价值创造能力”划分

Ardichvili 等（2003）从价值搜寻和价值创造能力两个维度将机会划分成

四类，如图4-3所示。对比这四类机会，那些既具有价值又具有实现价值的能力的机会更有可能促使创业者创建企业（Ⅳ象限）。这个机会类型的模型同时也可以被看作是创业者发现机会的一个连续性的动态过程，从最初的梦想（Ⅰ象限），通过对机会本身价值的明确化（Ⅱ象限）或从机会价值的实现方式考虑（Ⅲ象限），最终到这个机会不仅具有价值而且有实现这个价值的能力，从而促成一个企业的创建（Ⅳ象限）。

价值创造能力 \ 价值搜索	未被发现	被发现
不明确的	“梦想” Ⅰ	问题解决型 Ⅱ
明确的	技术转移 Ⅲ	企业形成 Ⅳ

图4-3　Ardichvili的创业机会分类

3. 依据“显/隐性知识的概念”划分

Smith等（2009）将显/隐性知识的概念应用到对机会的划分中，按照机会的显性程度将其划分为显性机会和隐性机会。显性机会是一种能够被很好地记录、清楚地描述和交流、追求利润的市场机会。这种能被记载和清晰描述特征的机会最有可能出现在未饱和的市场中，更关注于对现有产品/服务、原材料或组织方式的模仿或是适度的改进。相反，隐性机会是一种很难被记录下来并被清楚地描述和交流、追求利润的市场机会。机会的这种不清晰的特征更有可能存在于没有被开发或是完全新的（早先不存在的）市场中，更多地关注于对产品/服务、原材料或组织方式较大的改进或是完全的创新。这种分类，在一定程度上也解释了机会识别的两种观点的争论，即越显性的机会越有可能被创业者通过系统搜索而发现，而隐性的机会被识别更有可能取决于创业者的先验知识。

4. 依据“创新程度”划分

Saemundsson和Dahlstrand（2005）按照创新程度对机会进行划分，技术知识和市场知识是决定创业者识别到的机会的创新程度的两个很重要的因素。

如图4-4所示，第一象限是基于新的技术知识和新的市场知识，这类型的机会通过使用新的技术知识满足新的顾客需求，如果成功的话将会带来激进式的创新。第二象限是基于新的技术知识和现有的市场知识。这种类型的机会是在现存的市场中利用新的技术，有可能给产品/服务增加新的特色，提高早先产品的绩效。第三象限是基于现有的技术知识和市场知识，机会很有可能导致创新性的增加，但前提是真的存在根本性的创新。第四象限是基于现有的技术知识和新的市场知识，这种类型的机会使用现有的技术知识去满足新的顾客需求。它也许与新产业的出现或是现存产业的改变有关。根据这四个象限所描述机会的内涵，我们可以将其总结为三类技术创业机会、即全新型机会（一象限）、改进型机会（二或四象限）、模仿型机会（三象限）。

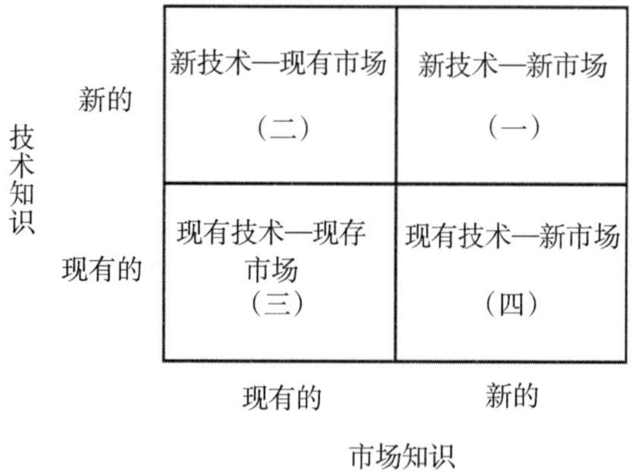

图4-4　技术创业机会划分

（资料来源：Saemundsson and Dahlstrand，2005）

（1）全新型机会。

全新型机会是对全新机会的尝试，这类机会往往与技术上的重大突破相联系，常常伴随着一系列异质性的产品创新和工艺创新，并在一段时间内引起产业结构的重大变化。全新型机会在技术创业领域所对应的是技术突变创新（激进式创新）所带来的机会。学者们认为，突变创新是指导致投入、产出或者流程中发生根本性或者显著改变的创新。突变创新往往会改变人们的思维方式和应用方式，从而对产业变革也产生巨大影响，会“摧毁”一个旧产业（如真空管产业），创造一个新产业（如微电子产业）。这种巨大变革，不仅导致产业结构的变化，而且会引起人们生活方式的变化与社会基础的变化。应用这种创新战略所产生的机会一般需要较长时间的等待才能出现，需要有长期、周密的战略规划，巨大的研究与发展的投入和切实的实施计划与管理。

（2）改进型机会。

改进型机会是指充分挖掘现有机会，比如对现有产品进行更新换代。在技术创业过程中，改进型创业机会是在技术原理没有发生重大变化的情况下，基于市场需求，对现有产品所做的功能上的扩展和技术上的改进，是渐进的、连续的创新。其表现方式是对已有的事物进行改进或者改造已有的方式或技术使之具有其他功能。改进型机会是对现有成分的改进，是建立在现有技术发展轨迹基础上的。改进型机会在技术创业领域所对应的是技术渐进式创新所带来的机会，它不仅强化企业的生产和技术能力，同时能强化企业、顾客和市场的联结，效果延续性强；特别要求组织环境的不断完善和管理能力的不断提升，通过持续的、不断积累的局部或改良性创新，由量变导致质变，最终实现根本性的创新。

（3）模仿型机会。

模仿型机会是通过模仿或跟随别人而不进行创新或很少进行创新，它往往创新程度不高，容易被模仿。模仿型机会多发生在成熟的市场，可以通过观察而获得竞争对手和客户的相关信息，由于市场信息的不对称性，创业者可以从信息中发现尚未被其他参与者识别的获利机会，甚至在极端情况下存在无风险套利的可能。

表4-2 依据“创新程度”划分的创业机会

出发点	全新型机会	改进型机会	模仿型机会
技术来源	全新技术来源	对已有技术的改进和升迁	对已有技术的模仿
市场	新市场	优化原有市场	原有市场
第一竞争优势	创新	改进	模仿
对行业影响	大	较大	小
不确定性	高	较高	低
回报	较高	较高	低
战略	提供创新性的产品和服务，占领新的市场	提供改进型的产品和服务，扩张现有市场	模仿已经成熟的产品和服务，开拓未被占领的现有市场
能力	探索能力：对新的方案进行试验	开发能力：对已有技术进行改善与扩展	模仿能力：对已有技术的模仿与市场开拓

综上所述，三种不同“创新程度”机会来源的区别（见表4-2）在于是沿着旧的轨迹获取新知识还是在截然不同的轨迹上获得新知识。全新型机会需要企业跨越组织边界或技术壁垒去获取新知识或新技术；改进型机会是企业利用现有或相似知识进行改进型创新，相对容易并且结果可控；模仿型机会是企业利用已经经过验证的知识或技术去进行创业。因此，一般来说，全新型机会的回报期长且风险较高；改进型机会的回报期短，风险较低；模仿型机会的回报期最短，风险最低。

4.2.3 技术创业机会的来源

创业往往是从发现、把握、利用某个或某些商业机会开始的。创业机会的出现往往是因为环境的变动，市场的不协调或混乱，信息的滞后、领先或缺口，以及各种各样的其他因素的影响。不同学者对创业机会来源持有不同的观点，简单归纳，有如下几种典型来源区分，如表4-3所示。

表4-3 创业机会来源的典型观点

学者	创业机会来源
Schumpeter（1934）	引入新产品或服务、引入新的生产方法、开拓新市场、获得原材料的新来源以及实现组织的新形态
Krizner（1977）	认为创业机会源于信息的不对称性，他提出了创业者警觉性这一重要特质，创业者通过警觉性能够敏锐地识别非均衡市场中的创业机会
Timmons（1999）	来源于变化、混乱或不连续的状况，具体包括法规的改变，技术的快速变革，价值链重组，技术创新，现有管理者的管理不善，战略型企业家、市场领导者短视，忽视下一波客户需求七个方面
Shane&Venkataraman（2000）	认为基于产品市场的创业机会来源区别于要素市场的创业机会来源
Ardichvili 等（2003）	认为外部环境变化为创业机会提供重要来源，例如经济、政治、社会和人口条件变化使得创新成为一种可能
Eckhardt&Shane（2003）	认为创业机会来源于外部冲击、供给与需求的变化以及信息不对称

在比较众多学术观点的基础上，美国凯斯西储大学谢恩教授的观点比较有代表性。谢恩教授提出了产生创业机会的四种变革，分别是技术变革、政治和制度变革、社会和人口结构变革以及产业结构变革。在此基础上，基于创业者警觉性的差异，不同的创业者发现了市场上可得事物与可能事物之间的差异，进而产生了新的业务、产品和服务创意，如图4-5所示。

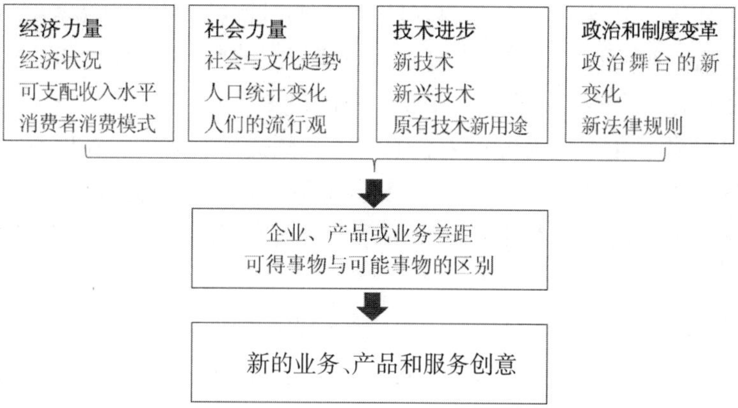

图4-5　创业机会的来源

（1）产业结构变革。这是指因其他企业或者为顾客提供产品或服务的关键企业的消亡，或者企业吞并或互相合并，行业结构发生变化，从而改变了行业中的竞争状态，形成或终止了创业机会。

例如2021年政府工作报告将“做好碳达峰、碳中和工作”列为2021年重点任务之一，“十四五”规划也将“加快推动绿色低碳发展”列入其中。与此同时，在2020年到2050年间，将有70万亿元左右的基础设施投资被直接或间接地撬动，包括发电侧大量的光伏和风电装机、容量持续增长的跨区输电通道、数量在千万量级的5G基站建设、物联网相关基础设施、交通领域加氢站和电动车充电站的加速布局，以及高铁、城际铁路的大规模扩展等。

（2）社会和人口结构变革。就是通过改变人们的偏好和创造以前并不存在的需求来创造机会。首先，社会和人口变化改变了人们对产品和服务的需求。由于创业者通过销售顾客需要的产品和服务来赚钱，所以需求的变化就产生了生产新事物的机会。其次，社会和人口变化使人们针对顾客需求提出的解决方案，比目前能够获得的方案更有效率。

例如2021年5月，中共中央政治局召开会议，会议指出，进一步优化生育政策，实施一对夫妻可以生育三个子女政策及配套支持措施，有利于改善我国人口结构、落实积极应对人口老龄化国家战略、保持我国人力资源禀赋优势。此次全面放开三孩政策，有望进一步释放我国适龄父母的生育意愿，对新生儿人口数量增长将起到积极作用。对于投资而言，建议从“生、养、育、婚”四个角度去把握相关机会。

（3）技术变革。技术变革之所以是创业机会的来源，是因为它们使人们能够以新的更有效率的方式做事。它可以使人们去做以前不可能做到的事情，或者更有效地去做以前只能用不太有效的方法去做的事情。新技术的出现也将改变企业之间竞争的模式，使得创办新企业的机会大大增加。

例如“数字化”成为近年来企业家们频频提到的热词。在以5G、云计算和人工智能为代表的新一代数字技术支持下，传统企业迫切需要有“懂行”的人来和他们一起梳理数字化转型需求，填补传统业务场景与数字技术应用之间的鸿沟。

（4）政治和制度变革。这意味着革除过去的禁区和障碍，或者将价值从经济因素的一部分转移到另一部分，或者创造新的新价值。政治和制度变革使人们能够开发商业创意，从而用新的方法使用资源，这些方法或者更有效率，或者将财富从一个人重新分配给另一个人。

例如中共中央办公厅、国务院办公厅印发了《关于进一步减轻义务教育阶段学生作业负担和校外培训负担的意见》，随着“双减”政策落地，教培行业掀起一场“大地震”，新东方、好未来等多家教育机构的股价暴跌。在大政策的驱动下，教育行业转型升级，必定会产生结构性变化。

4.3 创业机会的识别

4.3.1 机会识别的观点

关于机会的来源目前尚无法定论，争论的焦点在于机会的产生是主观创造还是客观存在。

一种观点认为，创业机会是独立存在于外部环境之中的，是一个“客观的现象”，信息不对称是发现机会的关键，只有部分具有一定特质的人能够捕获创业机会。他们认为机会独立存在于环境中并等待被发现。市场的外生冲击创造了创业机会，也就是说创业机会是由现有市场派生出来的，而每个人都有发现机会的可能性。换言之，创业机会始终独立于创业者的“搜寻”过程。即无论创业者是否进行搜寻行为，创业机会都存在。而之所以是“这些人而不是其他的人识别了这个机会”是因为创业者在审时度势和发现创业机会方面有着不同于常人的卓越才能。在搜寻机会的过程中，创业者更加善于把握时机。有些人对创业警觉具有很高的感知力，正是因为具有这种“警觉性”，创业者对所处环境中的各种信息高度敏感，善于发现厂商和消费者方面出现的问题、市场上未得到满足的需求以及新的资源组合方式（Kirzner，1997）。高警觉性有助于提高发现机会的概率。创业者只能通过获取外部信息来增强对机会的识别能力，并且创业者所获得的边际收益要能够超过其搜索过程的边际成本。

另一种观点则认为，创业机会是构造出来的，机会创造源于创业者对于环境的感知、诠释和理解，创业机会是创业者通过打破平衡进行创新来创造的，通过构造新的“手段—目的”关系来形成创业机会（Schumpeter，1934）。他们认为机会是创业者搜寻机会的行为过程的内生现象，即机会并不是派生于已有市场，而是由创业者创造出来的，在被创造出来之前，机会与已有市场的关系是未知的。相对于第一种观点中机会产生于市场的客观现象，这种观点认为创业者的创业行为才是创业机会的根本来源。创业者并不坐等外生冲击创造机会然后再加以利用，而是主动去创造机会。如果没有创业者的创业行为，机会就不可能出现。如果创业者通过第一次创业行动没能完全实现自己的创业目的，那么还可以通过后续行动来逐步修正自己的行为。这样的行为修正有时会发生多次，直到创业者创造出创业机会。在创造视角下，机会不能脱离创业者的创造行为而独立存在，更确切地说，机会只因创业者对其进行开发而存在。但是创业者事先预知某一创业行为是否能真正创造机会的能力十分有限，只有在把机会创造出来以后，他们才能认识机会的真正面目，而之前他们并不能预期该机会的出现，机会只是随着时间的推移而逐渐显现的。创业者遵照最初的机会信念行事，并观察市场反应，而他对机会的信念也随着所获信息的增多而不断变化。

随着以上两种观点缺陷的暴露，学者提出融合的观点，在创业实践中，新创企业所利用的机会是广泛的，既有从已有信息中发现的不完善性，也有变革创新而产生的新机会，创业者不仅填补市场空白，还通过有目的地与社会结构共演来创造机会和开创新事业。一方面通过纯粹的偶然机会获得有关市场、技术、政策等新的信息，从而意外收获创业机会；同时在特定的时间内通过系统的、有目的的搜寻来发现市场中隐含的内在信息，并且对发现对象的内在信息不断地进行外在化，最终创造创业机会。

4.3.2 机会识别的过程

创业者识别到一个新的商业创意，经过更深入的思考和评价，确认这个创意是一个潜在的新商业机会。随着进一步的思考，创业者也许决定创建一个新的企业。对个人来说，机会识别的过程可分为五个阶段。如果在某个阶段，某个人停顿下来或没有足够信息使识别过程继续下去，他的最佳选择就是返回到准备阶段，以便在继续前进之前获得更多知识和经验。

（1）准备阶段。主要指创业者带入机会识别过程中的背景、经验和知识。

（2）孵化阶段。这是个人仔细考虑创意或思考问题的阶段，也是对事情进行深思熟虑的时期。有时候，孵化是有意识的行为；有时候，它是无意识的行为并出现在人们从事其他活动时。

（3）洞察阶段。此时，问题的解决方法被发现或创意得以产生。许多创业者错误地跳过这个阶段，他们在确定创意可行之前就去设法实现它。

（4）评价阶段。这是创造过程中仔细审查创意并分析其可行性的阶段。

（5）阐述阶段。这是创意变为最终形式的过程，详细情节已构思出来，并且创意变为有价值的新产品、新服务或新的商业概念，甚至已经形成了能够实现价值的商业模式。

4.3.3 机会识别的方法

1. 新眼光调查

当阅读某人的发现和出版的作品时，实际上就是在进行调查。利用互联网搜索数据、寻找包含你所需要的信息的报纸文章等都是调查的形式。大量获取信息对发现问题以及更加快速地切入问题有帮助。

注重二级调查：阅读某人的发现和出版的作品、利用互联网搜索数据、浏览寻找包含你所需要信息的报纸文章等都是二级调查的形式。

开展初级调查：通过与顾客、供应商、销售商交谈和采访他们，直接与这个世界互动，了解正在发生什么以及将要发生什么。

记录你的想法：瑞士最大的音像书籍公司的创始人说他就有一本记录想法的笔记本，当记录到第200个想法时，他坐下来，回顾所有的想法，然后开办了自己的公司。

2. 通过系统分析发现机会

绝大多数的机会都可以通过系统分析发现。人们可以从企业的宏观环境（政治、法律、技术、人口等）和微观环境（顾客、竞争对手、供应商等）的变化中发现机会（产业价值链分析）。借助市场调研，从环境变化中发现机会，是机会发现的一般规律。

3. 通过问题分析和顾客建议发现机会

（1）问题分析。从一开始就要找出个人或组织的需求和他们面临的问题，这些需求和问题可能很明确，也可能很模糊。创业者可能识别它们，也可能忽略它们。问题分析可以首先问："什么才是最好的？"一个有效并有回报的解决办法对创业者来说是识别机会的基础。这个分析需要全面了解顾客的需求，以及可能用来满足这些需求的方法。

（2）从顾客那里征求想法。一个新的机会可能会由顾客识别出来，因为他们知道自己究竟需要什么。然后，顾客就会为创业者提供机会。顾客建议多种多样，最简单的，他们会提出一些诸如“如果那样的话不是会很棒吗?”的非正式建议，留意这些，有助于你发现创业机会。

4. 通过创造获得机会

这种方法在新技术行业中最为常见，它可能始于明确的市场需求，从而积极探索相应的新技术和新知识，也可能始于一项新技术发明，进而积极探索新技术的商业价值。通过创造获得机会比其他任何方式的难度都大，风险也更高。同时，如果能够成功，其回报也更大。这种情况下所产生的创新在人类所具有重大影响的创新中，居于压倒性主导地位。

例如索尼公司开发随身听（Walkman）。索尼公司觉察到人们希望随身携带一个听音乐的设备，于是利用公司微缩技术的核心能力从事项目研究，最终开发出划时代的产品——随身听，取得了巨大的成功。

4.4　创业机会的评价

4.4.1　创业机会的评价方法

现阶段存在的创业机会评价方法包括标准打分矩阵、Westinghouse法、Hanan法、Baty的选择因素法等。

1. 标准矩阵打分法

标准打分矩阵，是指将创业机会评价体系的每个指标设定为三个打分标准，比如最好（3分）、好（2分）、一般（1分），形成打分矩阵表。在打分后，求出每个指标的加权评价分。

这种方法简单易懂，易操作，主要用于不同创业机会的对比评价，其量化结果可直接用于机会的优劣排序。只用于一个创业机会的评价时，则可由多人打分后进行加权平均。如果其加权平均分越高，说明该创业机会越可能成功。

2. Baty选择因素法

该方法可以看作是标准矩阵打分法的简化版。评价者通过对创业机会的认识和把握，按照蒂蒙斯创业机会评价体系的各项标准，看机会是否符合这些指标要求。如果统计符合指标数少于30个，说明该创业机会存在很大问题与风险；如果统计结果高于30个，则说明该创业机会比较有潜力，值得探索与尝试。应用该方法时需要注意一点，如果机会存在“致命缺陷”，需要一票否决。致命缺陷通常是指法律法规禁止、需要的关键技术不具备、创业者不具备匹配该创业机会的基本资源等方面的系统风险。该方法比较比较适合创业者对创业机会进行自评。

4.4.2 创业机会评价框架

1999年，蒂蒙斯总结概括了评价创业机会的框架，其中涉及八大类53项指标，分别是：行业与市场、经济因素、获利条件、竞争优势、管理团队、企业家的个人标准、理想与现实的战略性差异。这些指标提供了一些量化的方式，使创业者可以对上述要素做出判断，以及这些要素的综合是否组成一个有足够吸引力的商机。因此，该评价模型蕴含了创业机会的关键特征，见表4-4。

表4-4 蒂蒙斯提出的创业机会评价框架

行业与市场	1. 市场容易识别，可以带来持续收入 2. 顾客可以接受产品或服务，愿意为此付费 3. 产品的附加价值高 4. 产品对市场的影响力强 5. 将要开发的产品生命周期持久 6. 项目所在的行业是新兴行业，竞争不完善 7. 市场规模大，销售潜力达到1000万～10亿元 8. 市场成长率在30%～50%甚至更高 9. 现有厂商的生产能力几乎完全饱和 10. 在五年内能占据市场的领导地位，达到20%以上 11. 拥有低成本的供货商，具有成本优势
经济价值	1. 达到盈亏平衡点所需要的时间在1.5年以下 2. 盈亏平衡点不会逐渐提高 3. 投资回报率在25%以上 4. 项目对资金的要求不是很大，能够获得融资 5. 销售额的年增长率高于15% 6. 有良好的现金流量，能占到销售额的20%甚至30%以上 7. 能获得持久的毛利，毛利率要达到40%以上 8. 能获得持久的税后利润，税后利润率要超过10% 9. 资产集中程度低 10. 运营资金不多，需求量是逐渐增加的 11. 研究开发工作对资金的要求不高

续表

收获条件	1. 项目带来的附加价值具有较高的战略意义 2. 存在现有的或可预料的退出方式 3. 资本市场环境有利，可以实现资本的流动
竞争优势	1. 固定成本和可变成本低 2. 对成本、价格和销售的控制较高 3. 已经获得或可以获得对专利所有权的保护 4. 竞争对手尚未觉醒，竞争力较弱 5. 拥有专利或具有某种独占性 6. 拥有发展良好的网络关系，容易获得合同 7. 拥有杰出的关键人员和管理团队
管理团队	1. 创业者团队是一个优秀管理者的组合 2. 行业和技术经验达到了本行业内的最高水平 3. 管理团队的正直廉洁程度能达到最高水平 4. 管理团队知道自己缺少哪方面的知识
致命缺陷	不存在任何致命缺陷
个人标准	1. 个人目标与创业活动相符合 2. 创业家可以做到在有限的风险下实现成功 3. 创业家能接受薪水减少等损失 4. 创业家渴望进行创业这种生活方式，而不只是为了赚大钱 5. 创业家可以承受适当的风险 6. 创业家在压力下状态依然良好
理想与现实的战略差异	1. 理想与现实情况相吻合 2. 管理团队已经是最好的 3. 在客户服务管理方面有很好的服务理念 4. 所创办的事业顺应时代潮流 5. 所采取的技术具有突破性，不存在许多替代品或竞争对手 6. 具备灵活的适应能力，能快速地进行取舍 7. 始终在寻找新的机会 8. 定价与市场领先者几乎持平 9. 能够获得销售渠道，或已经拥有现成的销售网络 10. 能够允许失败

评价体系说明：

（1）该指标体系主要适用于具有行业经验的投资人或资深创业者对创业企业的整体评价。

（2）该指标体系必须运用创业机会评价的定性与定量方法才能得出创业机会的可行性及不同创业机会间的优劣排序。

（3）该指标体系涉及的项目比较多，在实际运用过程中可作为参考选项库，结合使用对象、创业机会所属行业特征及机会自身属性等进行重新分类、梳理简化，提高使用效能。

（4）该指标体系的项目内容比较专业，在运用时一方面要多了解创业行业、企业管理和资源团队等方面的经验信息，另一方面要掌握这50多项指标内容的具体含义及评估技术。

在操作的可行性，可简化创业机会的评价体系，如表4-5所示。

表4-5　简化的创业机会评价体系

指标类别	具体指标
致命缺陷	不存在任何致命缺陷
行业与市场	1.顾客可以接受产品或服务，愿意为此付费 2.市场容易识别，可以带来持续收入
管理团队	创业者团队是一个优秀管理者的结合
个人标准	个人目标与创业活动相符合
竞争优势	固定成本和可变成本低
战略性差异	在客户服务管理方面有先进的服务或运营理念
经济因素	1.项目对资金的要求不是很大，能够获得融资 2.能获得持久的税后利润，税后利润率要超过10% 3.有良好的现金流，能占到销售额的20%甚至30%以上

课后练习

【拓展阅读】

李·盖地斯认为互联网能够给创业者，尤其是少数民族创业者提供最大的机会。在卢比·贝利为《底特律自由报》（1999年2月11日）写的一篇文章中，盖地斯——Alphabase网络咖啡屋的业主——谈到非洲裔美国人时说："我们总是在追赶别人，却从来没有领先过，今天我们终于在合适的地方，合适的时机，拥有了合适的工具来改变我们的命运。"

盖地斯认为这个工具就是计算机，他当年32岁，获得了65000美元的贷款（以家产作担保）来创立Alphabase网络咖啡屋。这个3000平方英尺（约为280平方米）的咖啡屋有17台电脑，还有一个专职人员负责教人们使用电脑。咖啡屋供应咖啡并提供互联网接入和计算机培训课程。贝利引用的罗哈里斯报告表明非洲裔美国人1/4的花费在互联网上，大约有24%的非洲裔美国人使用互联网，而白人有30%的人使用。

盖地斯认为非洲裔美国人使用互联网将大大增加他们的商业机会——部分是因为在网络中，肤色无法确定。考虑到1998年零售商从互联网销售中从获得230亿美元，这个数目在2003年将增加到1080亿。那些觉得遭受了种族歧视，或由于没有足够资本而被排除在商业机会之外的非洲裔美国人将有很好的机会克服这些问题，为自己争取电子商务发展机会。

网上存在的唯一歧视在于你的网站质量好坏，盖地斯说："网站将使你能同大公司站在同一个层面上。历史上也从来没有人能像现在一样，只需轻轻点击鼠标，就能获得如此多种类的信息和权利。互联网成为最大的'机会均等推动力量'。这听起来好像是机会在敲门，难道不是吗？"

（案例来自网络）

本节推荐阅读：六顶思考帽

本节推荐阅读：彼得·德鲁克：推开创新七扇窗

【课外练习题】

探访创业者寻找创业机会之感受

找你身边的一个创业者，去和他（她）聊聊，看看他（她）是通过什么途径发现机会的，然后结合本案例以及所学的内容思考一下，为什么他（她）能够看到机会？机会的产生受到哪些因素的影响？他（她）看到的又是什么样的机会？

学习目标：

（1）从真实的案例中了解创业机会产生和发现的过程。

（2）体会机会开发过程中所受到的外界因素和内在因素影响。

（3）探寻创业机会的来源，学会创造性地挖掘身边潜在的机会。

练习要求：

（1）本作业布置2～3周后上交。

（2）在课堂上讨论：学生以PPT形式重塑创业者找寻创业机会的过程，感受创业者经历、外部环境变化对机会开发的影响，并讨论：该创业者把握创业机会的关键要素是什么？为什么他能发现这个机会？这个机会是怎么产生的？

【本章思考题】

1. 创意与创业机会之间存在什么区别和联系？
2. 创业机会开发过程中的影响因素包括哪些？
3. 创业机会是如何产生的？
4. 技术创业机会的来源包括哪些？
5. 当你发现一个机会时，你将用什么方法来对机会进行评价？

第5章　技术成果商业化途径

【核心问题】

（1）什么是技术成果?

（2）技术成果的开发流程是怎样的?

（3）什么是技术成果商业化?

（4）技术成果的商业化途径有哪些?

【学习目标】

（1）理解技术成果的内涵;

（2）了解一般技术成果开发的过程及渠道;

（3）理解技术成果商业化的内涵;

（4）掌握技术成果商业化的途径。

【引例】

iPhone是如何被设计出来的? 当人们逐渐习惯于智能手机陪伴，回顾它的诞生，有些问题值得深思：iPhone引领了智能手机风潮，而iPhone仅仅是一台手机吗? iPhone的出现从本质上颠覆了什么，创造了什么? 进而，这种颠覆性的产品是怎样被生产出来的? 其实iPhone的设计可以总结成以下几点经验。

第一，成功后的自我颠覆以及失败后的经验积累。在2004年之前，苹果公司并没有任何生产手机的经验。因此，据传在2004前后，苹果公司开始大量收集手机相关情报，同时，乔布斯还与摩托罗拉合作开发过一款产品。这款失败的产品就好比摩托罗拉手机与苹果iPod的嫁接，乔布斯并不满意。但在这次合作过程中，苹果公司接触到手机产品的设计，为未来设计iPhone积累了很宝贵的前期经验。

第二，严格执行的保密管理。iPhone的保密系统非常完备，苹果公司非常擅长在外界猜测与流言满天飞时，仍旧保持自身的神秘感。苹果公司的保密系统和管理都非常完善：设计团队要层层输密码刷卡进入，全程有摄像头监控；测试员工要用黑色斗篷罩着产品，还会有红色警告灯。另外，苹果公司还会充分利用法律手段来保证公司内部没有泄密，每一位离职员工都被约谈并签署保密协议。在设计手机的过程中，苹果公司会将其软件团队和硬件团队完全分开。软件团队使用木制的硬件模型作为原型设计软件，而硬件团队用的是一个伪造的软件demo作为软件原型。直到产品发布之前，整个苹果公司也只有不到30人真正知道iPhone软件与硬件的结合实际是什么样的。

第三，软件、硬件及产品管理中的精简与专攻。乔布斯是一个特别喜欢“删除”的人，偏爱极简主义。他在印度接触的印度佛法“不立文字，直指人心”也对他后来对于“no button”的追求有很大的影响。除了在产品设计上追求精简，在产品线管理上，乔布斯也追求精简。乔布斯在苹果公司主动砍掉了很多产品线。和其他电子厂家纷繁的产品线不同，苹果公司每年可能只推出一两款产品，但乔布斯要求这一两款产品都是最好的。同时，乔布斯强调硬件和软件完美结合的重要性。在产品软件选择上，苹果在2006年年初放弃使用Linux，也放弃了把操作系统在Intel芯片上精简和移植，因为适配性不好仍旧会产生较大的功耗。苹果公司决定在iPhone上使用自己的iOS操作系统并自行研发处理器。2010年，苹果公司发布了A4芯片。这标志着苹果公司在研发处理器方面拥有了自己的核心技术。在外形设计上，副总裁Jonathan Ive是主要负责人。有趣的是，Jonathan与乔布斯的极简主义理念一拍即合。Jonathan曾在一家卫浴设计公司供职，有许多人推测许多苹果产品的设计灵感可能来自于卫浴产品。苹果产品外观设计的特点包括：光滑、简洁、流畅、干净、冰冷、金属陶瓷质感、玻璃、镜面、极简按钮等，这都与卫浴产品的风格出奇地一致。苹果还推出了白色的设计、白色的连接线，这都是对“黑色电子产品”传统认知的颠覆。

（JG机构产品工程技委会，《改变世界的iPhone，是如何诞生的？》，2018-08-18）

5.1　技术成果与产品

自21世纪以来，全球技术创新速度加快，技术更新迭代频率显著提高，产品生命周期则大幅缩短。为适应这一变化，企业必须持续创新，开发技术成果，并通过一定的商业化途径，使技术成果变成具有商业价值的产品。而对于技术创业企业而言，技术成果开发及商业化更是企业在发展初期最重要的任务之一，设计出新颖的、独特的、创造性的产品对新创企业意义重大。因此，在这一章，我们就来讲一讲技术成果及其商业化途径，让大家了解何为技术成果，以及新创企业如何通过合作方式将技术成果转变成具有商业价值的产品。

5.1.1 技术成果

重要概念

技术成果

一般而言，我们将技术成果界定为研究开发所取得的发明、发现和其他科学技术成就，技术成果具有高技术性、创新性和所有权属性。

科技成果可以按照不同的标准进行划分。按技术成果的权利化程度不同，技术成果可分为专利技术和非专利技术。按其载体不同，技术成果可以表现为技术资料、设计图纸、工艺方法、材料配方、计算机程序、技术信息及其组合；也可以表现为样品、样机、新产品、新材料以至新生产线等。技术成果可以是工业化成果，也可以是阶段性成果。

从技术成果的定义我们可以看出，技术成果强调成果的科学性、创新性，偏向于科学技术的创新与发明，这种成果大多是理论成果，其实践性、实用性仍有待考量，技术成果能否应用到实际的生活中，变成商业化产品仍需要经过复杂的技术二次开发过程。例如我们日常生活中常见的电，早在19世纪，科学家安培就发现了“电生磁现象”，提出了安培定律。之后迈克尔·法拉第与约瑟·亨利分别独立地发现了电磁感应——磁场的变化可以生成电场。1865年，詹姆斯·麦克斯韦将电磁学加以整合，提出麦克斯韦方程组，并且推导出电磁波方程，这些科学家的发现都可以被称为科技成果。但我们可以看出这些成果都停留在理论层面，没有商业价值，不能正式成为产品。而在此之后，基于这些电磁学的技术成果，亚历山大·贝尔发明了电话，托马斯·爱迪生设计出优良的白炽灯，他们对技术成果成功地进行开发利用，赋予了技术成果商业化价值，从而设计出一个个产品。

技术成果主要包括以下三种类型。

（1）基础理论成果，是指在基础研究和应用研究领域取得的新发现、新学说，其成果的主要形式为科学论文、科学著作、原理性模型或发明专利等。

（2）应用技术成果，是指在科学研究、技术开发和应用中取得的新技术、新工艺、新产品、新材料、新设备，以及农业、生物新品种、矿产新品种和计算机软件等。

（3）软科学成果，是指对科技政策、科技管理和科技活动的研究所取得的理论、方法和观点，其成果的主要形式为研究报告。

5.1.2 产品与技术产品

重要概念

产品

产品指作为商品提供给市场，被人们使用和消费，并能满足人们某种需求的任何东西，包括有形的物品、无形的服务、组织、观念或它们的组合。

基于前文对于技术成果的解释，其实我们对于产品的定义也已经有了一个大概的了解。不难发现，产品相较于技术成果更加强调其实用性与商业价值，产品是日常生活中我们所要使用或者消费的实体或者服务，更容易去触碰。通常我们会觉得技术成果与产品是差不多的概念，或者说就是一个东西，但是其实二者的区别很大，从技术成果到产品需要跨越很大的鸿沟，这一鸿沟不仅是商业化价值的实现，还包括实用性、便捷性、美观性等一系列以消费者为主导的设计要求。因此，对于技术新创企业而言，仅仅开发技术成果是远远不够的，如何跨越技术成果与产品之间的鸿沟是一大难题。当然，后面我们就会讲述技术产品的开发流程以及产品开发过程中的一些原则。

在产品基本定义的基础上，我们根据产品的属性对产品进行了一些分类。其中最为著名的是20世纪90年代，菲利普·科特勒等学者根据产品对于消费者的价值对产品的五个层次划分，包括核心产品、基本产品、期望产品、附加产品、潜在产品。

（1）核心产品：消费者或者顾客购买的真正的服务或者利益，也就是说该产品到底为消费者解决了什么问题或者提供了什么服务，是产品概念中的核心。

（2）基本产品：指产品满足特定市场需要所具备的基本属性，包括品质、样式、特征、商标及包装五个基本特征。

（3）期望产品：指消费者在购买产品时期望得到的与产品密切相关的一整套属性和条件。

（4）附加产品：指消费者在购买产品时获得的所有附加利益的综合，包括保修服务、安装服务、物流配送、说明书等。

（5）潜在产品：指现有产品包括附加产品在内可以发展成为未来产品的产品，代表了现有产品的演化趋势和前景。

重要概念

技术产品

技术产品是指为了满足自身的需要，通过科技发明或经验总结而形成的技术。技术产品既包括新发现、新发明、新理论、新工艺、新程序等知识形态产品，也包括新材料、新器件、新设备等实物形态产品。这里所说的技术产品，主要指知识形态的产品。具体包括专利权、商标权、版权、许可证、专有技术、设计方案、技术说明书、技术情报和软件等。

技术产品作为特殊商品，其价格的构成主要由以下三部分组成。

（1）在技术产品转让过程中发生的直接费用。比如，派人洽谈所需的差旅费、资料费以及签约后复制大量技术文件资料的费用等。但这种直接费用在整个技术产品价格中所占比例很小。

（2）技术产品研究开发费用的分摊。它取决于该项技术产品所处的生命周期，一般来说所占比例也不大。

（3）技术产品创造利润的能力，即供方依利润分享原则所应分得的份额。供方把技术产品转让给受方进行生产和销售意味着供方将失去一些地区的整个市场和部分市场，从而将失去部分利润，这就要求受方给予补偿，弥补其利润损失。受方则需考虑利用该项技术后能得到多少追加利润，支付给供方多少费用才不至于白忙一场。这个因素是技术产品价格构成的主要部分，所占比重很大，往往是商务谈判中讨价还价的筹码。

5.2 技术产品开发

5.2.1 技术产品开发趋势

随着经济全球化以及信息技术的快速发展，企业所处的外部环境日趋复杂，不确定性快速提高，这种不断变化的市场环境、技术环境对企业创新活动的进行提出了巨大挑战。仅仅依靠企业内部信息与知识进行创新活动已经明显无法适应快速变化的市场环境，“闭门造车”式的创新方式迅速被淘汰，企业需要向外部进行知识搜索，需要多方力量的良好互动和共同合作以获取创新资源。因此，企业的技术产品开发管理呈现出了网络化、国际化、快速迭代等趋势。

（1）网络化。早在20世纪90年代，以网络形式进行产品创新就成为企业技术产品开发的主要方式之一。企业、大学、公共科研机构、政府等创新主体之间的合作，关系到产品研发的成败，各主体应发挥各自功能优势，逐步形成研发网络，不断探索合作模式，促进研发模式不断升级。这种依托于网络进行创新的方式受到许多企业的青睐，尤其是中小型企业和新创企业。中小企业及新创企业因为自身资源不足且创新能力较弱，在产品开发过程中经常遇到许多阻力。而这种合作网络或者说创新网络不仅可以减少企业自主研发的成本、风险和时间，更可以提高产品开发的成功率，很好地弥补了中小企业和新创企业资源禀赋不足的缺点。此外，网络化产品创新使得多方主体都可以参与到产品开发过程中，将市场导向、技术导向、需求导向等要素都加入产品开发中，使得产品更加具有商业前景，也可以帮助企业进行产品研发模式探索。

（2）国际化。随着信息技术的快速发展，全球一体化进程加速，我国自改革开放以后，对外开放相关政策的实施和企业产品研发实力的增强，中国企业不断走出国门。企业不仅可以利用国内的资源，更可以与海外的企业、科研院所进行合作，利用国际化资源进行研发创新。可以说，产品研发国际化成为不可阻挡的新趋势，也为我国企业进行产品研发创新提供了新途径。

（3）快速迭代。互联网时代，并没有传统意义上的壁垒，纵观互联网发展史，大公司被小的创业公司击败的例子比比皆是。再强大的合作关系，在免费策略下也是脆弱无比，因此快速迭代的技术发展属性使得一些行业中的企业难以构建起紧密的合作网络关系，只能依靠自身的技术创新能力进行快速发展迭代。正如武侠小说里面的一句话，“天下武功，唯快不破”，在互联网时代，没有一个不变的产品能够长期占据市场领先地位，只有持续地迭代升级才能满足快速变化的市场需求。如果说互联网时代有行业壁垒，那么只有“快速反应的市场机制，高效透明的决策流程”才真正算得上是壁垒，是一个见招拆招的“动态壁垒”。快速反应的市场机制中，包含了用户研究、反馈机制、快速迭代机制等。

5.2.2 技术产品开发流程

正如前文所述，新创企业成立初期主要的任务之一就是设计出具有吸引力的产品，但如何基于技术成果，将成果转变成产品，成为技术创业企业面临的一大难点。而且，在当今社会环境下，产品的复杂性大大提升，消费者对于产品的要求也逐渐提高，从最初的黑白电视机到液晶大屏无线电视机，从“大哥大”到智能手机，从“傻瓜相机”到数码相机，这些产品的演化与发展都体现了消费者对产品要求的提升，从基本的质量要求到外观精美、轻巧便捷、智能化、多功能化，等等，现代化的产品设计日趋复杂。那么，新创企业该如何进行技术产品开发呢?

1. 技术产品开发流程

其实新创企业进行技术产品开发和其他企业的产品开发是一样的流程，都需要遵循一定的原则和步骤，在现有的资源基础上进行产品开发。我们根据一般产品开发的过程，提出技术产品开发的流程，如图5-1所示。

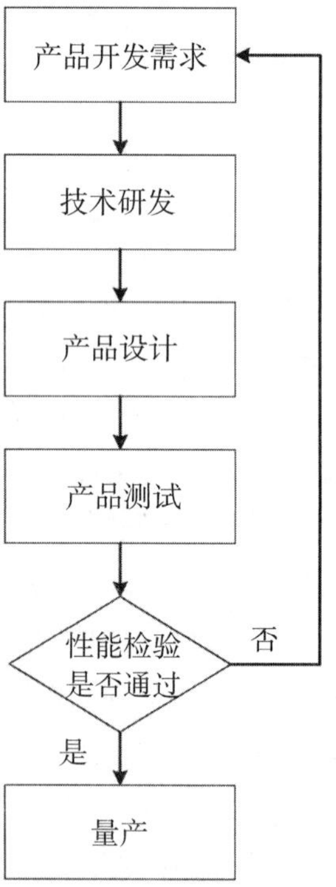

图5-1 技术产品开发流程

如图5-1所示，可以看到技术产品开发大致包含以下几个步骤：第一阶段是需求论证阶段，明确技术产品开发的市场需求，该产品主要针对哪个市场？有无市场潜力？需要什么功能？想要解决何种问题？第二阶段是技术研发阶段，针对产品需求进行技术研发，初步得到技术成果。第三阶段是产品设计阶段，这一阶段是整个技术产品开发流程中最为重要的一个环节，产品设计需要考虑的外观性、实用性、新颖性等都在这一环节进行，也就是赋予技术成果商业化价值的过程，这一阶段设计出来的产品可以被称为产品原型。第四阶段是产品测试阶段，这一阶段主要是对产品原型进行可靠性、稳定性等方面的技术测试。第五阶段是产品性能测试阶段，通过技术测试的产品已经可以被称为初步的成品，在此阶段进一步进行性能测试，通过产品性能测试的产品就可以进入量产环节，而如果产品不能通过性能测试则意味着整个产品开发过程失败，需要重新开始。

虽然技术产品的开发流程似乎很简单，但真实的技术产品开发过程是一个缓慢、艰难且有很大不确定性的过程。消费者需求的快速变化、技术产品的快速更迭、技术生命周期的缩短、信息量与知识量的飞速增长都对技术产品开发过程提出了更高的要求。此外，技术创业公司有限的创新资源、人力资源、财务资源都使得整个技术产品开发过程捉襟见肘，资源短缺与人才流失等实际问题使得技术产品开发异常艰难。技术创业者既要与现有的技术竞争者竞争，也要与时间赛跑，基于有限的时间与资源开发出满足市场需求的产品。

2. 技术产品设计流程

前面介绍了技术产品整个的开发流程，也介绍了整个开发流程中最为重要的产品设计过程，下面将进一步阐述技术产品的设计流程。产品设计是一个创造性的综合信息处理过程，通过多种元素如线条、符号、数字、色彩等的组合把产品的外观以平面或立体的形式展现出来，它是新颖的产品创意或者概念的细节的体现，是设计者灵感、思路的体现。而产品的设计过程是指在对产品的形式及工程设计的过程中，对所有相关人员、概念及信息进行组织和管理的过程。从某种意义而言，产品设计最重要的是体现创新性，这种创新性是吸引消费者的关键因素。但是，这种创新性或者说产品的新颖度也不能过于超前，如果超越了消费者的认知反而会带来负面效应。总而言之，创业者在产品设计时必须在产品的创新性、接受度、熟悉度和冲击感之间保持一定的平衡。

产品设计是消费者需求与设计艺术的结合，图5-2展示了产品的设计流程，主要包括四个阶段：概念阶段，设计阶段，研发、测试阶段，上线阶段。

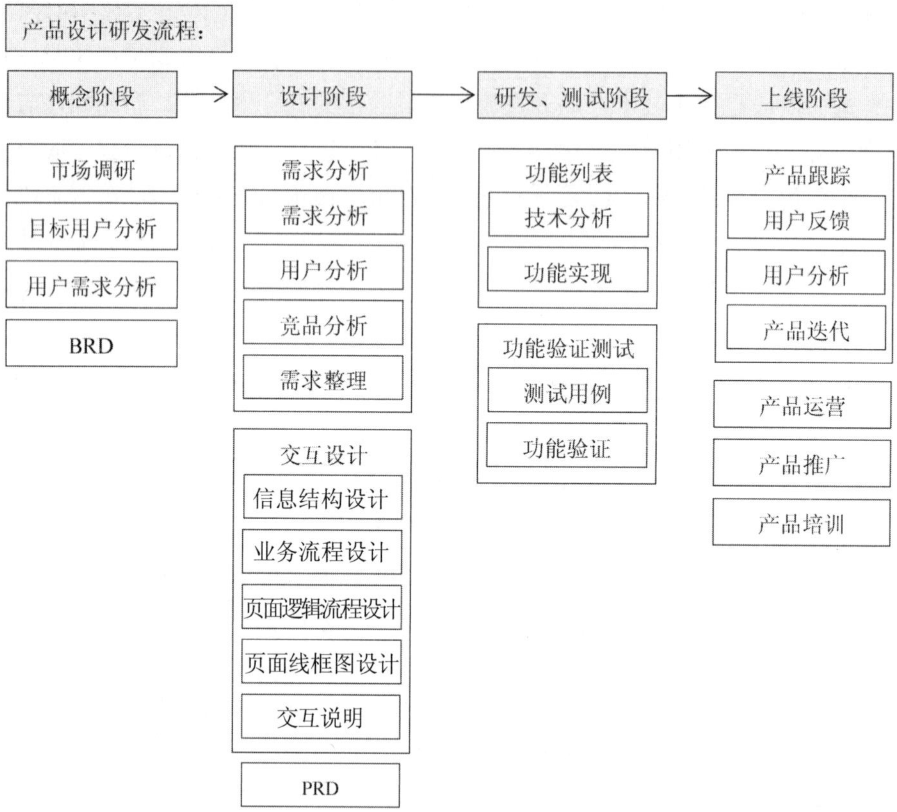

图5-2　产品设计流程

（1）概念阶段。在这一阶段新创企业需要进行的是产品市场调研，确定产品的市场现状，包括市场饱和度、发展潜力、竞争强度、现有及潜在竞争者等情况。此外，对产品的目标用户及用户需求进行分析，制作商业需求文档（BRD）也是必不可少的环节。产品的设计一定是以消费者的需求为基础的，在条件允许的情况下，让消费者以开放式创新的方式参与到产品设计过程中也是必要的。

（2）设计阶段。这一阶段主要有两个任务。一是需求分析，进一步对目标用户的需求进行分析，包括需求分析、用户分析、竞品分析、需求整理等，在进一步缩小目标用户范围的基础上精确分析。二是产品交互设计，这一过程主要是企业内部不同产品设计部门之间进行交互协同，包括信息结构设计、业务流程设计、页面逻辑流程设计、页面线框图设计、交互说明等。此外，正如前面所述，将消费者纳入产品设计流程中是必要的，所以在交互环节也可以加入与消费者的交互，以便设计出更加贴近消费者需求的产品。最后制作产品需求文档（PRD）。

（3）研发与测试阶段。这一阶段主要是设计产品原型并对产品原型的功能进行测试。包括产品功能列表的技术分析与功能实现，产品功能验证测试的测试用例和功能测试。这一阶段中产品的稳定性、安全性是重要的考量指标。

（4）上线阶段。这一阶段产品已经成功上线，主要对产品进行跟踪分析，包括用户反馈、用户分析和产品迭代等，以了解产品在消费者手中的使用情况，了解产品的优缺点及实用性，以便进行产品升级迭代。此外，产品运营、产品推广和产品培训等也是这一阶段的必要活动。

3. 产品设计原则

前面已经介绍了产品开发流程和产品设计流程，也谈到了需求分析、市场分析等产品开发与设计的首要条件，下面将进一步讲述指导整个产品设计过程的设计原则，即产品设计的基本导向。

在产品的设计过程中，有许多产品设计的需求，比如外观的吸引性、产品的轻巧便捷性、产品的稳定和可靠性等设计原则，而在这些原则中，最重要的就是产品的可用性设计原则。正如产品设计的定义所述，产品是被开发出来以解决客户的某一问题或者提供某种服务的物品，因此产品的可用性是设计的第一原则。一般而言，可用性包括五大要素：①易于学习，消费者学会使用这一产品需要多长时间；②使用效率，使用者需要多长时间来完成必要的操作步骤；③记忆性，用户能否记住如何操作该产品；④差错率和严重性，用户错误操作的频率多高，是否严重；⑤满意度，用户对产品的使用体验如何。优秀的产品一定是可用性极高的产品，可用性较低的产品也一定会被可用性高的产品替代。例如智能手机出现后迅速取代传统手机，iPhone风靡全球，这都说明了产品可用性设计原则的重要性。

除了可用性设计原则，产品设计中还有许多原则。比如：①创新原则：设计人员的大胆创新，有利于冲破各种传统观念和惯例的束缚，创造发明出各种各样原理独特、结构新颖的产品。②效益原则：设计中必须讲求效益，既要考虑技术经济效益，又要考虑社会效益。③时间原则：加快设计研发速度，以抢先占领市场。并且，在设计时，要预测产品研制阶段内同类产品可能发生的变化，保证设计的产品投入市场后不至于很快过时。④简化原则：在确保产品功能的前提下，应力求使设计出的产品简化，降低产品成本，并确保产品质量。在产品初步设计阶段和改进设计阶段，尤应突出运用这个基本原则。虽然产品设计的原则多种多样，但是在进行产品设计的过程中，由于资源、时间、空间以及人力的限制，往往只能把握其中的1～2种原则，这也是合理的。但是不论如何，针对消费者需求，以可用性为原则的产品设计都是最基本以及最关键的。

5.2.3 技术产品开发管理

技术产品的研发是一项难度较大的工作，与传统产品的研发相比，它具有更大的技术风险、财务风险和市场风险；研发过程控制更为复杂，对研发人员的要求更高，研发管理的难度更大，因此需要制订更为详细的技术产品开发管理流程。技术产品开发需要经历一个复杂的流程，而对这整个流程的管理就是技术产品研发管理，包括研发战略选择管理、研发组织管理、研发风险管理、研发质量管理以及研发人员管理。

（1）研发战略选择管理。所谓研发战略选择管理，就是从宏观层面对技术产品开发进行把握，明确技术产品开发的方向、目的和用途。技术产品与一般产品不同之处在于其技术特性，技术产品想到得到市场认可必须具备技术优势，这种优势并不一定是单纯的技术领先，而是指企业开发的技术产品在实用性、便捷性、技术等方面具有一定优势，能够带来独特的竞争优势。因此技术产品开发的战略管理主要包括：第一，企业技术产品开发的导向一定是市场导向，不能够因为追求纯粹的技术创新而忽视市场和消费者的切实需求。尤其对于新创企业而言，技术产品开发必须考虑创新的成本和目标市场，只有切合市场需求的产品才是好产品。第二，企业的技术创新不可能凭空而来，都是建立在企业现有的技术基础或者研发人员的技术能力的基础上的，因此在技术产品开发过程中企业需要重视技术积累，筑牢企业知识基础。第三，技术创新的导向选择要切合企业实际，是选择渐进式创新还是突破性创新都要根据企业的能力基础而定，并不一定必须是突破性创新的技术产品才能够吸引消费者，循序渐进的创新、按部就班的技术产品开发可能风险更小，也更切合市场需求。第四，企业在进行技术产品开发过程中，需要考虑产品的可拓展性，即设计系列化和多规格性的产品，这种方式有利于产品的延续，也是提高企业形象、扩大市场容量、延长产品寿命、分散技术风险的重要措施。

（2）研发组织管理。组织结构是技术产品开发的基础，高效的研发组织管理也是技术产品顺利开发的保障。低水平重复、技术等级和专业分工不清、技术研发的流程和研发控制管理重视不够是我国高科技产品研发组织管理中存在的主要问题。技术创业企业因为在创业早期组织结构不够完善，所以更加需要重视技术产品开发的组织管理。首先，新创企业资源有限，技术人员有限，要注重对于成熟技术的采用，吸收成熟公司的技术创新经验，避免一些重复性错误的出现。企业要把关键的人力资源、设备及资金资源投放在关键技术上，改变研发人员重视局部利益和掌握已成熟底层技术的观点，强调资源的有效利用，重视产品开发总体目标的实现和综合技术的提高。其次，企业需要建立科学的技术产品开发流程和管理办法，对研发过程进行规范化管理。创业者需要清醒地认识到新产品的开发过程一定是充满不确定性的，必须加强对技术产品开发流程的控制，才能对风险进行有效的控制和规避。最后，企业需要加强研发控制管理，强调以市场需求为导向的研发管理。面向市场，如何既确保新产品的研发过程在有效控制管理下，又保证新产品满足市场的需求是新产品研发成功的关键。创业企业要认识到新产品具有不透明性和市场需求多变性的特征，以具有技术创新含量的新产品研发管理替代传统的面向市场的研发管理，在新产品的研制过程中要以市场需求定义产品功能要求，以市场时间定义研制进度，从而确定产品的技术状态、研制状态、研发结果。

（3）研发风险管理。一般企业在进行技术产品开发时经常忘记了对于整个过程的风险管理，但是风险管理对选择产品、确定产品的范围和制订现实的进度计划以及对成本的估算具有积极的影响。研发产品的风险管理有助于研发人员深入了解产品的本质，使研发团队参与确定产品的优势与劣势，明确产品的目标用户。风险管理一般包括以下几种：一是风险识别。新创企业在进行技术产品开发时需要确定各种可能影响产品开发的风险来源，比如资金链断裂、产品需求变化、技术的巨大变革等，在识别风险来源后确定风险事件，即可能对研发产品造成损害的具体情况，并采取相应的措施。二是风险量化。一旦研发团队识别出风险后，就需要研究这些风险可能会对研发产品的结果造成什么影响，需要对风险进行量化。三是风险应对计划制订。研发管理人员在风险量化后，应制订应对风险的计划。它包括界定扩大机会的步骤、制订处理对研发产品的成功构成威胁或风险的事件的计划，即采取风险规避、风险接受和风险减轻的应对措施，制订出风险管理计划、风险应急计划和风险应急储备等策略。

（4）研发质量管理。国际标准化组织（ISO）对质量进行的定义是“反映实体满足明确和隐含需要的能力的特征总和”，这反映了对质量的一致性和适用性要求。在产品的研发过程中应把研发质量看作与产品的研发范围、研发时间、研发成本同等重要。新创企业的技术产品开发质量管理需要做好以下几点。首先，提高企业对于质量管理的重视程度，并做好产品研发的质量技术工作。新创企业在新产品研发中，要强调产品研发核心技术人员的带头作用，同时注意发挥全体研发人员在设计质量保证活动中的基础作用，将产品质量作为设计的第一原则。在增强质量意识的基础上，做好质量计划编制工作。将质量标准纳入设计是质量编制的重要组成部分，通过质量标准的实施，明确新产品的设计质量指标。其次，加强产品的性能测试。技术产品的测试是产品开发中的重要环节，在这一过程中，需要对产品的可靠性、可持续性等问题进行多次测试，保证新产品质量。最后，强调新产品的安全性设计，对于科技型产品而言，产品的正常运转不仅需要在理想工作环境下实现，更需要考虑到复杂多变、恶劣的工作环境，保证产品的稳定性。此外，新产品的可操作性以及操作安全性也是需要考虑的问题之一，用户的误操作的可解决性、可控制性是十分重要的。

（5）技术产品开发的人员管理。研发人员的选拔与管理是大多数新创技术企业非常关注和头痛的问题，由于新创企业能够提供的物质条件相对较低，很难吸引到特别多的高技术人才，所以对于企业中的研发人员的激励与管理是十分重要的。首先，就新创企业的技术型员工的激励而言，企业要全面了解研发人员就业的动机与需求，研发人员属于知识员工类型，他们在关心物质利益的同时，更加关注个人价值的实现、个性的发展以及雇主的认同。因此新创企业在对研发人员进行激励时，需要注意采用多样化的激励手段，在简单的物质激励（提高工资、福利）的基础上，更要关注技术型员工的个人价值实现、个人能力提升，为员工提供专业培训、股权激励等奖励。其次，技术产品的开发并不是单一技术的产品，更涉及多种技术的组合创新，因此整体研发团队的管理也极为重要。新创企业的创业团队经常汇聚了不同背景的人员，这些人员在年龄、性别、专业背景、价值观等多方面都存在差异，这也就是我们经常所说的团队异质性。相关研究表明，创业团队的异质性可能会为企业的发展带来好处，比如加快企业的产品开发速度，但也可能导致一些分歧从而使团队运转不顺，所以更加需要良好的团队管理手段，充分调动团队中每个技术人员的积极性，进而发挥研发人员的团队精神。

5.3 技术成果商业化

5.3.1 理解技术成果商业化

重要概念

商业化

究竟什么是商业化呢？其实商业化就是市场化，即以营利为第一目的的商业活动。一般来说，商业化这一概念是相对于艺术化而言的，艺术可以是非常自由主观地表达个体情感的东西，不一定要被大众所认可，而商业化的前期却是要符合大众审美，让大众能够理解和接受，只有能够让大众认可才能进行市场化，才有更多的商业价值。

科技飞速发展带来日新月异的变化，知识转化为技术，技术转化为产品，商业竞争正在以多种形式出现在人们面前。技术成果商业化指对有价值的技术成果进行二次开发、创新，最终形成具有商业价值的产品的活动，这一活动对于创新资源的开发利用、地区创新能力提升以及经济效益的提高具有重要意义，图5-3展示了完整的科技成果商业化过程。

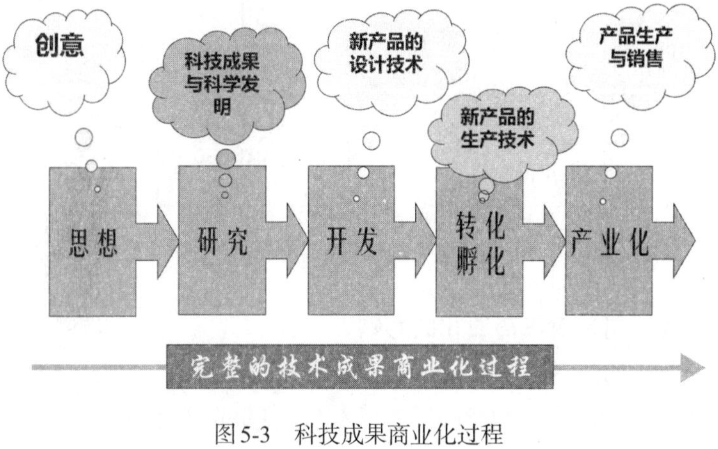

图5-3 科技成果商业化过程

商业化这一概念最早起源于西方，西方文化强调技术发明的商业及应用价值，也提出了商业化的五个步骤。第一步，构想：表现为产生或者完成新的发现，如申请专利和购买专利。第二步，发展：将新的发现或者专利应用到实践之中，让科技成果转化为产品实体。第三步，展示：将生产完成的成品产品进行展示，并推销给部分消费者。第四步，推广：将产品推广向大众市场，并获得一定投资扩大生产。第五步，维持：即维持现有的产品市场，以营利为目的进行生产活动。

5.3.2 技术成果商业化的影响因素

技术成果商业化是一个复杂、漫长且充满不确定性的过程，如何推动技术成果转移转化，挖掘科技成果的商业化价值，一直是我国甚至是全世界都面临的重大问题。许多因素都会影响技术成果的商业化过程，了解这些因素是更好推动技术成果商业化经常的前提条件，基于图5-4所示，下面列举一些主要影响因素。

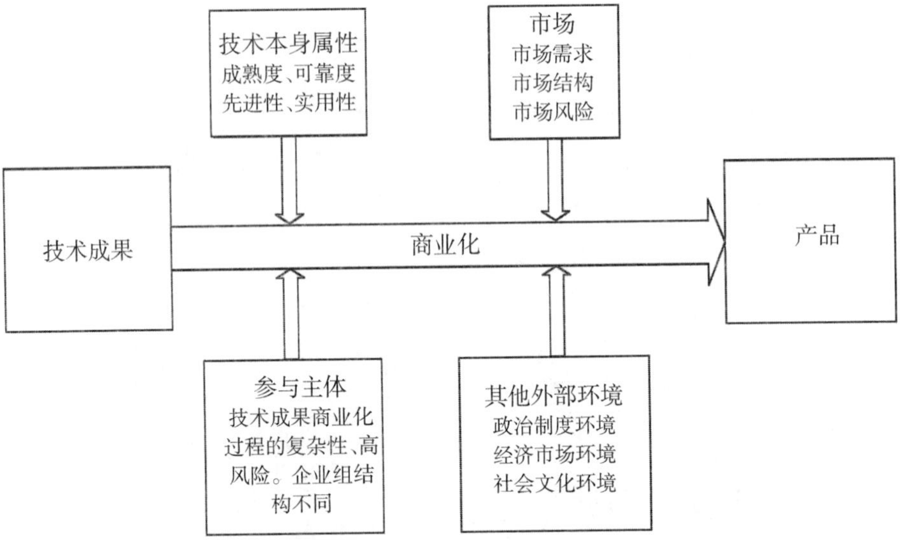

图5-4　技术成果商业化的影响因素

1. 技术成果属性对其商业化的影响

进行商业化的技术成果，要求其产品具有使用价值，体现为对社会经济发展具有推动作用。首先，科技成果的技术和工艺的成熟性和可靠度是影响其商业化进程的重要因素。技术成果的技术越成熟，工艺越可靠，商业化就越有保障；反之，将存在较大的风险。一般来说，处于研发、二次开发、中试、产品化等不同环节的技术在成熟度上存在较大差异，成果的技术成熟度越高，技术越具有新颖性，有更长的生命周期，技术成果的商业化速度就越快，潜在成功性也就越大。其次，技术性能主要从以下方面影响技术成果的商业价值：其一，技术的实用性和先进性。一般而言，技术越先进，其市场潜力和使用价值也就越大，实用性越强，可推广的范围也就越大，如果仅有少数企业掌握垄断性技术，则其市场价格和商业价值也就越高。其二，技术的成熟性。技术在研发、中试、商品化、市场化、产业化的各个阶段的成熟性都有所不同，技术越成熟，转化的风险越低，市场潜力也就越大。其三，技术的生命周期。技术的发展会经历萌芽、成长、成熟的生命周期阶段，新技术出现后，原有技术的生命周期将会中断。技术寿命的长短与行业的发展、技术的支持等都存在较大的关系，技术的寿命越长，它所产生的经济效益也会越大，价格相对也会越高。技术的先进性、技术的成熟性、技术寿命之间都存在着相互的联系，技术越先进，其成熟度可能较高，技术寿命相对较长，对技术成果商业价值的评判需要综合考虑这几方面的因素。

其次，技术的不确定性。科技成果的技术风险主要体现在以下几个方面。其一，技术是否成功的不确定性。一项技术能否实现预期的研发目标并不能事先确定，各种外部的不确定因素都可能导致技术的失败。其二，科技成果产业化的不确定性。技术产品开发成功后能否实现产业化受到相关材料、元器件供应等因素的制约，可能将影响其产业化的进程。其三，科技成果市场化的不确定性。受顾客认知与可接受程度的影响，新产品投入市场后能否获得顾客认可具有不确定性，从而影响其销售和生产。其四，技术效果的不确定性。即使科技成果转化通过了研究开发、中试、产品化、市场化、产业化等多个环节，但并不能完全预测技术产生的后期效果，如果技术带来严重的环境问题、伦理问题等，都将可能受到抵制。其五，技术寿命的不确定性。随着技术更新换代的速度不断加快，新技术大量涌现，若该技术的寿命短暂，迅速被其他技术替代，将对科技成果转化的实效造成影响。

最后，技术成果的社会效益。技术成果的经济效益的获取不能以环境污染、生态破坏、道德伦理困境等社会利益的损害为代价，只有经济效益和社会效益都有较好前景的技术才能获得长足的发展。创业者在技术创新或者技术成果转化时，一定要考虑到技术成果的绿色性、可持续性，不能只追求一时的盈利，更需要对社会的发展与进步做出贡献。

2. 市场对技术成果商业化的影响

市场需求是推动技术成果商业化的重要驱动因素和内部动力。首先，市场需求将微观市场主体集合并协同参与到技术成果转化的过程中。逐利性是市场主体在市场机制下运行的本能，获取创新溢价以及追求市场利益是技术成果供给方、技术成果需求方、转化中介方等主体参与技术成果转化的重要驱动力量。因此，当市场偏好发生改变以及新潜在市场需求出现时，各个微观市场主体纷纷参与产品创新以及技术成果转化的过程以满足市场需求，从而获取经济效益。其次，市场结构也对技术成果商业化产生重要影响。市场结构的调整与演变将改变市场主体的生存与竞争环境，进而对其技术成果转化行为和策略产生影响。在充分竞争的市场环境中，相关资源的配置更为公平，似乎对推进技术成果转化更为有利，但在过度竞争的市场结构中，将出现资源消耗而无法开展大规模的技术成果转化，因此，有研究者认为市场集中更有利于推动技术成果转化的发展。

技术成果商业化的过程中存在着市场风险，这种市场风险事先无法准确地预测，具有不可控性。技术成果在投入市场的过程中，特别是产业化初期具有较高的市场风险，这种市场风险主要是由产品市场的潜在性引起，主要表现在以下几个方面：其一，市场的接受能力难以确定，技术成果商业化后往往是新的产品，投入市场后顾客对其性能等都不甚了解，无法做出准确的判断，从而无法对市场接受并认可的容量进行评估；其二，市场接受的时间也具有较大不确定性，新产品推出时间与需求诱发时间之间存在一定的差距，若这种时间差距太大将导致企业难以收回其成果转化的资金；其三，难以对技术成果转化后的创新产品的扩散速度进行预测；其四，竞争能力难以确定，技术成果转化的产品在行业中是否处于领先地位、能否在竞争中形成优势等因素都具有较大的不确定性。这些市场的风险性将对科技成果转化的供需双方产生较大的影响。

3. 参与主体对技术成果商业化的影响

企业是实现科技成果商业价值与市场潜力的重要推动力量，企业的资源能力、行为方式、行为素质等都会对科技成果转化产生影响。其一，技术成果商业化是一项复杂的系统工程，由于它具有阶段多、耗时长、风险高的特点，需要企业投入更高质量的资源支持，若缺乏持续有效的资源投入可能导致科技成果转化项目的半途夭折。而技术新创企业在其成立初期正是资源匮乏的阶段，技术成果商业化所需的资本、人才、设备、技术、管理等各种生产资源都对企业提出了巨大挑战。其二，不同企业生产运营方式有多种不同的组织结构，不同的组织结构需要与组织的发展目标相适应。传统直线职能式的组织结构难以满足企业进行大规模、专业化的科技成果转化的要求，而集团运作更能够满足产业化规模生产的需要，另外，组织的扁平化也能更好地实现成果转化不同参与主体之间的信息沟通和知识流动。其三，科技成果转化的顺利推进不仅需要多方参与、信息畅通、政策知识的软环境，更需要结合基础研究、应用研究、开发研究等不同科技成果转化的不同阶段提供有利于推动成果转化的硬件基础设施建设，如企业基础技术平台、企业技术中试平台、企业技术转化平台等，通过改善企业的硬件条件，推动科技成果转化的实效提升。其四，科技成果转化的过程是一个高投入、高风险、高收益的活动，其高风险性是典型特征，如技术风险、市场风险、产业风险、财务风险、时效性风险等，因此，创业企业需要有较强的风险规避能力并建立相对完善健全的风险规避机制。此外，企业自身的技术吸收能力、技术创新能力等均会对技术成果的商业化过程产生一定影响。

技术成果商业化过程可能会涉及高校及科研院所和中介机构。这些机构对于这一过程也会产生一定影响。首先，高校及科研院所一般是技术成果的来源方，但由于体制及机制的问题，科研人员进行科技成果转化的意愿往往不强，且科研人员进行研究的市场导向性不足，而更多的是追求学术价值，对社会和企业的实际需求把握不准确，从而导致科技成果不具有市场领先性和产业生产的可行性。因此，创业者在将高校及科研院所的技术成果进行商业化的时候，需要充分考虑产品的商业化价值，去除纯粹的技术与学术属性，将更多的市场导向、消费者需求加入其中进行产品开发。其次，中介服务机构是连接科技成果转化的供给方与需求方之间的桥梁，为双方提供成果转化的信息，并对双方活动进行衔接，实现科技成果的交流、交易与传播，以促进科技成果转化过程的实现。但现有的许多中介机构也存在诸如信息不通畅、资金不足、收费较高等许多问题，导致其服务质量不高。因此，对于新创企业而言最好避开中介环节，直接与技术所有方进行成果转化，降低技术成果商业化的成本。

4. 外部环境对技术成果商业化的影响

技术成果商业化的过程受到各种环境因素的影响，环境因素是影响事物发展的外部因素，对技术成果的转化起着促进或阻碍的作用，有时甚至起着决定性作用。技术成果商业化的有效推进和实施离不开外部环境因素的影响和支持，涉及政治制度环境、经济市场环境、社会文化环境等。

（1）政治制度环境。

不同的政治制度与政策导向影响着区域科技产业的总体发展质量以及发展

的方向，也影响着技术成果商业化的发展。营造良好的政治制度环境对技术成果商业化的高效发展至关重要，国家相关科技产业发展的政治和经济目标，推动技术创新的战略规划与发展政策，以及地方政府相关的配套预算、税收、专利、金融政策与措施，都营造出了科技创新与成果转化的政治制度环境。在某种意义上说，制度创新比技术创新更重要。技术成果商业化的过程其实就是企业、大学、科研院所、中介服务机构等一系列组织按照制度运作的过程。制度能够将各个市场主体组织在一起，实现技术、资金、人才、知识、信息的沟通、流动与协调，构建了技术与经济融合发展的创新体系。因此，政府营造良好的科技成果转移转化的政治制度环境对于新创企业技术成果商业化具有显著的积极作用。

（2）经济市场环境。

经济市场环境是一个多元动态的系统，由国家及区域经济发展水平、产业发展情况、工业化水平、购买力与消费能力、流通渠道和环节、国家经济资源潜力等方面构成。其一，经济发展水平。经济发展水平直接影响着技术成果的研发、转化的整个过程，经济发展水平高有助于技术创新和技术成果的商业化。经济发展水平高的国家或区域，有更加充足的研发经费和财政支持，通过先进技术成果的商业化转化为经济效益，进一步推动区域经济的发展以实现良性循环。其二，经济发展模式。经济发展模式是指为推动经济的发展水平而制定的一定时期内的战略部署、发展方式、发展方针等的有机组合。在粗放型经济发展模式下，经济效益的提升主要取决于人口红利和资源优势，而随着集约型经济模式的发展，科学技术的重要性逐渐提升，通过技术成果转化来实现产业优势，是集约型经济发展的内在要求。其三，工业基础的发展。技术成果的转化能力与实效同工业基础的发展密切相关，因为大部分技术成果商业化的过程需在工业部门中实现，要求工业部门中必须有一批规模较大、资金雄厚、工艺技术领先、管理经验丰富的成熟骨干企业，才能有力地推进技术成果转化。其四，市场环境是涉及生产性市场、消费品市场、技术市场、金融市场、信息市场、人才市场等各类市场的有机统一体，各个市场之间相互依赖、相互制约并相互促进。完善的市场环境和体系能够为市场主体提供其所需的生产资源和生产要素，从而为跨组织合作的技术成果商业化提供市场基础。

（3）社会文化环境。

社会文化环境中所蕴藏的技术成果商业化的社会氛围对技术成果商业化过

程中各个参与主体间的潜在利益冲突有一定的协调和平衡作用，是对技术成果商业化支持制度和政策的沉淀与升华。首先，在各个组织内部形成的文化氛围，将促进各个主体采取相应措施推动技术成果商业化的发展，将技术成果的商业化作为目标之一，将推动其更加重视市场导向与市场潜在需求，提升技术的成熟可靠性。其次，受整体社会文化的影响，技术成果的需求者、技术成果的供给者、技术成果商业化的中介服务者间会形成潜在的联系和凝聚力，各个参与主体会为了共同的目标而努力，从而推动技术成果商业化整体实效的提升。

总而言之，技术成果商业化受多种因素综合影响，市场、科技成果属性、参与主体、政府、环境因素等都对技术成果商业化实效起着重要作用。技术创业企业在进行技术成果商业化的过程中一定要进一步链接政府、高校的资源，依托公共平台进行信息资源共享，减轻企业单独进行技术成果商业化的压力。此外，利用外部资源，以市场、需求为导向能帮助新创企业的技术成果更贴近实际，带来更好的绩效。

5.4　技术成果商业化途径

技术成果商业化是一个复杂的、充满风险与不确定性的过程，那么企业可以通过什么样的方式完成技术成果商业化这一过程呢？在此列举了一些现有的比较成熟的技术成果商业化途径。

5.4.1　技术转移

技术转移通常指技术在不同行业内部或者不同国家、地区之间输入与输出的活动过程，其中有关技术自身系统的输入和输出通常伴随着技术信息、能力、成果的交流、推广、转移以及吸收。简单进行细分，可以将技术转移解释为三种知识的移动：第一种是无形知识体系的转移，通常包括核心独有技术、专属信息等；第二种是具有载体的有形知识转移，例如存在于固定产品、零部件、设备机器中的知识；第三种是在地区、组织等宏观环境和微观个体间的信息流动，通常来说定义比较广泛，如传统的技艺技术、不断创新的工艺经验，个体的理解和创新等。第三类别的知识转移虽然不同于传统意义上的技术转让交易，但其存在能有效帮助到第一、二类知识的转移，因此也必不可少。

由于技术转移的参与主体众多、转移方式丰富，不同主体与不同转移方式的组合使得科技成果转化工作的灵活性较强，所以，以技术转移促进科技成果转化的方式得到了广泛的应用。现有的技术转移方式主要包括：①技术交易；

直接通过技术转让、技术咨询服务、成套设备和关键设备的进出口、技术服务与协助、工程承包与交钥匙工程、特许专营、设备租赁、补偿贸易等方式进行技术转移。②商品贸易：主要通过具有创新性产品的交易进行技术转移，一般为高科技产品。③投资：通过投资获取技术权益或者知识产权。④产学研协同创新：多主体参与的协同创新过程，促进技术转移转化。⑤战略联盟：联盟企业或者主体间以合作的方式实现知识、技术共享、互通。⑥科技合作与交流：通过向专家学者咨询、交流或者邀请国内外知名学者创办技术培训班，构建起合作研究设计的桥梁，从而促进技术转移。⑦企业或者个体创业：技术成果的拥有者或者企业通过创办新企业的方式促进科技成果转化。⑧技术援助：技术的提供者向另一方提供技术、设备、材料，更进一步的可以派遣技术专家负责组织和指导施工、安装和试生产，帮助受援方学会管理生产和操作技术。如图5-5所示给出了技术转移的一般运行模式，即在经济体制、市场机制、科技政策、产业环境制约下，技术成果从所有者向另一方转移的过程。

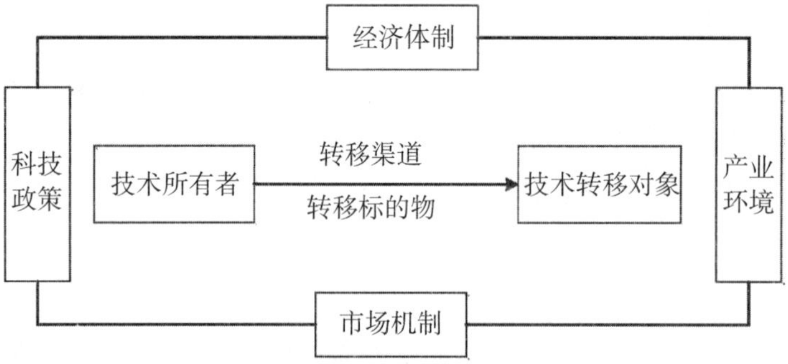

图5-5　技术转移的一般模式

通过技术转移促进技术成果商业化的方式主要包括两种收益模式。其一是主要依托技术获得的收入，包括技术转让收入、技术服务收入、接受委托研究开发收入、成果转让收益等。其中技术转让收入是指科技成果所有权的拥有企业通过技术交易或者技术转让等合法手段将技术转出而获得的收入；技术服务收入是指企业通过向另一方提供技术服务从而获得的收益，包括技术指导、技术咨询、工程项目咨询与服务等多种涉及技术流动或者技术交易的商业行为；接受委托研究开发收入是指企业受其他主体如企业、科研院所、政府等机构委托而进行技术二次开发、中间试验或者新产品开发所获得的收入；成果转让收益是指科研机构或企业在进行技术创新之后，将技术专利进行第三方售卖所取得的收益。此收益方式大多涉及多方利益分割容易产生纠葛。其二是技术作股价收益模式，指将技术作价入股从而拥有项目或公司股权，或者是企业核心技术骨干凭借其技术创新成果、技术能力获得由股东赠与的股份（转赠股、送股）。

5.4.2　技术开发

技术开发也就是我们常说的自主研发模式，即以企业为主体进行自主技术创新和技术成果商业化，这种模式主要存在于企业及科研院所之中。

首先是企业自主的技术开发。企业在自身发展过程中面临着提高技术水平、提升竞争力的必然要求，进行科技研发以及技术成果转化可以为企业提供长远的发展路径。企业的技术成果商业化首先是立足于自身对于技术成果的吸收，在此基础上再进行技术创新，提高生产输出能力。在创新过程中遇到技术难关时，企业可外聘科研人员、组织技术团队攻克难关。企业的长足发展与新的技术成果的应用紧密相关，从长远考虑，不断取得科技成果进步并将其转化应用，产生商业价值，才能使企业长久地发展下去。

案例1：宜宾丝丽雅集团公司。该企业是全球最大的生物基纤维生产企业之一，首届“中国大企业集团竞争力500强”之一。在该企业创立之初，由于纺丝工艺落后和纺丝设备老旧等问题，企业整体竞争力不足，发展缓慢。之后丝丽雅集团决定进行科技成果转化活动，培育自身的创新能力，从而进行了公司内部的重大技术革新，企业自主的科技成果转化活动为其带来了“一锭多丝”等技术，获得多项专利。这些专利使其纺丝效率提高了1～2倍，推动了生产能力和质量的提升，并积极出口创汇取得了不错的成绩。这些积累也帮助丝丽雅集团成为我国最具竞争力的纤维生产企业之一。

其次是科研院所的自主技术开发。科研院所是较为特别的一类机构，既承担研发工作，同时又是技术成果商业化的经营者，其中的转化模式多以自主创新为主，当然也包括部分技术入股和合作开发等。科研院的自主转化模式就是以自身作为技术成果的主体，对自己拥有的技术创新成果进行转化的过程。在此过程中需要科研院所依托自身拥有的资源，包括资金、人才、场地等对技术成果进行全生命周期的转化培育，直至技术成果初步形成产业化或者产品。此种模式要求科研院所具有较为雄厚的科技创新能力与资源供给能力，是一种高风险、高回报的转化模式。

案例2：中国科学院光电技术研究所的自主转化模式。中国科学院光电技术研究所在传感器研究、医用光电仪器、特种光学材料等领域科技创新实力雄厚，拥有较多高科技成果。在这种情况下，中国科学院光电技术研究所利用自身优势，对科技项目进行孵化培育，自主投资组建公司，专注于一体化经营，通过自主科技成果转化，逐渐形成净资产近亿元的四川科奥达集团公司。该公司在光电技术研究所的扶持下获得了大量国家级和省部级称号，包括“成都光电产业公共服务平台”“成都光电子成果转化基地”“四川省企业技术中心”“成都市高新技术企业”，是一个成功的科研院所自主转化模式的案例。

科研院所承担了大量的科研创新工作，是科技创新主体之一，对于国家经济发展及地区创新能力提升具有重大作用。长期以来，有关科技成果的评价都是通过论文发表数量、主导人学术地位高低、所获奖项、国家经费多寡等来确定，忽略了市场需求。因此，很多科技成果不能直接应用于满足企业的生产以及成套技术和装备的需求。所以，科研院所自主科技成果转化首先要进行观念转变，对于现有科技成果应主动面向市场需求，在转化前筛选出市场前景好的成果，与有技术、资金实力的企业共同完成科技成果的中试工作，企业在参与科技成果转化的过程中应该为此科技转化提出更贴近市场的方案，同时还能让企业的技术人员更了解成果技术，为今后技术成果产业化做好技术储备。在测试结束后，由企业来完成技术成果商业化，科研院所做好技术服务等工作，在技术上指导和培训企业相关人员。

最后是社会科研机构创新服务与转让。除高校科研院所外，社会科研机构近年来也蓬勃发展。经过多年积累，社会科研机构具备一定的研发能力，取得了不少研发成果，但在进行自主科技成果转化时受限颇多。社会科研机构自主进行科技研发，成果需求可以来自市场调研或者需求方提供，研发经费由自己承担，技术成熟且能实现批量生产的工艺和技术，可寻求接收方进行购买交易，交易的费用以实际市场价格进行协商。转让方可进行适当的技术培训，由接收方完全拥有成果的产权，最终将其商业化投入市场。在这种模式中，要求转化的科技成果必须具有一定的成熟性，具有市场效益和发展前景，市场中已经对这种产品有认识并且急需。接收方也要了解相关的行业情况才能对成果预期做出合理判断，以及进行商业化推广。

5.4.3 产学研合作

产学研合作是指企业、科研院所和高等学校之间的合作，通常指以企业为技术需求方与以科研院所或高等学校为技术供给方之间的合作，其实质是促进技术创新所需各种生产要素的有效组合。以产学研合作的模式进行技术成果开发与转化最早于20世纪90年代就已经开始了，改革开放初期，我国不少企业自主创新能力不足，需要依托高校和科研院所进行产品开发，三者共同合作进行技术成果开发。而随着科学技术的迅速发展，高校与科研院所作为科技创新资源最为丰富且活跃的机构更是受到了企业的青睐，产学研合作研发模式也进一步发展。在高新技术飞速发展的当今世界，产学研合作成为推动经济和整个社会发展的一种强劲的动力。

产学研合作的形式多种多样，包括政府指令型结合模式、政府推动型模式、企业主导型模式、大学主导型模式、校企研多主体共建模式以及虚拟模式等多种形式，但是其核心目的都是对科技创新资源的挖掘、对科技人才的培养以及高技术新创企业孵化。产学研合作的模式也包括多种，其核心是高校、企业及科研院所为完成同一目标所进行的合作，在这一合作过程中包含着三方之间的动态博弈，需要合作各方在责任、权利、利益、风险等方面达到一个平衡。现有的典型产学研合作模式包括以下几种。①校内产学研合作模式：以高校为核心，依托高校的创新资源、人才和设置进行产学研合作。②双向联合体合作模式：高校与企业合作，高校培养并提供技术人才，企业进行市场化经营和生产，二者相辅相成。③多向联合体合作模式：技术成果方（高校）、出资方（金融机构或个体资本投资者）与生产经营企业三主体的合作模式，主要应对大型或者风险较大的项目。④中介协调型合作模式：中介机构介入的模式，以中介机构为合作纽带，调节多方合作中出现的技术成熟度、资源投入、产品开发与市场需求匹配、权益与收益等问题。图5-6所示为校企研多主体共建的产学研模式。图5-7所示为大学主导建立的产学研模式。

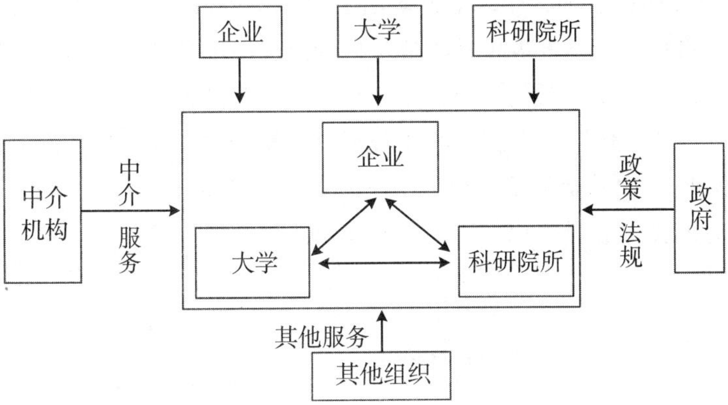

图5-6　多主体共建的产学研模式

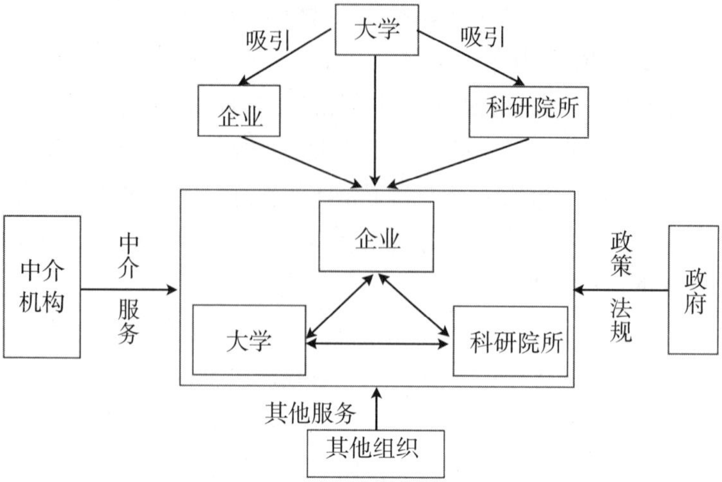

图 5-7　大学主导型产学研模式

5.4.4　创新平台建设

以平台形式促进技术成果商业化的模式指建设各类孵化平台、孵化基地，帮助新创企业或者创业团队进行技术成果孵化。现有的创新平台主要包括以下几种。

1. 科技园转化基地

这类平台大多是以政府和研究性大学为基础，共同合作出资建立的科技创新平台，提供各类优惠条件，吸引企业入驻园区进行技术创新与转移。一般而言，在这种模式下，地方政府在科技园内会与高等院校等签订一系列帮扶协议，特别是孵化资金等合作，地方政府会每年定期拨付一定的资金作为支持，由政府评测部门物色在发展中技术成果商业化受限的企业，报需技改项目、新科技产品等。政府主要起到沟通桥梁等作用，在与高校的协同中对企业进行技术项目的整改以及配套的完善，其中技术整改费用由企业承担一部分，配套完善费用由政府孵化基金支持，研发成功后的成果在企业内进行产业化。图 5-8 所示为现有的技术成果孵化平台的运作及保障模式。

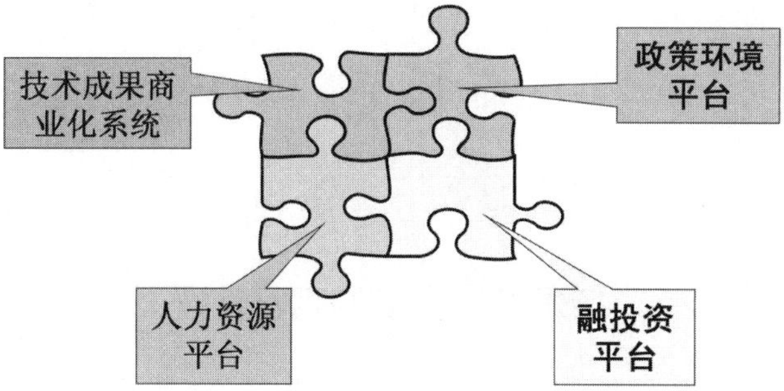

图5-8　技术成果孵化平台

2. 创新创业孵化器

自“大众创新，万众创业”号召提出以来，全国上下都掀起了创新创业的热潮，各种创新创业孵化器也如雨后春笋般出现。一般而言，孵化器是指为新创企业提供创业平台及基地，并提供各种配套服务的一种创新平台，包括多种类型，如政府主导建立的公益型创新创业孵化器、高校主导建立的大学生创新创业孵化器，以及企业主导建立的新创企业孵化器。这些不同类型的孵化器具有相同的目的，即帮助新创企业成长，但在运营模式与提供资源上存在一定差别。就创业资源的提供方面，一般而言，孵化器都会提供物理场地，包括房屋、设备等；更进一步就是提供创业相关服务，包括企业注册、企业管理等；最后，更为关键的资源是创业金融、政策支持、技术等关键资源的供给，这些资源对于新创企业的成长是尤为关键的，但也是许多孵化器所欠缺的。就孵化器的运营模式而言，主要包括物业支持模式、综合孵化模式、专业孵化模式等，不同模式的运行方式存在差异，对新创企业的帮助程度也不同。

入驻孵化器进行创新创业活动是现代背景下许多创业企业，尤其是大学生创业者的首要选择。在新创企业创立初期资源极度匮乏的情况下，这些孵化器为新创业企业提供了良好的场地资源、资金资源、信息资源，甚至顾客资源，为处于萌芽期的新创企业提供了极大帮助。但我国的孵化器经历了一段时间的快速增长后，新增数量已经明显减少，甚至出现了大批孵化器倒闭的状况，究其原因，主要是因为孵化器营利模式不清晰以及收益不确定。运营良好的孵化器一定是与在孵企业形成一种耦合联结的良好关系，孵化器不仅要为新创企业提供基本的物理资源，更需要帮助新创企业对接市场、对接客户，提供有用的信息资源，才能从本质上促进新创企业成长，而新创企业的成长也会反哺孵化器助其良性发展，二者相互合作，形成良性循环。

课后练习

【课外练习题】

技术产品开发的完整流程

在本练习中，学生需要进一步了解真实的技术产品开发过程。学生可以通过查阅相关书籍（如《产品设计与开发》，卡尔·T.犹里齐、斯蒂芬·D.埃平格，东北财经大学出版社，2001；《创新管理与新产品开发》，保罗·特罗特，清华大学出版社，2015；《新产品开发流程管理：以市场为驱动》，罗伯特·G.库珀，电子工业出版社，2013；《成功的新产品开发：加速从机会到利润的进程》，小米尔顿·D.罗西瑙，中国人民大学出版社，2005；《世界级新产品开发》，丹·迪芒塞斯库、肯普·德温格，中国人民大学出版社，2004）或者观看相关介绍产品开发的视频（如：新产品开发，http://wiki.mbalib.com/wiki；新产品开发的方法，http//www.ceconline.com；新产品开发流程，http//wiki.mbalib.com/wiki；新产品开发需要注意那些常见问题，http//www.cnbm.net.cn；新产品开发部门工作流程图，http//doc.mbalib.com/）了解技术产品开发的流程，或者自行寻找相关材料了解技术产品开发的全部流程，从创意到产品需要经历哪些阶段。本练习的目的在于让学生更深刻地体会新产品开发过程的艰难，学生在这一过程中需要重点思考几个问题：从创意到产品的这一过程中主要包含了哪些主要步骤？这一过程需要哪些资源的支持？哪一种资源最为重要？技术产品开发过程中的风险性和不确定性来源于哪里？技术产品开发是以什么为导向？最重要的是什么？

学习目标：

（1）从真实的产品开发过程中了解产品开发的过程。

（2）体会产品开发过程的风险性及不确定性。

（3）学会对技术产品开发进行管理。

（4）理解技术成果商业化的内涵。

（5）掌握多种技术成果商业化的方法。

练习要求：

（1）本作业布置2～3周后上交。

（2）在课堂上讨论：学生以PPT形式展示一个产品的设计过程，从设计灵感到技术开发，到设计流程再到商业化，并讨论几个问题：该产品设计的目标用户/市场是谁？该产品的创新点或者相对于同类产品的竞争优势在哪？

【本章思考题】

1. 技术成果与技术产品之间有什么区别与联系？
2. 技术产品的开发流程是怎样的？
3. 产品设计的流程与基本原则是怎样的？
4. 技术产品开发管理的内涵是怎样的？
5. 什么是技术产品商业化？
6. 技术成果商业化的一般流程是怎样的？
7. 影响技术成果商业化的因素有哪些？
8. 如何进行技术成果商业化？有什么途径？

第6章　知识产权管理

【核心问题】

（1）什么是知识产权？

（2）知识产权的作用是什么？

（3）技术企业如何进行知识产权管理？

【学习目标】

（1）理解知识产权的内涵；

（2）了解知识产权纠纷的主要形式；

（3）加深对技术企业知识产权管理的认识。

【引例】

斯洛伐克技术公司TNtech维权案

近年来，中欧合作促进了从常规能源到可再生能源的过渡。目前较为普遍采用的一种方法是以木片或木屑形式的生物质作为热源，这种新能源填补了通过无线测量来预防火灾隐患市场的空白。本案例研究的公司TNtech是一家来自特伦钦的斯洛伐克公司，它提出了一种无线测量系统WiMES，集成了测量多个物理量的无线传感器、信号接收器和评估测量数据所必需的软件。将创新产品推向市场可以带来新的商机，但也可能导致欺诈或不正当的竞争行为。将开发的WiMES实验系统安装在测试仓库中后，TNtech检测到第三方在试图复制该技术。在此之前，该公司尚未实施明确的知识产权保护战略，例如：员工保密协议和第三方合作保密协议。

TNtech通过以下步骤开始与专利律师和斯洛伐克工业产权局合作，制订知识产权战略。①标识要保护的知识产权：包括WiMES系统的传感器和控制板的电路连接，以及各个部分的机械设计，甚至整个设备的机械设计。WiMES系统的技术部分已在斯洛伐克和捷克获得实用新型专利保护。②审查劳动合同：重新起草了与员工有关知识产权保护措施的合同。特别是在员工合同中引入了新内容，确立了适用于雇佣过程中新的知识产权所有权规则。③员工培训：公司的主要员工参加了斯洛伐克教育部认可的知识产权课程。④准备保密合同和其他协议：在与专利律师协商后，准备了几种保密合同模板，以满足公司在知识产权保护方面的需求。这些需求已通过保密协议和与第三方（例如业务合作伙伴和学术界）的合作协议得到满足。

采取了上述策略后，该公司在知识产权领域的运营变得更有效率。通过产品广告和商业网络，越来越多的公司对TNtech的产品及其在无线测量领域的解决方案感兴趣。新的知识产权战略有利于公司客户群的增加，并且客户对基于WiMES系统的定制解决方案的需求也越来越大。此外，得益于实用新型保护，该公司在商务谈判中占据了有利的位置。作为一家专注于技术的研发公司，TNtech获得了将产品商业化的新机会。

本案例说明，知识产权保护是加强投资（在员工、材料、设备等方面）并打击欺诈或不正当竞争的有力工具。一旦建立了知识产权战略，要在这一领域对员工进行培训，并使其在新的知识产权战略中遵守其内部规则。在定义了清晰的知识产权策略之后，公司应集中精力保护其知识产权，在产品开发阶段结束之前、之中和之后以及在将其引入市场之前分别进行。一旦获得相关的知识产权，公司可以根据其经济和业务优先级，以最便捷的方式（例如许可、转让等）将受保护的技术商业化。

（费利克斯·吉，《哈佛商业评论》，2013）

6.1　知识产权简介

技术创业过程中为什么需要特别关注知识产权呢？因为技术的开发成果需要得到保护，成果的商业化也需要知识产权体系的保驾护航。

6.1.1 知识产权的定义

重要概念

知识产权

知识产权是社会授予个人或组织的针对创造性作品的权利：发明、文学和艺术作品以及商业中使用的符号、名称、图像和设计。

知识产权是社会赋予创作者的权利，在有限的时间内防止他人擅自使用其知识成果。知识产权分为工业产权（功能性商业创新）和艺术与文学产权（文化创造）。工业产权可以分为创造性成果权、识别性标记权和制止不正当竞争权；艺术与文学产权一般分为作品创作者权和作品传播权。

知识产权是社会决定可以分配特定产权的一种知识形式，它们与不动产或土地的所有权有些相似，但是知识远不止是知识产权，知识具有强大的力量。现代经济学之父阿尔弗雷德·马歇尔（Alfred Marshall）认为，知识一直以来被视为经济增长的主要动力，它体现在人们的日常生活中和新技术的发展中。随着技术的进步，特别是在生物技术和信息与通信技术（ICTs）方面的发展，与以前相比，知识已成为公司和国家竞争优势的主要来源。

随着经济的发展，知识资产与实物资产的相对重要性已经改变，建立所有权以及保护和执行知识产权是国家以及私营部门的重要任务。在商业领域，员工合同和独立承包商协议的标准程序应包括语言，可以解决在职位或工作范围内创建的知识产权所有权问题。估值顾问凯文·金在写给世界知识产权组织的一篇文章中说："知识资本被公认为世界上许多有实力的公司中最重要的资产；它是领先公司保持市场支配地位和持续盈利能力的基础，并且通常是并购的主要目标。"知识产权也对人类健康和生活质量产生重大影响。因此，对知识产权进行界定和保护是十分重要的。

6.1.2 知识产权的意义

知识产权创造了获取适当知识的法律手段。知识的特征是一个人的使用不会减少另一个人的使用（例如报告或书籍的阅读），将使用范围扩展到另一个人的额外成本通常非常低或为零（例如借书或复制电子文件）。从社会的角度来看，使用知识的人越多越好，因为每个用户都能以低价或无偿从中获得知识，并且从某种意义上说，社会会变得更好。因此，经济学家说知识具有非竞争性公共物品的特征。大多数产品只要付出足够的努力就可以对其进行复制，而仅需付出其发明和销售成本的一小部分。经济学家称其为市场失灵的原因。如果一项产品花费了大量的精力、创造力和研究，但易于复制，那么从社会的角度来看，就不可能有足够的经济诱因来将资源用于发明。知识密集型且知识产权保护最为普遍的高科技商品和服务的贸易往往是国际贸易中增长最快的。

有充分的证据表明，在发达国家，知识产权在某些工业部门中对促进发明一直很重要。例如，20世纪80年代的证据表明，制药、化学和石油工业中的专利制度在创新方面占据着主导地位。如今生物技术和信息技术的某些组成部分也被加入其中。另外，版权对音乐、电影和出版业也是至关重要的。对于发展中国家，发展本地技术能力已被证明是经济增长和消除贫困的关键因素。这种能力决定了这些国家可以吸收和应用外国技术的程度。许多研究的结论指出，决定技术能否成功转化的最关键因素是本土技术能力的早期出现。但是发展中国家的科学技术基础设施的质量和能力差异很大，很少有发展中国家能够发展出强大的本土技术能力，这意味着他们很难开发自己的技术，也很难吸收发达国家的技术。

6.1.3 知识产权策略

重要概念

知识产权策略

知识产权策略是用于管理公司的知识产权组合的策略。

“知识产权策略”一词有时与管理公司无形资产的总体策略同义，并被视为该策略的一部分。知识产策战略可帮助企业家以专业的方式管理这些无形资产，以实现最大的商业利益。有关知识产权策略的典型问题包括：可以为创新申请哪些专利？是否拥有许可使用或出售的专利？应该购买任何专利吗？应该如何使用知识产权？如何使它们商业化并赚钱？商标需要什么保护？应该为所有产品申请外观设计保护吗？需要保护哪些市场，国内、欧盟还是全球保护？如何捍卫版权？

好的知识产权策略应包括对竞争对手的分析和对风险的分析，并考虑公司的长期商业目标。知识产权策略还可以包括一个计划，规定公司在遭遇侵权行为时准备捍卫其知识产权的程度和方式。

知识产权策略应谨慎地适合企业的需求，应该仔细考虑进入或即将进入的行业和市场领域、要承担多少风险以及可以支配的财务手段。通常，知识产权的策略包括三个部分：①法律措施。进行专利和商标检索，以确保商标或专利申请不会侵犯他人拥有的任何现有权利，或用来确定发明的新颖性；注册知识产权、检查市场，并持续监控第三方的侵权。②组织措施。确保机密信息在公司内部受到保护，在几名员工之间分配敏感的技术知识，如果有人离开并为竞争对手工作，就可以规避技术知识集中的风险。③技术措施。如果在技术上可行，将无法复制的元素集成到产品中，否则该产品将无法使用。为产品或包装开发难以伪造的标签，并将其整合到产品中，用以检查商品是假冒商品还是原始商品。

6.2 商标

知识产权是智力劳动产生的成果所有权，它是依照各国法律赋予符合条件的著作者以及发明者或成果拥有者在一定时期内享有的独占权利。它分为两类：一类是著作权（也称为版权），另一类是工业产权（也称为产业产权），其中工业产权包含商标权、专利保护以及商号权。技术创业的知识产权需要重点对商标和专利进行管理。

6.2.1 商标的定义

重要概念

商标

商标是可识别的标识、词汇、声音、颜色、数字、图形或符号，用来表示特定产品，并在法律上将其与该类型的所有其他产品区分开。

商标是将产品标识为属于特定的公司，并识别该公司对品牌的所有权。商标可以是公司的标识、标语、品牌，也可以只是产品名称。例如，以前很少有人会想到装瓶饮料并将其命名为可口可乐，但现在很明显，“可口可乐”这个名字及其标识属于可口可乐公司。商标确实有一些模糊的界限，因为它禁止任何与现有商标存在“混淆可能性”的商标。因此，企业不能使用与现有商标外观上相似、听起来相似或含义相似的符号或品牌名称，尤其是在他们的产品或服务相似的情况下。

人们可以轻松地将符号和文字与公司及其品牌相关联是商标使用的最大优势之一。当客户看到熟悉的标识或者符号时，便会立即识别出来，这样可以引起消费者的偏好并最终促进销售。商标不仅是名称、术语、设计或符号，更是一种产品或业务对人们所引起的有辨识性的感受。商标存在于人们的思想中，在每个感受者的心中：员工、投资者、媒体和客户等。商标被视为公司最有价值的资产之一。它代表公司的面孔，可识别的徽标、口号或公众与公司联系的标记。实际上，公司经常被其商标所指称，并且它们成为一体。

当一家公司决定选择一个商标作为其公众形象时，它必须首先确定其商标标识或它想被如何看待。例如，公司的标识通常包含公司提供的消息、标语或产品，其目的是使该商标令人印象深刻并吸引消费者。公司通常会咨询设计公司或设计团队，以提出有关商标视觉效果的想法如标识或符号。一个成功的商标可以准确地刻画公司试图传播的信息或感觉，并提高商标知名度，或者引起公众对商标存在及其提供的产品的认可。而无效的商标通常是由于沟通不畅造成的。好的商标可以增强消费者的信任，在拥有一种产品的良好体验之后，消费者更有可能尝试与该商标相关的另一种产品。这种现象通常称为商标忠诚度。

6.2.2 商标的分类

考虑如何用公司形象来表达自己的想法是非常重要的：是用文字、图形还是声音？以下列举几种常见的商标类型。

（1）文字商标：由一个或多个词汇组成，包括汉字、外国文字和阿拉伯数字等不同的组合。例如Apple、腾讯或360。文字商标始终以标准字体注册，如果要保护特定字体的文字，则必须申请图形商标。

（2）图形商标。图形商标是仅由一个图形或图形与文字组成的商标。特定字体的文字也被视为具有图形性，图形商标可以以黑白或彩色注册。

（3）三维商标。如果产品本身或产品的包装具有特殊形状，例如香水瓶或酒瓶，则可以将其注册为三维标记，其形状必须与市场上已经注册的三维商标明显不同。

（4）声音商标。声音可以是商标，因此也可以注册。声音商标是具有独特识别效果的声音或旋律。一个著名的声音标记是Hemglass公司拥有的旋律。申请声音商标时，可以用声音文件或用符号表示的声音的准确描述来表示。

（5）动态商标。商标中的部分正在更改或移动的商标，动态商标的一个例子是动画商标。申请运动商标时，商标可以通过视频文件或一系列显示运动的静止图像来表示。

（6）多媒体商标。由声音和图片组合而成的商标，可以由播放声音和图片组合的视听文件表示。

（7）全息图商标。使用全息技术显示三维图片的商标。申请全息图商标时，可以通过视频文件或一系列显示全息图变化和全息效果的静态图像来表示。

（8）位置商标。位置商标由商标在产品上的特定位置组成，可以由图像表示，该图像显示商标的放置方式以及与之相对应的尺寸和比例。

6.2.3 商标的标记

为了表明商标已被要求保护，公司可以使用以下三个标记。①™：意图使用申请。在公司标识或名字之后使用该商标标记会提醒竞争对手，声称自己是该符号或名字的拥有者，但可以不进行正式申请。②®：已注册商标。仅商标局正式授予的商标可以使用®符号，代表已经注册的商标。③℠：服务业标记。销售服务而非产品的公司可以选择使用服务业商标标记，但是为了简单起见，大多数公司使用™。

6.3 专利

6.3.1 专利的定义

重要概念

专利

专利是对发明授予的一种专有权利，是受法律规范保护的发明创造，它是指针对一项发明创造向国家审批机关提出专利申请，经依法审查合格后向专利申请人授予的在规定的时间内对该项发明创造享有的专有权。

换言之，专利是授予发明的专有权利，发明通常是一种提供新的处理方式或为问题提供新的技术解决方案的产品。要获得专利，必须在专利申请中向公众披露有关发明的技术信息。

原则上，专利所有人拥有防止或阻止他人将专利发明用于商业的专有权。专利保护是指未经专利所有人的同意，他人不得以商业方式制造、使用、分发、进口或出售本发明。专利权人也可将其对发明所享有的权利出售给他人，之后该“他人”将成为新的专利权人。专利期限届满后，保护终止，发明进入公有领域，这时，任何人都可以对发明进行商业利用而不会侵权。

6.3.2 专利的条件

为了使一项发明具有专利资格，它必须既是新颖的又是非显而易见的。如果一项发明的一个或多个部分与其他类似发明不同，则它是新颖的。在申请专利之日起一年内，它也不得被其他发明人公开使用、出售或取得专利。该规则反映了公共政策对技术进步的支持。

天然存在的物质和自然规律，即使是新发现的，也无法申请专利。抽象原理、基本原理、计算方法和数学公式也不具有专利权。但是，使用这种公式或方法的手段可以申请专利。例如用于制造橡胶制品的工业方法的专利，该专利依赖于数学方程式并且涉及计算机程序的使用。另外，仅仅出于想法或建议也无法获得专利。发明人必须想出实现其思想的具体方法才能获得专利。出于法律目的或不安全药物的发明也不会被授予专利。

申请实用新型专利的申请人必须证明本发明是有用的，本申请必须具有一些有益的用途并且必须是可操作的。

在我国，授予专利权的发明和实用新型，应当具备新颖性、创造性和实用性。①新颖性：未在专利申请提交日期之前以任何方式在世界任何地方公开，指该发明不属于现有技术，也没有任何单位或者个人就同样的发明或者实用新型在申请日以前向专利主管部门提出过申请，并记载在申请日以后公布的专利申请文件或者公告的专利文件中。②创造性：是指与现有技术相比，该发明具有突出的实质性特点和显著的进步，该实用新型具有实质性特点和进步。③实用性：是指该发明或者实用新型能够制造或者使用，并且能够产生积极效果。能够制造或者使用，是指发明创造能够在工农业及其他行业的生产中大量制造，并且应用在工农业生产上和人民生活中，能够产生积极效果，即具有工业应用的能力：一项发明必须能够在某种工业中制造或使用，这意味着本发明必须使用某种设备或装置，诸如某种新材料的产品或工业过程的实用形式。

6.3.3 专利的类型

我国规定了三种基本类型的专利：发明、实用新型和外观设计。

（1）发明专利是指对产品、方法或者其改进所提出的新的技术方案。可简单理解为创造一种原来没有的东西。

（2）实用新型专利是最常见的专利类型，授予新机器、化学品和工艺。它涵盖了发明新的有用过程、制造品、机器或物质组成。

（3）外观设计专利旨在保护制造对象的独特外观或设计，例如对象的表面装饰或整体设计，包括针对制成品的原始、新颖和装饰性设计。

6.3.4 专利的申请

专利的申请通常包含如下几个步骤。

（1）了解自己的发明。考虑本发明的哪些方面使其新颖和有用？假设申请人制作了一种定制的剪刀，这种剪刀对于裁切薄的织物条很有用。剪刀具有定制设计的手柄，带有不同形状的手指环和另外一组枢轴，使切刀在切穿非常薄的织物时感受到更小的阻力。

（2）确定所需的知识产权保护类型。为了保护申请人的发明，可能需要专利、商标、版权、营销计划、商业机密或它们的某种组合。在开始准备专利申请之前，需要申请人确定是否真的需要专利或其他形式的知识产权保护。

（3）确定申请人的发明是否可申请专利。一旦确定了使发明新颖和有用的方面，则需要考虑：发明中的其他部分是否还可以进行专利申请。例如，对于定制剪刀而言，轴承的设计是否可用弹簧代替？定制剪刀的材质是否可用其他材料替代？寻找发明中的所有可行性方案进行专利申请。如果申请人的发明已经公开授权，则申请人将无法获得专利。因此，应该对所有以前的公开信息进行搜索，以查找与申请人的发明或发明的某些部分重叠的任何相关出版物、演示文稿、销售手册、专利申请或已发布的专利。例如，定制剪刀的专利申请中，核心转动轴技术已在其他领域中进行应用，因此，此技术为已有技术。

（4）查看申请人的发明是否具有更广泛的应用。以定制剪刀为例，申请人应在申请时进一步完善产品的应用场景及范围。例如定制剪刀是否可用于手术，或用于其他物品的裁剪等，并尽可能对现有专利进行搜索，这样有利于使专利申请更全面，将来可获得更多的战略价值和意义。

（5）选择专利类型。

(6) 起草专利申请。撰写专利申请甚至是临时专利申请都是非常棘手的工作。专利申请有几个部分，每个部分都可能由于技术或形式上的原因而被拒绝。应当为发明的每个部分制作清单，并重复检查。撰写专利是一项技能，通常需要有经验的专业团队才能完成。 在其他步骤中，申请人可以做很多工作，但是在起草专利申请时，寻求专业人员的帮助会更加有效。

(7) 等待正式回应。专利局的反馈通常需要较长时间。审查员可能会认为申请人的发明根据现有技术是不新颖的，或者申请人未能完全解释发明的作品。 如果发生这种情况，可能需要寻求专业建议，以帮助申请人做出回应。在等待答复的同时可以开始后续工作。

6.4 技术转移中的知识产权

6.4.1 技术转移的定义

重要概念

技术转移

技术转移是指将科学技术研究成果与相关的技能和程序一起传递到市场和更广泛的社会的过程，是技术创新过程的内在组成部分。

技术转移是一个复杂的过程，涉及许多科学和技术因素以及许多利益相关者。仅仅是高质量的研究结果还不足以成功地进行技术转移，还需要组织和个人层面的意愿以及特定方面的技能和能力，例如获得风险融资和知识产权管理，也是必不可少的组成部分。技术转移涵盖了将研究与其最终社会部署联系起来的复杂价值链。第一步是在研究机构发现新技术，然后是对这些技术的公开、评估和保护。第二步包括市场营销、潜在的许可协议以及基于技术发明的产品开发。第三步可以将这些产品的财务回报用于进一步的研究。技术转让和商业化的过程通常包括：识别新技术，通过知识产权（例如专利和版权）保护技术和利用许可等各种开发和商业化手段将技术转让给私营公司。

6.4.2 技术转移中知识产权的意义

有许多产品和技术进步起源于大学和实验室，然后通过技术转移进入了市场。谷歌（Google）就是经常被引用的例子，但实际技术转移影响了几乎每个科学领域：救生药物和医疗设备、替代能源解决方案、计算机硬件和软件、新的交通方式、区块链技术、人工智能、疫苗、机器人技术、网络安全、环境解决方案、农业创新、航空航天以及无数其他领域。通常情况是大学和研究机构为科研成果申请专利并将其授权给企业研究机构，然后企业将其转变为重要的商业产品。专利保护使企业和企业家有信心认可、投资和将研究成果开发为可销售的产品，因为在一段时间内没有竞争对手可以使用这些研究成果，此过程对于促进经济增长至关重要。

成功的技术转移对研究机构、企业、区域和国家经济以及整个社会都有好处。对于研究机构来说，它可以带来可用于科研的收入，以及对科研人员及其创新的认可，进而可以帮助招聘人才。对于企业而言，收益包括无须花费研发费用即可利用研究成果，以及推出可推动业务发展的新产品。对于区域和国家经济而言，技术转移是通过创新、创建新企业和创造更多就业机会以及强大产业来实现增长的关键因素。对于整个社会而言，这些技术进步不仅带来新能力，而且通过创新推动区域、国家和全球经济向前发展。

6.4.3 技术转移的过程

通常来讲，技术转移的过程包含以下几个步骤。

步骤1：技术评估。对于技术转移提供方以及技术持有人进行详细的背景调查和技术评估，可以选择TRL分析模型、技术成熟度分析、技术可实施性分析、产业应用和转化成果分析等方法，通过定性与定量测评，为后续技术转移奠定基础。

步骤2：技术成果保护。对技术成果进行适当的评估之后，针对未来发展和布局进行恰当的法律保护，例如申请专利、商标权注册、软件知识产权界定以及海外法律法规的差异化分析等。

步骤3：商业计划。技术转移中，制订商业计划是重要的一步，应当选择对接高水平、高质量的商业合作伙伴，可以通过产学研合作、平台孵化等方式持续推动，也可选择公开宣传、招商引资、并购等方式。最终的商业计划应当符合项目特点并针对不同场景进行设计。

步骤4：风险识别与分析。技术转移过程中存在着一定的风险，寻找恰当的第三方进行详细的尽职调查、风险识别、风险评估和风险防控具有重要意义，同时依据第三方的客观分析可以对先前计划进行适当调整，并设计应急预案。

步骤5：价值评估。评估应当从技术、法律、经济等多方面进行估值计算，特别是对于技术转移后的价值撰写分析报告，后续的商业应用支持都应当提供详尽的资料。

步骤6：技术转移促成。起草相应的合作文件，最终达成具有法律效应的合规文本，以双赢为目的进行最终合作和落地实施。

6.5 技术企业中的知识产权管理

6.5.1 知识产权管理内涵

知识产权管理是指企业、研究机构以及从事非物质权利的创造和商业化的任何其他实体中的知识产权事务的管理和组织。

1. 知识产权的开发管理

技术企业在发展过程中往往对于科研需求力度较大，知识产权的管理应以技术发明、迭代、更新为出发点，以激励员工为目标，达到促进知识产权开发的目的。制订科学有效的管理策略，对于知识产权做好统计归档，特别是对于产权变动等情况应随时掌握，做到简单明了。对于部分间接持有的知识产权应当时刻跟踪进程，实施一定的管理和监督。

2. 知识产权的经营使用管理

技术企业应当立足于自身主要业务，了解知识产权并用好知识产权。明确企业中知识产权的经营和使用规范，制订管理细则，通过合理、适当的管理方式和经营方式，使知识产权管理为企业发展助力。

3. 知识产权的收益管理

对知识产权使用效益情况应认真统计，合理分配。知识产权的合理使用会帮助企业创造收益，在此过程中对于直接和间接收益应明确记录造册，对后续成果进行跟踪检验。同时应当对收益进行合理分配，秉持可持续发展的管理理念，将其投入具有较大的研发潜力和扩展潜力的项目中。

4. 知识产权的处分管理

对于知识产权的处分，只有产权所有者具有以下权利，可结合自身情况实施：

（1）转让。将获得的专利权可转让给第三方。

（2）质押。可将专利权作为担保物出质用以担保债权。

（3）出资。知识产权可以作为一种资本，作为公司设立、合伙企业、个人独资企业的出资。

（4）抛弃。将专利权舍弃，以书面形式向专利局提交申请。

6.5.2 知识产权管理的作用

随着经济全球化和知识资本化的不断加强，技术创新已成为企业长期发展不可或缺的重要因素。知识产权的获取是企业通过技术创新获得经济利益的最终目标，合理的知识产权管理有助于企业的技术创新。如果一家企业能够率先通过技术创新在市场上占据领先地位，那么知识产权管理就可以帮助其稳定市场地位。相反，不合适的知识产权管理将使公司在市场中处于不利地位。技术创新包括产品创新和过程创新，其中包含的知识和信息具有公共产品的属性。由于知识和信息并不具有排他性，所以创新者和许多公司可以同时实施一项创新。如果不能加以适当的管理，知识和信息将被人们免费使用。换句话说，技术创新活动的发展已经投入了大量资金，并且承担着各种风险，如果付出的努力没有收益，那么企业的创新热情就会受到抑制。因此，合理的知识产权管理可以赋予创新者合法垄断技术创新市场利润的权利，并保持这一权利不受侵犯。通过这种排他性，知识产权的创造者和所有者可以通过转让或实施获得经济利益，收回投资并获得回报，从而使他们拥有继续创新的热情和物质条件。通常来说，合理的知识产权管理可以在保护和促进技术创新方面提供以下作用。

（1）有利于建立企业的知识产权优势，增强企业的竞争力。在技术飞速发展和经济全球化的背景下，企业的竞争优势越来越依赖于其知识产权的优势。知识产权的优势主要体现在拥有独立知识产权的核心技术、相关的技术标准化体系等。高新技术企业只有不断完善适合国情的知识产权管理制度，才能逐步在竞争中获得优势。

（2）有利于企业的资源调度。许多技术企业会以某种方式将有限的资源分配到各个领域，以实现资源的最佳利用。知识产权的管理可以指导企业选择正确的创新领域、方向和项目，从而降低创新成本，缩短技术创新时间，提高技术创新的质量。

（3）有利于激发企业进行技术创新的动力。知识产权制度对创新者的创新成果予以保护，使他们能够收回投入并获得收益，保证了技术创新者的基本利益，有利于刺激企业进一步实施技术创新。

加强知识产权管理能够提高创造知识产权的数量和质量。有效的知识产权管理，权责分明，利益分配清晰，可以使企业在技术创新进步上有效实现“目标—过程”双导向。知识产权管理使目标明确，使发展路径轨迹清晰，高效利用资源，实现企业效益最大化，对于员工进步和企业发展而言都具有重要作用。新创企业进行知识产权管理，可以有效规避在创业创立初期及成长过程中，遇到的技术阻力及不必要的产权纠葛，同时可有效规避法律风险。而一家技术企业只有真正掌握、了解、使用好知识产权这枚金钥匙才能在以后的发展中走得稳、走得远。

课后练习

【课外练习题】

本练习中，学生首先调研分析经典的技术企业知识产权纠纷案例，总结其中涉及的知识产权管理的不同方面问题，以及针对不同问题的相应对策；然后选择身边的技术企业进行访谈调研，目的是让学生了解真实的技术企业所面临的知识产权相关问题与挑战，被访谈的企业可以为学生提供学习机会。访谈可选择企业的中高层人员或负责知识产权的管理人员，持续30～60分钟。学生将调研的经典案例和身边企业的访谈分析整理为调查报告，可以作为分析报告的一手研究数据。期间主要完成几个问题：技术企业的知识产权管理困境在哪？技术企业知识产权管理有哪些特殊且值得借鉴的方式方法？企业知识产权中最常用的法律法规是哪些？

学习目标：

（1）了解知识产权管理包括哪些方面内容。

（2）了解企业管理过程中面临哪些知识产权的问题。

（3）了解相关法律法规及常用术语。

（4）了解知识产权管理与企业战略。

（5）掌握多种维权方法。

练习要求：

（1）本作业布置2～3周后上交。

（2）课堂讨论：学生通过PPT的形式分享自己身边的技术企业知识产权纠纷案例以及一些经典成功案例，在过程中主要讨论几个问题：知识产权纠纷属于哪种类型？此类事件发生后企业处理方式有哪些？如何避免类似事件发生？等等。

【本章思考题】

1. 知识产权对技术企业有什么意义？
2. 技术企业在技术转移中最容易产生纠纷的问题是什么？

第7章　竞争战略与创新战略

【核心问题】

（1）什么是企业战略？企业战略的类型有哪些？

（2）什么是竞争战略与创新战略？

（3）如何制订竞争战略与创新战略？

（4）新创企业情景与战略的匹配是什么？

【学习目标】

（1）理解企业战略的内涵与制订步骤；

（2）理解外部环境对于企业战略制订的影响；

（3）理解创新战略和竞争战略的概念内涵；

（4）掌握创新战略与竞争战略的区别与联系；

（5）理解技术创业企业制订战略的基础与情景。

【引例】

海尔集团1984年创立于青岛。创业以来，海尔坚持以用户需求为中心的创新体系驱动企业持续健康发展，从一家资不抵债、濒临倒闭的集体小厂发展成为全球最大的家用电器制造商之一。2016年8月，青岛海尔股份有限公司在“2016年中国企业500强”评选中排名第84位。2018年，青岛海尔正式入围《财富》杂志评选的世界500强企业。2019年9月1日，“2019年中国战略性新兴产业领军企业100强”榜单在济南发布，海尔集团公司排名第38位。2019年11月13日，青岛海尔股份有限公司上榜单项冠军示范企业（第四批）名单。

海尔文化的核心是创新。它是在海尔二十多年发展历程中产生和逐渐形成的特色文化体系。海尔文化以观念创新为先导、以战略创新为方向、以组织创新为保障、以技术创新为手段、以市场创新为目标，伴随着海尔从无到有、从小到大、从大到强、从中国走向世界，海尔文化也在不断创新、发展。员工普遍认同：主动参与是海尔文化的最大特色。当前，海尔的目标是创中国的世界名牌，为民族争光。这个目标把海尔的发展与海尔员工个人的价值追求完美地结合在一起，每一位海尔员工将在实现海尔世界名牌大目标的过程中，充分实现个人的价值与追求。

（王跃杰，《海尔技术创新战略研究》，当代经济，2010）

7.1 企业战略

7.1.1 战略与企业战略

1. 战略

重要概念

战略

战略是指组织如何经营、发展，如何在竞争中获得成功以及如何吸引和满足顾客以实现组织目标的各种方案总和。而企业管理者如何为制订组织战略进行的管理工作就是战略管理，包含了计划、组织、领导、控制等多个环节。

战略是一个宏观名词，战略的主体并不仅仅局限于企业。国家、地区、联盟以及各种组织都可以使用多种战略进行发展规划。比如，我国的多个国家战略，如创新驱动发展战略、科教兴国战略、可持续发展战略等。

2. 企业战略

重要概念

企业战略

企业战略将战略的制订及实施主体限定于企业层面，指企业在发展过程中各种战略的总和。包括竞争战略、营销战略、发展战略、品牌战略、融资战略、技术开发战略、人才开发战略、资源开发战略等多种战略。

企业层面的战略与我们的实际生活联系紧密，也是被应用、研究最多的战略。虽然企业战略多种多样，但其根本目标都是一致的，是针对企业竞争整体性、长期性、基本性问题的计划与谋略。在国际环境日益复杂、技术与市场环境快速变化的今天，制定与企业实际情况相契合的企业战略对于其发展壮大意义重大。

企业战略管理为何如此重要？对于这一问题，其实很多的实践案例都可以验证，我们从三个方面进行讲述。第一，企业战略是企业发展的指路灯，对于企业绩效的影响巨大。在同样的市场竞争情景下，为什么有些企业能够获得成功而有些企业却失败了？其中大部分原因都与企业的战略息息相关。例如，乐视公司的发展与失败。乐视成立于2004年，创始人是贾跃亭。乐视致力于打造基于视频产业、内容产业和智能终端的“平台+内容+终端+应用”完整生态系统，这被业界称为“乐视模式”。从2004年到2014年，乐视由于企业战略的合理制定实现了快速发展，乐视影业、乐视电视、乐视网等多个乐视生态业务实现每年接近100亿元的总收入，可以说达到了企业发展的巅峰。但是，之后由于企业战略的错误制定，乐视想要实现进一步扩张，却因资金链断裂而一败涂地，曾经的乐视生态圈也快速崩塌。乐视的兴起与衰败也印证了企业战略的重要性。

第二，企业战略是应对企业外部快速变化的市场与技术环节以及多种不确定性因素的策略集合。从网络技术兴起、互联网时代的到来到如今数字技术快速发展，人工智能、大数据等技术涌现，现代企业面临的外部环境越来越复杂，不确定性也越来越高，企业需要制定不同的战略，或者及时对企业战略进行调整以应对环境变化。

第三，除了外部环境的复杂性，企业组织内部也很复杂，不论是大公司复杂的组织部门制、事业部制，还是新创企业不太完善的组织架构，都需要强有力的凝聚力，或者说需要“一根绳子”将所有部门绑在一起，为完成同一个组织目标齐心协力地努力奋斗。而企业战略就是这根“绳子”，能够指引大家进行工作。例如，沃尔玛公司通过公司战略管理使处于全球不同区域的200多万名员工能够通力合作，致力于企业发展。

7.1.2　企业战略制定

战略是一个企业的发展目标与行动指南，对于企业发展意义重大。大型或者成熟企业可以依据企业发展现状、产品市场、资源基础等多种条件制定出战略计划，而对于新创企业以及创业者而言，基于较少的资源基础与信息资源制定合理的企业战略难度较大，但却意义重大。此外，由于市场竞争的动态性、环境因素的不确定性，长期的战略规划难以实行，动态的战略规划成为现代企业的发展主流，企业需要根据外部环境、内部环境的变化情况进行战略调整。图7-1总结了企业战略的制订过程，主要考虑企业愿景与规划、外部环境、内部环境三种因素对于企业战略制订的影响。

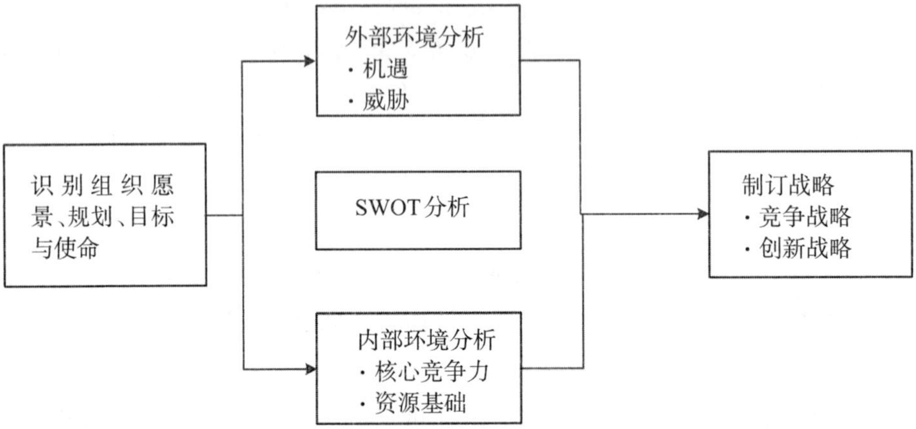

图7-1　企业战略制订过程

1. **企业愿景与规划**

每个企业都需要一个愿景或者说使命。何为企业愿景？它是企业的长期愿望及未来状况，组织发展的蓝图，体现组织永恒的追求，也是企业家的立场和信仰，是企业最高管理者头脑中的一种概念，是对“我们代表什么?”“我们希望成为怎样的企业?”的持久性回答和承诺。企业愿景也不断地激励着企业奋勇向前、拼搏向上。比如，Facebook的使命是“成为一种把你和你周围的人联系起来的社会工具”；全球最大产品众筹平台Kickstarer的愿景是“致力于将具有创意的产品或者想法带入生活”；中国无人机行业领军企业大疆致力于用技术与创新力为世界带来全新视角，公司以“未来无所不能”为主旨理念，在无人机系统、手持影像系统与机器人教育领域成为业内领先的品牌。对于创业企业而言，明确企业愿景是企业发展的第一步，也是制订企业战略的第一考虑因素。

2. **外部环境：机遇与威胁**

外部环境是创业者或者企业家在进行一些行动时的外部约束，这些约束嵌入企业日常运营的各个活动之中，既为创业者和企业的发展创造了机遇，也带来了挑战。对于外部环境的分析是企业制定战略的重要步骤，通过对外部环境的分析，企业可以了解各种信息，比如行业发展动态、技术生命周期、同行业竞争者动态以及一些宏观层面的政策法规和规章制度。对于外部环境的分析，企业家需要考察经济、人口、政治/法律、社会文化、技术和全球化等多个方面的因素，从而全面了解外部环境中的机遇与威胁。其中，机遇指可以供企业家采用的积极趋势，威胁指不利于企业发展的消极趋势。就技术创业这一活动而言，在对创业企业外部环境进行分析时，一般的经济、人口等环境要素是分析的基础，而技术发展趋势、行业情景则是创业者需要考虑的重点。

就技术创业外部环境中的技术要素而言，创业者需要对于这一技术的生命发展周期、发展前景进行合理判断，从而做出正确的战略选择。比如，对于传统制造业、工业服务的技术创业而言，由于行业发展时间较长，行业规范与定式已经形成，很难通过突破性技术创新的方式打破行业传统，所以创业者及企业家需要通过一定的渐进式战略实现企业扩张。而对于新兴行业而言，如人工智能、大数据、生物材料等，这些行业兴起时间较晚，仍处于行业不断动荡、迭代发展的阶段，整个行业对于技术创新的认可度也很高，突破性技术或者新型商业模型的出现很有可能快速打破现有的行业结构。因此，在新兴技术或者高技术行业进行创业的创业者可以采用更为激进的战略布局。

在对外部环境进行分析过程中，需要注意的另一个要点就是行业的生命周期。行业生命周期理论指出，每个行业都要经历一定的发展周期，包括新兴期、成长期、成熟期、衰退期四个阶段。例如，处于衰退期的钢铁、印刷产业；处于成熟期的汽车、家电产业；处于成长期的医药、软件、手机产业；处于新兴期的人工智能、生物科技、大数据产业。技术创业者在发现创业机会的同时，需要对行业进行精准定位，尽可能地选择处于新兴期及发展期的行业进行创业，因为这些行业的产业结构及企业竞争状况仍处于较为混乱的状态，为技术创业的进行提供了土壤。

3. 内部环境：核心竞争力与资源基础

在外部环境分析的同时，我们同样要对公司内部环境进行分析，寻找公司的核心竞争力与资源基础。

首先，就企业核心竞争力而言，公司独有的能力及资源造就了企业的核心竞争力，它是企业最核心的价值创造能力。核心竞争力为企业进行持续市场开发提供了动力，是保证企业不断进行产品创新，实现商业模式良好运行的关键要素。如果说将企业比作一棵不断成长的大树，核心竞争力就是大树的树根，是大树得以不断向上生长的关键。一旦企业失去了核心竞争力，就好像没有了树根的树，快速衰败死亡是难以避免的结局。

从核心竞争力的概念可以看出，企业要使自己具备竞争力，必须具备两个条件：(1) 企业专属或者独有的资源，以及利用这些资源的能力。这种专属的资源大多表现在技术创新资源上，如企业专利、技术创新产品等。例如华为在5G领域的多个技术专利及技术创新能力是该企业的核心竞争力之一，也保证华为在5G领域具有强大的竞争力。拥有这种特有资源是企业培养核心竞争力的基础，而能否开发和利用这些资源，实现资源的有效利用与配置，则是企业发展的关键。就如华为而言，他们不仅拥有5G技术与专利，并且能够对这些技术进行开发利用，持续创新改善技术，保持和维护这一核心竞争力。(2) 通用性的资源及管理能力。核心竞争力的培育不仅需要专属资源，也需要通用资源及管理能力的支撑，二者相辅相成，共同促进企业核心竞争力的培养。

其次，就企业资源基础而言，它是企业用来开发、制造及向顾客提供产品的各种资源，包括金融资源、有形资产、无形资产、人力资本等多种资源。如图7-2所示，如果企业是一棵大树，资源基础就是大树生长的土壤，它为企业生存发展提供各种"养料"，是企业扩张的关键要素。就新创企业而言，资源基础薄弱是难以避免的，也是制约着大部分新创企业发展的瓶颈。创业者在进行技术创业的过程中，不能只注重技术及产品的创新，更需要去获取不同的资源，由创业者与政府、高校、企业、投资机构形成紧密的合作网络，获取金融、信息、基础设施、人力等多种资源，才能保障技术创业的顺利发展。

图7-2　企业核心竞争力与资源基础

4. SWOT分析

在对企业内外部环境分析的过程中，就不得不介绍一种通用的分析方法：SWOT分析。这是一种战略分析工具，包括四个方面的分析：企业优势S（strength）；企业劣势W（weakness）；企业机会O（opportunity）；竞争环境中的威胁T（threat）。这一分析工具通过研究企业在竞争过程中优势、劣势、机会与威胁，进而找到最适合企业发展壮大的战略。SWOT分析方法如表7-1所示。从表7-1可以看出，SWOT四种因素的两两组合，形成了四种不同的战略：SO战略（增长型战略）、WO战略（扭转型战略）、ST战略（多种经营战略）、WT战略（防御型战略）。四种战略基于企业所处不同的情境而提出，当我们选择采用哪种战略时，需要考虑哪种因素对企业的影响最大。

表7-1　SWOT战略

	优势S	劣势W
机会O	SO战略(增长型战略)	WO战略(扭转型战略)
威胁T	ST战略(多种经营战略)	WT战略(防御型战略)

下面以一个案例介绍SWOT方法的应用。晨光文具是大家经常使用的文具品牌，晨光公司是一家整合创意价值与服务优势的综合文具供应商，产品涵盖书写工具、学生文具、办公文具及其他相关产品。晨光于2015年A股上市，成为中国目前唯一一家文具行业的上市公司。销售收入从2014年的37亿元到2018年的85亿元，连续六年保持24%左右的增速，可以说是我国文具行业的龙头企业。然而在新零售的情境下，晨光公司仍面临着许多机遇与挑战，基于此，我们对晨光公司做出以下SWOT分析，见表7-2。

表7-2　晨光公司SWOT分析（郑媛媛，2020）

	优势： (1)品类丰富,产品多样 (2)庞大完善的营销网络 (3)品牌知名度高	劣势： (1)售后服务不同步。质量控制不严格 (2)存货积压 (3)缺乏核心技术,研发投入少 (4)产品附加值和利润率低 (5)产品出口率低,以国内市场为主

续表

机会： (1)我国文具市场集中度和人均文具消费水平低 (2)国家对文具行业的政策支持 (3)经济全球化 (4)学生人数不断增长，国家对教育行业持续关注	发挥优势，利用机会(SO)： (1)积极拓展海外市场，尤其定位广大发展中国家 (2)兼并小规模企业，实现对优质资源的整合和并购 (3)扩充加盟队伍，由加盟商承担门店租金费用，减少成本	利用机会，克服弱点(WO) (1)加大科研投入，积极引进高水平人才 (2)积极与国内外科研机构开展合作，提升自身研发水平 (3)合理高效利用政策补助 (4)提升线上销售规模，合理减少库存和费用
威胁： (1)消费升级 (2)进口产品积压，抢占市场份额 (3)无纸化趋势	利用优势，回避威胁(ST)： (1)聘请受学生喜爱的明星代言人，提升品牌知名度和销量 (2)结合市场趋势和热点，设计新颖潮流的新产品 (3)加大与其他文化品牌的合作，推行限定联名产品 (4)完善精品文创产品布局，扩充高价值产品线 (5)按照地理位置和消费者特征细分市场	减少弱势，规避威胁(WT)： (1)研发新产品，提升产品的附加值 (2)建立健全优质的质量控制系统，完善售后服务 (3)合理制订生产计划，避免存货过度积压造成浪费

7.1.3 企业战略管理

1. 企业战略管理的内涵

重要概念

企业战略管理

企业战略管理指对一个企业或者组织具有长远性和全局性影响的决策艺术和管理艺术。企业或者组织的未来发展方向、目标和政策都在其影响下发生改变，是企业或者组织获得竞争优势的有效手段。

不同的企业拥有不同的企业战略，而对企业战略的核心而言，理念是十分重要的，如果对于理念没有深刻的把握和理解，那么企业的战略制定大多是盲目的，而战略管理可以帮助企业避免这一错误，它是企业未来生存与发展的指向标，为企业指出未来发展的明确道路，帮助企业有效地应对发展中遇到的问题，同时也使企业能够赚取更多的经济利益，树立良好的整体形象。

2. 企业战略管理的发展历程

早在20世纪50年代，企业战略管理的概念就已经出现，安索夫撰写的《战略管理》一书的出版标志着企业战略管理理论研究的起点。

1980年，美国学者迈克尔·波特提出竞争战略理论，这一理论一经提出迅速受到了多方认可，成为战略管理理论的主流思想。该理论的核心观点认为获取竞争优势是企业战略发展的关键。因此，企业的竞争战略要选择高发展潜力、高潜在利润的产业进行投资发展。产业不同、市场环境不同以及公众对该产业的认可程度差异会使企业的持续盈利机会产生差异，选择朝阳产业，更有利于迎合大众的需求，从而提高企业的吸引力和竞争力，为企业带来相对竞争优势。此外，企业需要根据自身的资源基础，分析公司的优势和劣势，对同行业的企业进行比较分析，找出适合自己的核心竞争优势。

从20世纪至今，战略管理理论的发展已经经历大半个世纪的发展，许多流派和学者不断涌现，丰富了相关研究。究其原因，时代发展和经济目标不同是企业战略演变的一个重要原因。20世纪以前的企业以手工业、机械厂、国有企业和私营企业为主，这些企业拥有的自主权不高，大多是多方利益的集合，因此企业战略制定也比较复杂。而在现代的环境下，企业的经营自主权大多掌握在自己手中，并且面临的商业环境的复杂性与多变性也越来越高，因此，企业战略管理的重要性也日益凸显。战略管理作为一种企业管理的工具和手段，在使用过程中也需要注意一些原则，比如统一领导原则、适合合理性原则、全部原则等。虽然学者们对于企业战略管理的一些概念界定不同，但这不影响企业战略管理在战略学领域的地位。企业只有重视组织的战略管理才能获得更大的突破和长远的发展。

3. 新时代背景下企业战略管理的特性

随着时代的快速发展，整个人类社会从工业化社会逐渐发展至信息化社会，而随着数字化技术的快速发展，人类社会可能会进一步向着智能化、数字化社会发展。在社会演进的过程中，社会中的各种企业也在快速发展着，面临着愈发多变的商业环境，企业需要把握住一些特性才能有效地进行战略管理。

（1）创新性。创新显然已经成为时代的主流，甚至可以说是当代社会永恒的主旋律之一。创新推动了科技技术的快速发展，推动了产品的快速更新迭代，也使得那些拥有创新能力的企业走向成功。如今，企业可以创新的地方很多，比如企业结构、产品、商业模式、文化氛围等多个方面，因此在对企业战略进行管理的时候，一定要考虑创新的元素，将创新融入其中，建立创新性的企业战略。

（2）持续竞争性。持续竞争是指在现代市场环境下，不存在一种能够让企业保持持续竞争优势的力量，企业必须不断创新，保持持续竞争力。战略管理中，每个市场都不是一家独大的，都会有相应的竞争对手，而竞争胜利的前提条件就是信息、价格、服务、创新能力等。因此，企业必须在某一方面建立优势，才能掌握竞争主动权，使得企业立于不败之地。

（3）整体性。战略管理的作用在于对于企业未来发展趋势的判断，并做出指导，为企业发展铺好道路，这是企业管理中非常重要的一个环节。企业实施战略管理不仅能够对未来的发展制订计划，也能为企业创造更多的社会财富，这对于不同行业的企业来说都是十分可贵的。在对企业战略进行管理的时候需要把握企业的整体性，将企业所有部门整合到一起，从宏观的、全局的角度进行把握。

（4）风险性。所有企业在日常经营中都面临着各种各样的风险，有来自企业内部的风险如组织变革、人员变动等，也有来自外部环境的风险如法律法规变化、市场变革和国家政策调整等，做好风险防范准备能够使企业避免风险或者降低风险损失。而战略管理工作具有防范风险、降低风险的作用，也是当前企业最常采取的风险管理手段之一。但是，企业不能过度依赖战略管理来应对企业风险，因为市场环境在快速变化与动荡，一成不变的战略和策略管理是无法适应不断变化的市场的，企业需要建立动态调整机制。

7.2 竞争战略

7.2.1 竞争战略理论

迈克尔·波特教授于20世纪80年代提出企业竞争战略理论，这一理论迅速得到学者及企业界的认可，成为战略管理理论的主流思想。波特认为企业战略的核心就是获取竞争优势，而获取这一优势主要有两大影响因素：一是企业所处的行业，该行业的盈利能力或者说发展潜力影响了企业竞争优势获取；二是企业在同行业中的竞争地位。因此，对于企业，尤其是新创企业而言，在选择其竞争战略时尤其要考虑两点：一是选择发展潜力高、可盈利水平高以及技术前景较好的产业进行创业和战略布局；二是确定企业在产业中的竞争优势，尽可能地提高企业在行业中的地位，这种地位是企业在同行业中竞争的基础，对于企业获取信息、资源、知识具有重要影响。

总而言之，波特的竞争战略理论具有三个基本思想：①产业结构/前景是决定企业能否盈利的最根本因素；②企业可以通过选择和执行一种基本战略来影响产业中的五种作用力量（即产业结构），以改善和加强企业的相对竞争地位，获取市场竞争优势（低成本或差异化）；③价值链活动是竞争优势的来源，企业可以通过价值链活动和价值链关系调整来实施其基本战略。波特提出的这一行业竞争结构分析理论经过了多年的实践与理论检验，受到了企业战略管理学界的普遍认同，并且成为进行外部环境分析和激发战略选择最为重要和广泛使用的模型。

在行业竞争结构中，波特基于产业结构中的五种作用力，提出了著名的“波特五力模型”（如图7-3所示）。他认为在很多行业中都存在着五种力量左右着竞争规则，这五种力量共同作用于行业之中，决定了某个行业的吸引力与盈利能力。创业者可以运用五力竞争模型对产业进行分析，从而制订合理的竞争战略。

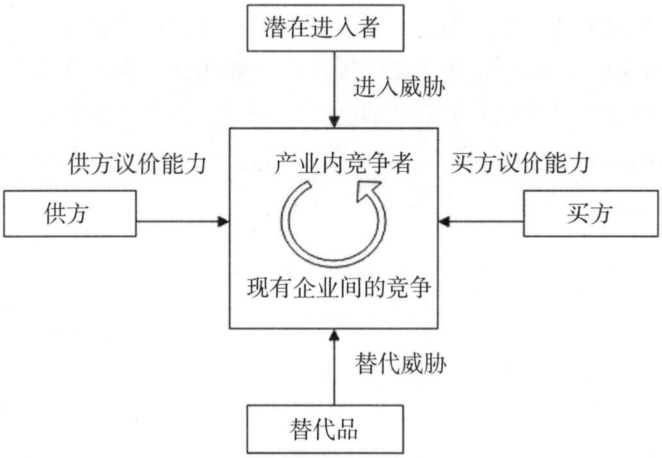

图7-3　波特五力模型

在“波特五力模型”中有五种力量。

（1）供应商的议价能力：供应商拥有多大的议价能力？

（2）买方的议价能力：购买方（消费者）拥有多大的谈判能力？

（3）潜在进入者威胁：潜在的竞争者是谁？有多少？进入该行业的可能性有多大？

（4）替代品威胁：其他行业的产品在多大程度上能够替代本行业产品？

（5）产业内竞争者：同行业企业的竞争激烈程度如何？

基于波特五力模型，技术创业企业或者创业者可以对自己想要创业的行业进行竞争分析，了解行业的竞争现状，从而分析出企业有多大的可能性在这一行业进行创业。行业壁垒的跨越难度多大？是否有强大的在位企业？在这一行业生存发展的前景如何？这些问题都可以通过波特五力模型得到答案。

7.2.2　竞争优势获取

竞争战略的核心就是帮助企业获取竞争优势，竞争优势是指使得一个企业区别于其他企业的特征，即企业特有的优势与特征。这种竞争优势可以来源于企业核心竞争力、产品质量、服务水平等多个方面。例如，美国西南航空公司因为擅长向乘客提供他们所需的服务——廉价、便利的航空服务而获得了竞争优势，这和国内四川航空打造最“美味”航空之旅的想法类似，通过服务获取竞争优势。又比如沃尔玛公司拥有的先进信息系统使企业能够比同行业竞争者更高效地监控和控制库存，维系供应商关系，从而获得竞争优势。

公司会努力维持其竞争优势，因为竞争优势可以帮助企业在行业中占据更有力的竞争地位，有利于企业绩效的提升。一般而言，企业在创新、效率、产品质量、客户关系以及供应链方面的能力不同，导致了产品的差异化和生产成本不同。因此可以采用低成本、高质量、特色产品等方式获取竞争优势。图7-4展示了影响企业获得竞争优势的独特能力。

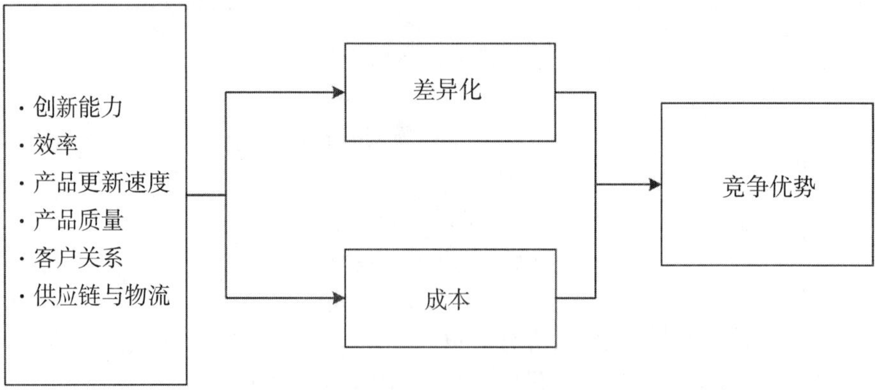

图7-4　影响竞争优势的独特能力

如何获取并保持竞争优势？每个企业都拥有一定的资源基础与能力，但为什么总有一些企业比其他企业更为成功？为什么有些球队或者明星总能吸引更多的观众与粉丝？为什么有些新创企业能迅速成为“独角兽企业”，而很多新创企业面临的却是失败？究其原因，关键就在于企业竞争优势的持续获取，并不是每一个企业或者组织都能很好地利用现有的资源基础，进行机会识别与开发，从而创造企业的核心竞争力。此外，如何维持这种竞争优势也是企业需要思考的问题。在如今动态的外部环境之中，市场与技术都处于不断迭代升级之中，企业竞争优势可能转瞬即逝，在新的技术出现之时，传统技术带来的竞争优势反而会变成劣势或者说负担，从传统的技术模式向新的技术进行跨越使得企业遭受强烈的阵痛，但这一改变也是必需的。在这种复杂多变的技术环境背景下，企业如何应对变化、更新技术创新能力、保持竞争优势是十分重要的。

7.2.3 竞争战略类型

在对企业内外部环境及资源基础进行分析考察之后，就应当选择一种合适的竞争战略以匹配企业发展，换言之，企业需要找到一个与之相匹配的（包括行业、产品、资源）的竞争战略。就像迈克尔·波特所言，企业无法向市场提供所有产品，因为资源基础的限制，企业都是选择在某一细分行业进行组织活动。因此，企业需要选择一种能够为组织提供某种竞争优势的战略，这种竞争优势可以来源于比其他竞争者更低的成本、多元化的服务、定制化的产品、高质量的产品，等等。因此也区分出了三种最普遍的竞争战略：成本领先战略、差异化战略、聚焦战略。

（1）成本领先战略。顾名思义就是企业相对于同行业竞争者，在生产运营过程中拥有本行业最低或者是较低的成本。依托于成本领先，企业可以将产品价格降低，可以进行量贩战略，从而获得竞争优势。成本领先战略是许多大型公司所推崇的战略，也是一种非常有效的战略。在产品同质化程度非常高的基础制造领域，如工业产品中的零配件生产、生活产品制造产业等，由于产品的差异化程度较低，拥有较低成本的企业能够在“价格战”中取得优势，进而为组织带来竞争优势。例如，全球最大的超市零售商沃尔玛，采用的就是成本领先战略，沃尔玛高层的办公室中看不到昂贵的装饰品，供应链中看不到冗余的环节，严格地控制非必要环节的费用与成本从而实施成本领先战略是沃尔玛成功的重要原因。

（2）差异化战略。这一战略是指企业为消费者提供广泛认同的独特产品来开展竞争。一般而言，在竞争程度较为激烈的行业中，很多企业会选择差异化战略来吸引消费者，他们提供与众不同的高品质产品、独树一帜的服务、创新的设计、先进的技术，从而获得消费者的青睐。在竞争环境日常激烈的今天，差异化战略被许多企业采用，如何在大量的同类产品中突出企业与众不同的特质是十分重要的，这一战略也帮助许多企业获得了成功。例如在手机行业中，多品牌间的激烈竞争是产业常态，而苹果公司就凭借其领先的技术、创新的手机外观设计脱颖而出，成为手机行业的领军品牌。同样，在国内的手机市场上，华为凭借着过硬的产品质量吸引了很多商务人士的关注，小米打出快速技术创新、问题快速响应的口号占据了一部分市场，vivo打造拍照手机第一品牌的策略也赢得了许多消费者的青睐。

（3）聚焦战略。这一战略不同于前两种战略瞄准广阔的市场，而强调在某一狭窄的细分领域实现某种成本优势或者差异化优势，致力于在某一细分领域做到龙头企业的战略选择。这一战略似乎在某种程度上有种一条路走到黑、不成功便成仁的意味，但对于资源基础薄弱、技术创新能力较差的新创企业而言，这一战略却是最优的选择。新创企业一定要对自己所在的行业，或者说自己的产品进行精准市场定位，这一定位可以根据产品种类、顾客类型、流通渠道或者地理位置来划分，在精准定位的基础上进行市场开拓与发展并最后取得成功。这是一条被许多创业企业验证过的有效路径，具有很好的借鉴意义。

除了这三种基本的竞争战略以外，还有许多基于不同考虑的竞争战略。比如，基于行业地位的竞争战略，即明确企业的行业地位后，围绕行业地位进行战略布局；基于资源的竞争战略，以发挥企业品牌、专利、资产等资源的作用为基础，持续开发新的资源与产品；随机应变的竞争战略，基于快速变化的市场环境及技术变革，寻找新兴的创业机会，从而进行战略布局。这些竞争战略不论其侧重于什么方向，都有两个关键点：一是帮助企业获取竞争优势，二是基于企业外部环境和内部资源禀赋。因此，没有什么最优的竞争战略，只有切合企业自身实际情况的战略才是最好的战略。

7.3 创新战略

在讨论完企业战略与竞争战略的基础上，针对技术创业活动的最重要环节——创新，我们特地对创新战略进行以下讨论。

7.3.1 创新战略的内涵

在当今的社会与市场背景下，快速变化、快速创新、快速迭代成为时代的主旋律，创新成为企业生产活动必不可缺的环节之一，缺乏创新能力的企业必然会遭到时代的抛弃。比如曾经风靡全球的诺基亚手机因为企业的故步自封，缺乏技术创新能力，被时代与市场快速淘汰，手机行业的龙头企业在短短几年之后就变更为苹果公司。又比如柯达公司，因为坚持使用传统的胶卷，忽视了新兴数字摄像技术而最终走向衰败。多个企业的案例都说明，在当今快速变化的时代背景下，只有拥有持续创新能力的企业才能生存与发展，这一点不论是传统行业还是新兴行业都得到了验证。

就技术创业这一活动而言，大多数技术创业发生在新兴行业或者高技术行业之中，这些行业相比传统产业具有更大的竞争强度，技术发展与更新速度非常快，企业需要不断进行技术创新以获取竞争优势。而创业企业相对于大型企业或者传统的在位企业而言，人才与资源的短板使得其在创新中处于一定劣势，因此，更需要选择合适的创新战略。

那么，到底何为创新战略？它是指企业以创新为导向进行战略布局。但创新战略是否就意味着仅仅聚焦于突破性或者颠覆性的技术创新或者产品创新呢？答案显然是否定的。创新战略可以是渐进的技术创新过程，可以是突破性的创新活动，可以是纯粹的技术转移与知识吸收，也可以是将现有的技术应用于新的情景。总之，一切以提升企业创新能力为目的、引导企业进行持续技术创新的策略都可被称为创新战略。这种战略反映了企业的创新哲学，包括两个维度：创新重点与创新时机。也就是说企业创新战略必须解决两个问题：①企业创新努力的重点在哪里？②在创新重点选择的基础上，决定企业的创新时机。

7.3.2　创新战略的基本类型

正如前文所述，企业创新是多种以创新为导向的战略集合，因此，创新战略也包含了多种战略类型。我们结合技术创业活动的特征，选择几种最具有代表性的创新战略进行论述。

领先者战略，指企业通过率先推出新产品或者进入新市场而获得收益的战略。这一战略的倡导者认为创业是一种“快者生，慢者死”的活动，发布新的产品或者第一个进入新的市场能够为企业带来竞争优势，使其获得长期的利润，这种做“第一个吃螃蟹的人”是领先者战略所推崇的理念。率先进入市场可以帮助创业公司快速地与供应商、客户甚至竞争者建立合作关系，获得品牌、声誉、关系网络等优势。比如，对新兴市场的早期进入者而言，他们有更多的时间去开发新产品；对服务等行业而言，率先进入者能够最早建立起企业品牌，获得“先入为主”的优势；对餐饮和服装行业而言，早早地选择有地理位置优势的店面，也是其竞争优势的来源。领先者的优势和劣势如表7-3所示。

表7-3　市场领先者的优劣势

优势	劣势
1. 成为行业领袖 2. 制定行业标准与规则 3. 拥有成本与知识优势 4. 建立品牌效应 5. 最先与顾客、供应商接触并建立良好关系	1. 不确定的技术与市场走向 2. 消费者认知 3. 技术与运营成本 4. 竞争者/跟随者模仿

作为先行者，选择领先战略的企业虽然会获得一定的先发优势，但也承担着很大的压力。先发企业需要承担开发和推广新产品的成本，要让消费者对新产品产生认同，让市场不断扩大，企业商业模式不断优化，这些成本对于很多新创企业而言是难以承受的。此外，由于新兴行业具有高度不确定性，企业很有可能在开发新产品、公司运营、选择战略时出现错误从而导致竞争优势的丧失。这种案例比比皆是，“第一个吃螃蟹的人”往往没有获得什么收益。例如，最近几年迅速兴起的共享单车行业，ofo“小黄车”公司作为先行者第一个进入共享单车市场，这种先行优势让ofo公司迅速成为共享单车行业的龙头企业，并形成了良好的品牌效应，让该公司在与其他后进入的企业竞争时占据有利的位置，一度打败了许多后进入企业。然而，由于这种共享单车的商业盈利模式模糊，企业资金链断裂以及相关的运营问题，ofo公司最终还是倒下了，后进入的Mobike单车成为占据最大市场份额的企业。类似的案例还有很多，这些案例启示我们，作为一个跟随者可以吸取领先者的经验，站在别人的肩膀上前行，也带来了另一种跟随者战略。

很好理解，跟随者战略是指在领先者进入市场之后，以跟随的方式进入市场。相比于领先者，跟随者是在市场较为成熟的时候进入，需要挑战领先者的在位优势与品牌效应，但也能利用领先者开拓的市场与产品合法性，并根据领先者的经验进行战略行为调整。跟随者相对于领先者而言，没有很大的风险，但也很难实现竞争跨越。在传统行业或者已经拥有龙头企业的行业，跟随者往往只能占据小部分的市场份额，很难做大做强；而在新兴市场，后发企业采用稳步跟进的战略往往能够取得良好的效果。

在领先与跟随两大战略均有优劣势的情况下，企业如何选择战略就涉及一个机会评估问题。机会评估也被称为机会窗口，见图7-5。在机会窗口进入会为企业带来竞争优势，先发企业的机会窗口期较大，后发企业的机会窗口期较小。如何对机会窗口进行判断成为创业者需要考量的一个关键因素。

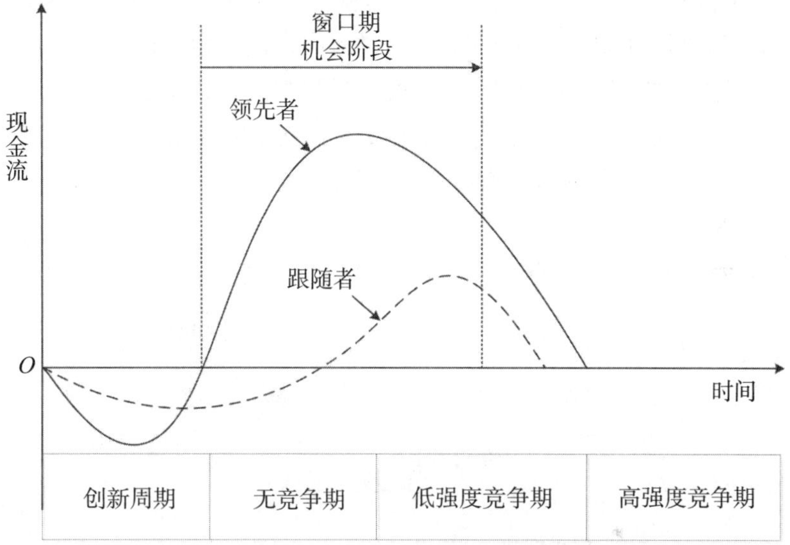

图7-5　先发优势与机会窗口

模仿战略，是指新创企业的业务模式建立在模仿竞争者提供的产品或服务的基础上，体现为不占资源优势的新创企业通过学习模仿来实施追随策略并达到快速发展的目的。曾经有人说过，模仿是走向优秀的第一步，很多优秀的创业公司创立之初也是模仿或者复制现有成功企业的模式。这种模仿可能来源于创业者曾经供职于所模仿的公司或者曾经接触过，创业者认为被模仿公司的运营模式是可借鉴的优势模式，并且自己也能够做得同样成功。然而，不幸的是，大多数对于企业或者产品的模仿都是以失败告终的。其实，模仿战略也并不是一帆风顺的，这一过程仍是充满了不确定性的，管中窥豹的方式让许多模仿战略的使用者只能看到表象，而不能掌握其核心。

因此，在使用模仿战略时，也需要注意以下几点。首先，模仿并不意味着照搬照抄，模仿的过程中一定需要结合企业自身资源禀赋、行业情景、市场需求进行改进创新。其次，在模仿的过程中，新创企业必须遵循一定规则，比如市场规则、法律规则，避免知识产权的侵害。最后，新创企业在采用模仿战略时，一定要注重自身吸收能力的培养，能够吸收异质性资源和知识，并通过模仿吸收培育企业自主创新能力。

模仿战略在中国体现得十分充分，如图7-6所示。我国作为一个发展中国家，从20世纪80年代开放至今，一直处于不断发展追赶的过程中。我国的大部分企业，如海尔、联想等都是以模仿战略起家的。由于我国许多技术起步较晚，所以不得不采用模仿战略，去日本、韩国等技术发达国家学习冰箱、电视、电脑等的制造技术。在这一学习的过程中，以海尔集团为典型代表的中国企业不断进行技术引进、吸收，在模仿过程中进行技术创新，最终完成了“模仿—追赶—超越”这一过程。对于技术新创企业而言，发展初期的资源局限迫使其不得不采用模仿战略，这一过程中对于细节的把控是这一战略成功的关键。

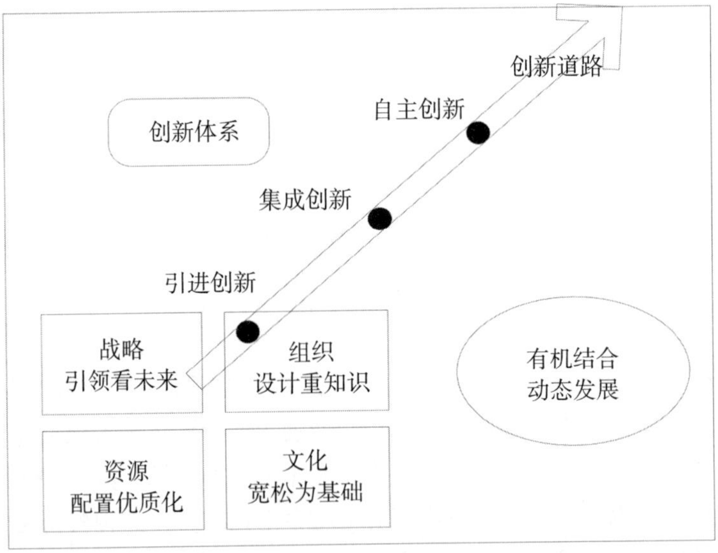

图7-6　中国企业实现自主创新之路（陈劲）

除了这三种典型的创新战略以外，学者们还根据创新活动的特征对创新战略进行了区分。由于创新活动本身的不可预测性，企业创新战略的好坏或者能否成功也是难以预测的。因此，企业创新本身也是一种前景未知的战略选择，创新战略的选择一定是风险与收益并存的。基于此，一些学者提出了从风险与收益两个维度对企业创新战略划分的四象限理论，如图7-7所示。

在图7-7中，可以看到企业战略根据风险与收益两个维度划分为四个象限：高收益高风险创新象限、高收益低风险创新象限、低收益高风险创新象限、低收益低风险创新象限。显然，每个企业都希望选择高收益低风险的创新战略，但是由于企业自身创新资源禀赋、信息渠道的制约，对于技术创新风险很难进行判断，所以这种战略象限是难以选择的。企业需要根据自身情况（资金、技术水平、人才）和产业环境（市场环境、行业发展周期）进行判断，选择契合自身的创新战略。

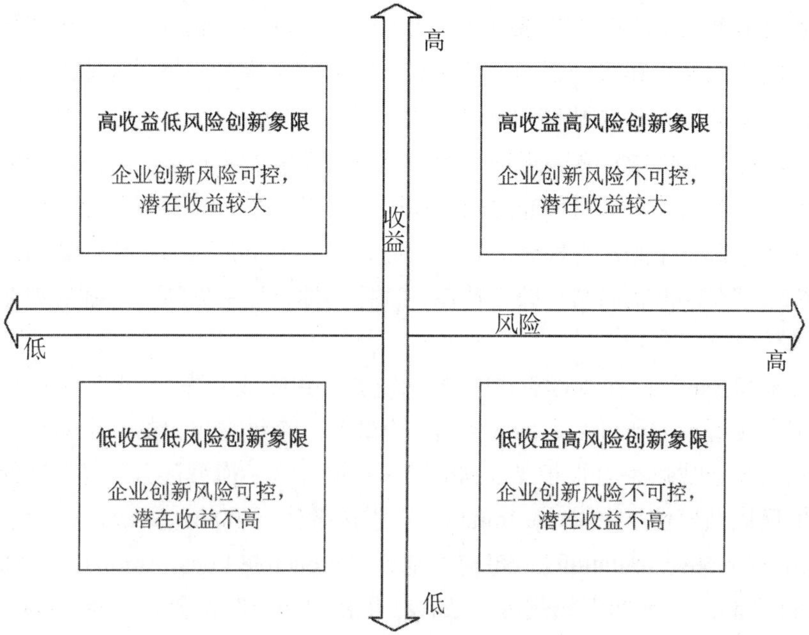

图7-7　企业创新战略四象限

创新战略的类型多种多样，但是我们可以从这些创新战略中发现，创新战略都具备一些通用的要素，包括：明确的消费者和较高的客户收益，明确的可维持的核心竞争力，短期内获得经济回报或者现金流的能力，可获得的特定资源等。将这些创新优势要素合理组合所得到的战略都可以被称为创新战略。

7.4　创业战略与技术创业企业战略管理

7.4.1　创业战略

重要概念

创业战略

创业战略指新创企业在激烈的竞争环境中，根据市场的变化因素、自身的客观条件和潜能，在总结经验、调查现状和预测未来的基础上，为谋求生存和发展，寻找和制订对未来一定时期内全局性的经营活动的理念、目的以及资源和力量的总体部署与规划。

针对创业企业到底适用于什么战略这一问题，学术界开展了大量研究，相关学者提出了大量的创业战略模型。比如说McDougall和Robinson按照战略强度（适度或积极）和市场范围（狭窄或广阔）两个维度识别了8种创业战略类型。Guth和Ginsberg从战略管理视角提出了一个公司创业的整合模型。该模型认为环境、战略领导者、组织行为与形态以及组织绩效是影响公司创业的关键要素，其中绩效与公司创业之间存在因果关系，公司只有不断地进行内部创新和战略更新，才能达到理想的效果。此外，多个学者都提出他们认为的创业战略模型，在这里我们结合课程特色，选择一种以技术创新为基础的创业战略模型进行分析。

Park和Bae教授在2004年根据技术能力（跟随或领先）、产品–市场成熟度（现有或新兴）和目标市场（本地或全球）三个维度提出的一个基于技术创新视角的创业战略整合性框架，如图7-8所示。这一模型区分出了7种创业战略，即反应性模仿（Reactive Imitator）、引进替代（Import Substitution）、创造性模仿（Creative Imitation）、超前本地化（Proactive Localization）、全球利基（Global Niche）、早期市场进入（Early Market Entry）和全球创新（Global Innovator）。

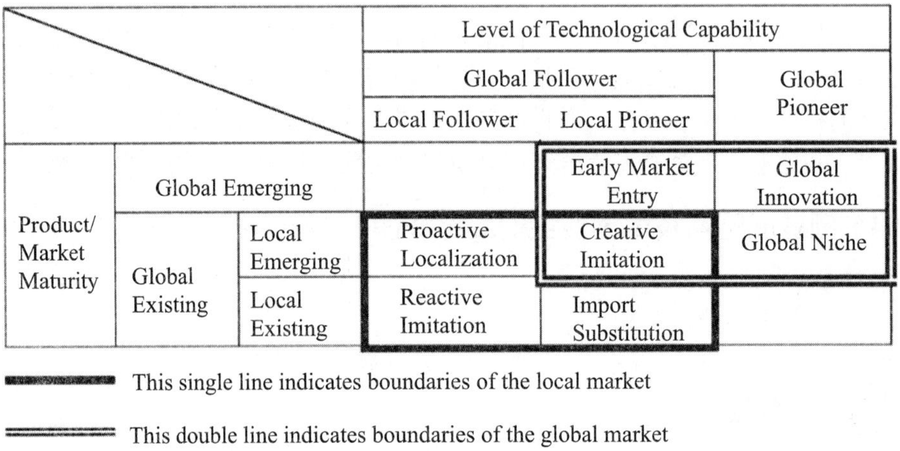

图7-8 基于技术创新的创业战略模型

（1）反应性模仿者：反应性模仿者是传统中小型企业的代表，他们在市场发展的成熟或衰退阶段关注已经存在的市场，非常不愿意将资源投入研发活动。他们通常模仿竞争对手的产品和服务，这样他们就不具备对创新至关重要的技术能力。

（2）引进替代：尽管有相当大的市场和众所周知的客户需求，但由于技术能力低下，当地公司很难占领当地产品市场。在这些市场上，跨国公司和全球创新者正在向当地客户提供技术上优越的产品，并主导当地市场。当地的大公司和中小企业既不能生产技术复杂的产品，也没有足够的技术知识来开发具有类似技术功能和质量的产品。由于这些高科技产品价格高昂，一些本地客户要求低价替代品，或基于成本优势，这些公司需要低价产品或部件，以实现全球竞争和盈利。在当地企业要求当地供应商提供价格低廉、功能相当的产品时，存在引进替代的机会。例如，引进替代是韩国高科技产业工业化和发展过程中的关键阶段之一。政府资助的研究机构投入资源，获得对国家技术和经济发展有重大影响的关键技术。当技术型企业追求引进替代时，竞争优势取决于制造与竞争对手相似或略低于竞争对手的产品的技术能力，以及吸引和维持从降低成本中获益的可靠客户的能力。

（3）创造性模仿：与其他专注于本地或全球市场的新企业相比，一种独特的战略类型是针对不同地理位置的全球市场和本地市场进行创造性模仿的新企业。这种企业在当地市场的新兴产业中拥有技术能力。此外，他们也是现有全球市场的追随者，尽管其他本土新企业很难进入全球市场。创造性模仿者不同于引进替代者，因为他们处于新兴产业，竞争的边界是全球市场。他们的技术能力与现有本地市场中的引进替代者技术能力相似，由于他们追求的是全球现有但在本地新兴的市场，他们面临着更大的市场不确定性。创造性模仿者的竞争优势一般依赖于本土市场的先发优势和技术能力，以及全球市场的跟随者优势。根据新创企业的目标市场，可以将创意模仿分为两个阶段。创意模仿Ⅰ（本土新兴市场的本土先锋）只专注于本土市场，而创意模仿Ⅱ（全球现有市场的全球追随者）则成为全球市场的全球参与者。

（4）超前本地化：技术和市场的不确定性是普遍存在的，对所有企业来说，开发新产品和进入新市场都有不可避免的风险。如果一家公司能够降低这两种风险中的至少一种，那么商业机会就会比其他风险更有吸引力。当新的企业使用其他公司已经证明和广泛使用的技术时，可以减少研发技术的不确定性。他们利用其他公司的新技术和新产品开发新的本地市场。例如，他们是外国公司进入这些地方市场的本地合作伙伴。这些当地的新企业利用全球新兴产品开发当地新市场，并根据当地客户的需求调整技术和产品。这些主动进行本地化的新企业的业绩和发展取决于当地新产品市场的潜在规模和发展，与外国合作伙伴在新产品和核心技术方面的战略联盟，以及其他公司的进入和市场竞争。

（5）全球利基：随着标准化产品的大量生产和竞争的加剧，典型的行业竞争模式转变为基于价格的竞争（Utterback，1994）。只有少数公司以低的生产成本主导市场，并维持高的进入壁垒。但这些大规模生产的公司不能为所有客户提供相同的标准化产品和服务。如果新创企业专注于某些独特的行业，他们可以利用技术差异化获益。新创企业可以很好地专注于小型和细分的利基市场，并获得专业产品和服务的价格溢价。具有独特技术能力的新企业能够获得商机，是因为其他全球领导者既没有进入这些增长速度慢、规模小的市场的动力，也没有技术能力供应满足客户特定要求的专业产品。

（6）早期市场进入：技术创新浪潮加速了技术变革，缩短了产品生命周期。在新兴产业中，经常有许多相互竞争的技术和由全球创新者开发的不同设计的产品。除了少数成功的全球创新者外，一些在全球市场上的快速追随者也能够快速成长，因为他们能够理解技术和市场变化，并迅速实施商业战略。他们的技术战略结合现有的知识库和新的知识库，及时使产品商业化，而不考虑公司和地理市场的边界。只有具有强大技术能力的新企业才能跟上全球市场迅速的技术变化。这种类型的竞争优势来自基于全球市场的时机选择。随着市场的发展，新兴市场的机会将会减少。

（7）全球创新：通过新技术的发明和商业化以及将现有技术应用于新产品，创造了新的产业。新创企业在创造新市场和创新源泉方面发挥了核心作用。技术开发的早期阶段通常涉及不同技术和不同设计配置之间的竞争。在一个新的产业中，能够竞争的基本条件是拥有生产产品或服务所必需的技术和知识。技术密集型产业，特别是信息技术行业的显著特点是技术标准对于与其他产品、企业和技术团体的竞争具有重要意义。全球创新者可以通过积极参与国际技术研讨，将其技术规范设定为平台、主导设计和行业标准。先驱者的成功取决于：①先行者优势的可持续性；②竞争性技术的出现；③互补性资产；④竞争对手的进入时机。

7.4.2　新创企业战略管理问题及对策

1. 新创企业战略管理存在的问题

新创企业战略管理主要存在两大问题：一是由于企业刚刚创立，企业家或高层管理者忽视制订企业的发展战略的重要性，没有目的地盲目发展；二是没有考虑企业自身的基础和未来发展目标，制订一些不符合企业自身实际的战略，最终导致新创企业经营困难或倒闭。造成这些问题的原因归纳起来有以下三个方面。

（1）缺乏相应的战略管理理念。许多新创企业在其成立之初认为他们的主要活动是进行产品开发和盈利，战略制订相关的管理问题是大型成熟企业才需要考虑的事情，所以认为自己不需要进行战略管理。此外，新创企业由于成立之初的各种问题，比如资金缺乏、人才缺乏、产品开发难等，也无暇顾及战略管理这一活动，更没有资金去聘请专业的战略管理人才进行战略咨询，但这些因素都给企业的未来发展埋下了隐患。

（2）战略管理模式与企业实际不相适应。目前，许多新创企业、中小企业的战略管理模式都处于模仿阶段，模仿一些大型国企和国外企业的经验，进行一些简单的战略管理规划，这也导致了新创企业的战略管理模式大多流于形式，不能发挥实际作用。此外，新创企业在模仿成熟的战略管理模式时，并没有考虑自身的实际情况，生搬硬套导致即使是成功的战略管理模式也无法发挥作用。

（3）战略管理执行力缺失。战略管理的实施是一个非常复杂的过程，需要多种要素之间的配合，而新创企业往往缺少这种战略执行力，导致即使制订了良好的战略管理规划，也不能实施。因此，许多相关研究人员指出在战略制订过程中建立一些反馈和评价体系是十分重要的。

2. 新创企业战略管理的对策建议

那么，新创企业该如何合理地解决战略管理中存在的这些问题呢？下面我们给出一些通用的建议对策，供大家参考学习。

（1）树立战略管理意识。首先，新创企业要有明确的企业发展目标，制订长期的发展计划。其次要加强对战略管理重要性的认知。成功企业的发展历程总有相似之处，总结起来都是在创业初期有自己的初步规划；进入成长期后注重人力资源等无形资源的开发、创造；进入成熟期后开始进行组织结构的完善，以达到建立高效的管理组织的目标。

（2）选择适合自身发展的战略管理模式。在借鉴成功企业战略管理模式的基础上，结合自身的资源和能力，分析外部环境中的机遇和挑战，选择适合自身可持续发展的方式方法。

（3）注重战略管理的执行。企业首先应该选择适合自己的战略，之后必须采取相应的措施保障战略得到有效的落实。但是由于缺乏执行能力，战略实施成了新创企业最难控制的环节。

课后练习

【拓展阅读】

伊士曼·柯达公司（Eastman Kodak Company），简称柯达公司，曾是世界上最大的影像产品及相关服务的生产和供应商，总部位于美国纽约州罗切斯特市。1880年，乔治·伊士曼发明了干版配方，并由此建立了伊士曼·柯达公司。1889年，由伊士曼·柯达公司自主研发的第一卷商业透明卷装胶片投入市场之后，该公司又推出折叠便携式柯达相机，该相机如今被视为现代卷装胶片相机的鼻祖。1932年，推出第一盘8毫米业余电影胶片、摄像机和投影仪；1937年，推出第一台幻灯片投影仪；1961年，推出第一部极为成功的KODAK CAROUSEI投影仪。柯达公司从未停止创新的步伐，一心做大做强……

但是日新月异的科技变化给柯达公司提出了全新的挑战，由于数码时代的到来以及来自日本、中国数码制造企业的威胁，柯达公司原有的胶片业务开始大幅萎缩。2003年，柯达公司宣布实施战略转型，加大对数码产品的研发投入，但是仍然没有扭转其经营颓势。2011年，柯达公司股价跌幅超80%，公司市值十余年蒸发99%。2012年1月3日，因平均收盘价连续30个交易日位于1美元以下，柯达公司收到纽交所的退市警告。1月19日早间柯达公司提交了破产保护申请，此前该公司筹集新资金进行业务转型的努力宣告失败。

（百度百科：柯达公司）

【课外练习题】

柯达“英雄末路”的背后原因到底是什么呢？

柯达公司的战略失误使得企业陷入多元化、同质化的战略陷阱，产品组合策略选择失误使得战略转型缓慢。

企业战略转型主要有两个原因：一是被动的战略转型，即企业所处环境发生变化，包括来自供应商、顾客或者竞争对手的变化，需要适时调整战略以更好地应对市场的需求；二是主动的战略转型，即企业为了提升综合实力，促进战略目标更好更快地实现，而采取的一种积极的战略调整。柯达公司的战略转型事实上就是一种被动的战略转型，是对于日本数码相机进军美国市场争夺市场份额的强势挑战而不得不做出的战略调整。

2002年年底，柯达公司的产品数字化率仅约为25%，而竞争对手富士公司已达到60%。这期间，柯达公司的决策者做出了错误的判断，他们将公司发展重心依旧放在传统胶卷上。“作为一个在传统胶片业占绝对市场份额的企业，柯达公司的决策者们并不希望看到数字业务太过迅猛的局面。”一位柯达公司员工回忆。

博盖咨询合伙人高剑锋认为，“面对着胶卷这个即将被数码技术完全替代的产业，柯达公司不转型必然会被淘汰；转型动作过大，又会使公司失去赖以生存的现金流。柯达公司一直在这两个方向上摇摆不定，从而错过了最好的转型时机。”

直到2005年，在全球传统胶卷市场迅速萎缩的时候，新任CEO彭安东上任，这被外界解读为柯达公司加速转型的一个重要信号，即柯达公司决心把自己带入数码时代。但这个决定已足足迟滞于市场发展5年时间，一切似乎为时已晚。虽有起色，但2008年金融危机再次结束了柯达公司短暂的复苏势头。

显然，并非柯达公司不注意科技创新，也不是柯达公司不懂得世界发展的潮流，而是在自己创造了一种全新的生活方式的同时，却没有勇气再面对另外一种更新的生活方式带来的产业革命，于是选择继续“沉湎于过去的辉煌”，失去了最佳的转型时机，陷入了多元化、同质化的战略陷阱。

企业施行多元化战略主要是为了降低风险，获取整体规模优势和提高综合竞争力。为此，除了进一步研发完善已有产品，提高已有顾客的忠诚度外，还有一种方式就是进军其他行业，吸引更多的潜在顾客，以获取更大的市场份额。

拥有百年基业的柯达公司在企业发展成熟之后开始实施非相关多元化经营的发展战略，先后成立了伊士曼化学公司和伊士曼药品事业部，之后又与法国药业公司Sanoli签订协议，拟在两个公司之间建立多个合资企业。转型中的柯达公司将资源投入数码相机、数字医疗成像技术等领域，还要进入喷墨打印和液晶显示领域……由于进入的行业过多，柯达公司很难准确划定竞争的边界，它所认定的竞争对手未必是真的竞争对手，比如富士公司；而它所忽略的竞争对手在后来却成了柯达公司的劲敌，比如佳能公司、惠普公司。2003年，柯达公司提出全面向数码战略转型，医疗成像是其重要发展方向之一。但这些多元化的战略似乎并不能挽救英雄迟暮的柯达公司，反而成为加速企业走向灭亡的催化剂。

学习目标：

（1）熟读柯达公司的案例，了解柯达公司发展历程。

（2）识别柯达公司所做过的公司转型战略。

（3）从柯达公司转型的案例理解企业战略制定的影响因素。

（4）分析柯达公司战略转型失败的原因。

练习要求：

（1）本作业布置后2周内上交案例分析报告。在充分了解柯达公司战略转型失败的案例后，对这一案例进行分析，总结柯达公司的战略转型路径与失败的原因，指出其中的主要原因与次要原因，并对此做出反思。

（2）在课堂上讨论：在课堂开始1天前提交PPT。学生对柯达公司的案例与海尔公司的案例进行对比研究，并讨论如下几个问题：①为什么海尔公司的战略转型取得了成功，而柯达公司的战略转型却以失败告终？②企业在制订战略的过程中需要考虑什么问题？③海尔与柯达的案例对我们的企业战略制订有什么启示？

【本章思考题】

1. 什么是战略？
2. 企业战略的内涵与分类是怎样的？
3. 企业战略的制订步骤是怎样的？
4. 企业战略制订过程中需要考虑哪些因素？
5. 什么是SWOT分析？如何使用？
6. 竞争战略与创新战略的关系是怎样的？
7. 技术创业企业战略制订的情景与基础是什么？

第8章 技术创业企业的商业模式设计

【核心问题】

（1）什么是商业模式？

（2）商业模式是如何分类的？

（3）商业模式设计的维度包括哪些？

（4）商业模式是怎样设计的？

【学习目标】

（1）了解商业模式的基本概念，包括内涵和商业模式的要素；

（2）了解商业模式的分类维度，依据分类维度商业模式分为哪几类；

（3）理解商业模式的三个设计维度，掌握商业模式的设计方法；

（4）了解商业模式设计的后续工作。

【引例】

苹果公司在2001年推出了一款产品iPod。这是一款便携式媒体播放器，用户可以将CD中的音乐和互联网上下载的音乐拷贝到iPod中。2003年，苹果推出了iTunes音乐商店，并与iPod紧密集成到一起。该音乐商店允许用户以一种非常方便的方式购买和下载数字音乐。iTunes本质上把音乐版权商和听众直接连接在一起。这个战略使苹果公司成为全球最大的在线音乐零售商。2008年，苹果为十分流行的iPhone手机推出了自有应用商店（App Store），巩固了自己的平台战略。应用商店允许用户直接在商店中浏览、购买和下载应用程序，然后把它们安装到自己的iPhone上。所有应用程序开发商的应用程序都必须通过应用商店来销售，苹果公司在每单应用程序的销售上提取30%的佣金。

苹果从iPod到iTunes再到iPhone的产品线演进体现了苹果公司向强大平台商业模式的转型。iPod设备与iTunes的结合，很快颠覆了音乐产业，给苹果公司带来了市场的主导地位。但苹果并不是第一家推出便携式媒体播放器的公司，是什么推动了苹果公司的成功呢？是其优秀的商业模式。一方面，苹果通过其特殊设计的iPod设备、iTunes软件和在线商店的结合，为用户提供了无缝的音乐体验，提出了苹果的价值主张：让用户轻松地搜索、购买和享受数字音乐。另一方面，为实现了这种价值主张，苹果公司不得不与所有大型唱片公司谈判，以建立世界上最大的在线音乐库。苹果通过销售iPod赚取了大量与音乐相关的收入，同时利用iPod设备与在线商店的整合，有效地把竞争对手挡在了门外。

苹果在iPhone上推出自有应用商店则是对其商业模式的强化巩固。苹果公司不仅把眼光放在音乐市场上，它还将iPhone变为一个强大的多边平台，通过App Store，苹果公司可以控制在这个平台上的第三方应用程序。iPhone与App Store的联结，既能满足客户对应用程序高安全性的需求，所提供的程序均是来源可知的，还能通过收取应用程序开发商的佣金获得稳定的收入。

（亚历山大·奥斯特瓦德、伊夫·皮尼厄，《商业模式新生代》，机械工业出版社，2011）

8.1 商业模式相关概念

随着经济信息化和全球化浪潮来袭，技术创业企业面临着更为严峻的竞争和挑战。在这种形势下，帮助技术创业企业获得竞争优势、实现可持续发展的重要途径就是构建优化的商业模式。商业模式这一概念早在1957年就提出了，它的逐渐兴起对学者们的研究工作产生了重大的影响，商业模式的创新和设计成为一个全新的研究领域，引起了学术界的广泛关注。在进行商业模式相关内容的讨论前，先要从“商业模式的本质是什么”开始研究，只有在商业模式概念方面达成共识后，才能深入研究其他问题。

8.1.1　商业模式的内涵

重要概念

商业模式

商业模式是以价值为核心，帮助企业完成价值创造、价值传递、价值实现的方式。

20世纪90年代以后，学者们对于商业模式的研究不断涌现和深入，商业模式的定义随着这些研究发生了变化，其内涵逐渐由最初的单纯获取利润的逻辑向企业利润运营结构和企业战略发展方向转变。研究商业模式的视角并不统一，结合当前存在的文献，主要分为4种视角：经济视角、运营视角、战略视角、整合视角。经济视角仅将商业模式定义为企业的经营模式，认为商业模式是企业获取利润的方式；运营视角是从企业运营的视角来考虑商业模式，认为商业模式是有效利用企业内外部资源进而增加企业绩效的方式，重点阐述企业可以通过内部流程和基本构造设计来创造价值；战略视角是从战略层面出发，强调商业模式对于企业获取竞争优势、核心能力的重要性，关注外部环境和竞争，企业战略、企业架构等一系列内在的相关决策可以帮助企业获取价值；整合视角指商业模式可以从企业内外部出发，综合各个维度系统地考虑企业实现收益的可能性，整合企业各个利益相关者来识别商业机会创造价值。虽然关于商业模式的研究侧重点各有不同，但是每个视角都认同企业可以通过商业模式进行价值创造并实现盈利，并且商业模式的内涵总体上是从经济视角出发，向运营、战略和整合视角不断演进。

商业模式具有以下几点特征：首先，商业模式能够为企业在一段时期内获得收益，是企业盈利模式的基础；其次，商业模式不是指某个部门的单独活动，而是企业将所有的要素整合在一起，相辅相成，协同发挥作用；最后，企业的商业模式不是一成不变的，企业外部环境是时常变化的，一个成功的企业必定会不断地调整其商业模式从而适应整个环境的变化。商业模式是企业各要素相互作用的系统，下面就对企业商业模式的要素进行介绍。

8.1.2　商业模式的要素

商业模式是由一定要素构成的商业活动系统，要素间的匹配关系是追求企业效率与价值互相适应的逻辑关系。商业模式可覆盖4个方面的内容，即产品服务、客户、资产管理以及财务生存能力。这4个方面可以细化为商业模式的9个具体要素：客户细分、价值主张、渠道通路、客户关系、收入来源、核心资源、关键业务、重要合作、成本结构。9个要素是涵盖在4个方面之中的：产品和服务界面涵盖了价值主张；客户界面涵盖了客户关系、渠道通路以及客户细分；财务界面涵盖了成本结构和收入来源；资产管理界面涵盖了关键业务、核心资源以及重要合作。

1. 客户细分

客户细分描述了企业想要接触和服务的不同人群或组织。能够为企业带来利润的是客户，因此客户是企业持续发展的基础，是商业模式的核心。对于形形色色的客户，他们的需求是略有差别的，企业不可能满足所有客户的各种需求。企业可以把客户分成不同的细分群体，每个细分群体中的客户一般都存在共性，有着相同的需求，选择其中的一个或多个细分群体对其提供产品和服务，这样有利于企业的集中发展和竞争优势的形成。商业模式可以指导企业做出合理决策，决定细分客户的原则，决定细分客户后选择哪些细分群体来重点服务，以及忽略哪些细分群体。企业可以凭借对特定客户群体需求的理解来设计相应的商业模式。

2. 价值主张

价值主张是为特定客户细分群体创造价值的系列产品和服务。价值主张是企业留住客户的原因，能否为客户提供优质的价值服务是消费者选择某个企业的产品和服务的重要标准。每个价值主张都包含可选的系列产品或服务，它针对特定的细分群体提供产品和服务，极大地满足了客户的需求。有些价值主张可能是创新的，提供全新的产品与服务；而有些价值主张只是在现有的产品或服务基础上增加了新的功能。价值主张中可以考虑的要素包括：新颖（满足客户从未体验过的全新需求）、性能（改善产品和服务的性能）、定制化（满足客户的定制化需求）、成本削减（帮客户降低成本是创造价值的重要方法）、可达性（将产品和服务提供给未曾接触过的客户）。

3. 渠道通路

渠道通路是公司沟通、接触客户细分群体从而传递其价值主张的方法，是企业与客户的接触点。渠道通路阐述了企业如何开拓市场以及决定其分销策略，常见的渠道包括自有渠道、合作伙伴渠道以及两者混合渠道。自有渠道包括直接销售，比如企业内部的销售网站；还包括间接销售，比如企业有自己的零售店铺。合作伙伴渠道是间接的，包括分销、合作伙伴的网站等方式。自有渠道利润较高，但同时运营成本也较高，合作伙伴渠道利润较低，同时运营成本也较低，因此企业应在两种类型的渠道中找到平衡。渠道通路可以提高客户对企业的了解程度，帮助客户评估企业的价值主张，协助客户购买产品和服务，帮助企业向客户传递价值主张。企业与客户是按照认知—评估—购买—传递—售后这一顺序进行沟通的，沟通过程如图8-1所示。

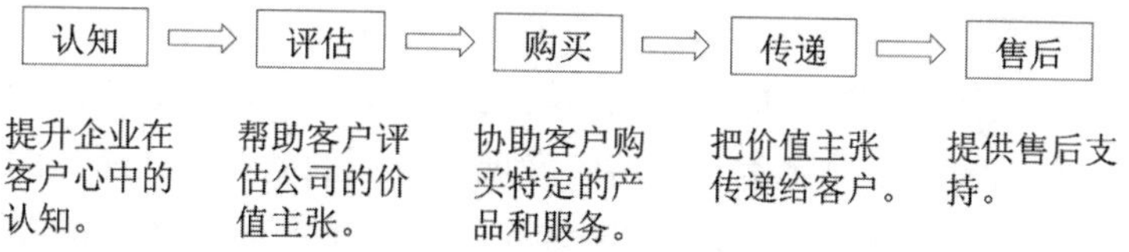

图8-1　企业与客户的沟通过程

4. 客户关系

客户关系是企业与特定客户细分群体建立的关系类型。在企业发展的不同的阶段，企业对于客户的策略是不同的。在企业发展之初，首要任务是获取客户，增加客户数量，挖掘潜在客户；而在企业逐渐成长起来后，企业要维系客户，保持稳定的客源；企业发展稳定后，则要采取措施提升销售额，壮大企业。企业对于客户的动机不同时，与客户的关系也会有所区别。同时企业还要考虑客户所偏向的关系类型，可能是个性化定制服务，也可能是自助服务，确定客户的喜好能够增强用户黏性。客户关系可分为以下6种类型。

（1）个人助理：侧重于人与人之间的互动，客户与客户代表可以在销售过程中通过电子邮件、电话等个人助理手段进行交流。

（2）专用个人助理：为单个客户安排专门的客户代表，这种关系是最亲密的关系类型，客户代表与重要的客户会保持私人联系。

（3）自助服务：企业与客户之间不存在直接联系，仅提供自助服务所需的一切条件。

（4）自动化服务：这是自助服务的升级，向自助服务中添加了自动化过程，可以识别不同客户的特点，模拟个人助理服务，比如音乐定制化推荐。

（5）社区：在线社区可以提供用户之间互动的媒介，让用户在社区中交流，彼此帮助解决问题。

（6）共同创作：传统的企业与客户之间是供应商与客户的关系，而共同创作则超越了这一关系，客户可以与企业共同创造价值。比如当下正火的抖音短视频软件，用户可以在软件上创作短视频来展示自己的创意，从而创造价值。

5. 收入来源

收入来源是企业从每个客户细分群体中获取的现金收入，是企业长久存在的支撑。收入来源可分为客户一次性支付的交易收入、客户为获得售后服务而持续支付的经常性收入（比如租赁费、订购费等）。企业只有找到客户细分群体真正愿意购买的价值，才能从各细分群体中获取一个或多个收入来源。

6. 核心资源

核心资源是让商业模式能够有效运转的最重要因素。核心资源能够使企业获取价值、创造价值、维系客户、持续发展。不同的商业模式所需的核心资源各不相同，核心资源的存在形式多种多样，可以是实体资产，可以是知识资产，也可以是人力资源、金融资产等。核心资源不一定必须是企业自有的资源，也可以从外部获得，比如租借或从合作伙伴处引进的。

7. 关键业务

关键业务是企业为确保商业模式可行而必须做的事情。关键业务能够让企业成功运营，不实施关键业务，则会导致商业模式失败。每个商业模式都需要不止一种关键业务，与核心资源一样，不同的商业模式所需要的关键业务也会有所差异。

8. 重要合作

重要合作是让商业模式有效运作的供应商与合作伙伴的网络。合作关系可以让企业获得更好的资源与业务、降低风险、提高收益、优化商业模式。合作关系可以分为在非竞争者之间的战略联盟关系、在竞争者之间的战略合作关系、为开发新业务而构建的合资关系、为确保可靠供应的购买方与供应商关系这四种类型。

9. 成本结构

成本结构是运营一个商业模式所需的所有成本。商业模式运营的每一个流程都会引发成本，这些成本在确定关键资源、关键业务、重要合作后能够比较容易地计算出来。

以上9个要素既是商业模式的要素，也是商业模式画布的9个构造块。

重要概念

商业模式画布

商业模式画布是描述商业模式、可视化商业模式、评估商业模式的工具。

本书在此介绍一个商业模式设计的工具——商业模式画布。顾名思义，商业模式画布类似于一张画家的画布（见图8-2），在这块画布上有9个空格分别描绘前述的9个要素，使用者可以根据自身企业情况在空格上进行绘制，讨论商业模式的不同组成部分，勾勒出企业自身的商业模式。商业模式的9个模块都对于整个商业模式的设计有着关键性的价值和意义，企业可以通过与客户的沟通联系来对每个模块进行构造，完成商业模式的设计。

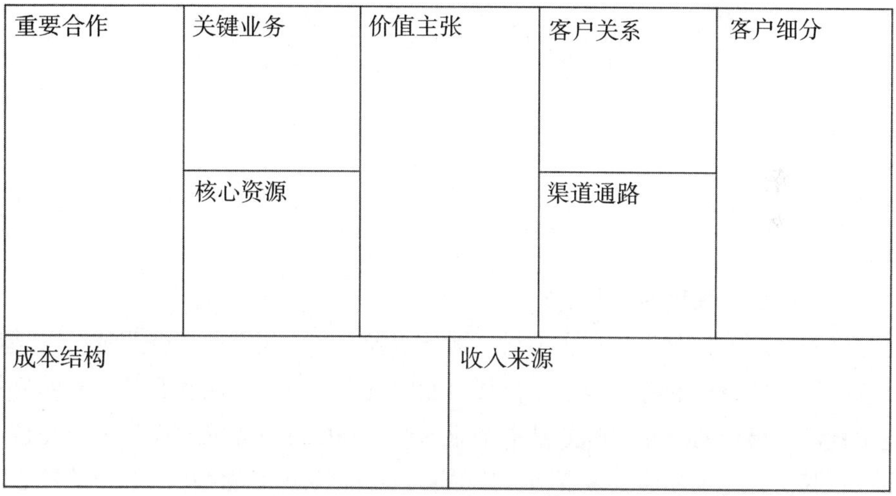

图8-2　商业模式画布

8.2　商业模式分类

商业模式的核心是价值，企业是价值创造的主体，客户是企业获取价值的对象，因此企业在进行商业模式的选择时主要考虑两个因素：企业本身的能力（企业能够提供什么产品和服务）、客户的需求情况（企业能否独立满足客户需求）。采用哪一种商业模式与企业能够在多大的范围内实现其公司价值有关，企业能够涉足的细分市场有所区别，即实现价值的范围不同。一些企业涉及的细分市场数量小，实现价值的范围比较集中；一些企业涉及的细分市场数量多，实现价值的范围是多元化的。对于客户来说，客户的需求情况也有差距，客户的价值实现情况有些许不同。影响客户价值实现的因素是与其发生交易关系的企业数量，一些客户与单个企业发生交易就可以满足需求，即单个企业的产品和服务能够满足客户，而一些客户要与多个企业发生交易才可以满足需求。基于以上企业实现价值的范围与客户实现价值的对象数量两个维度，可以将商业模式划分为图8-3中的4类。

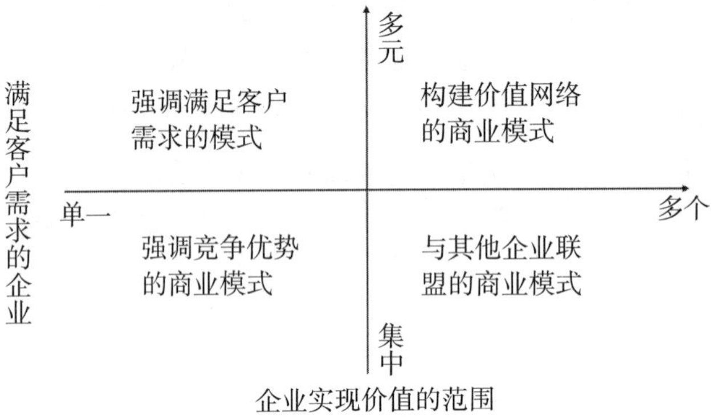

图8-3　商业模式分类

1. **强调竞争优势的商业模式**

这种模式下企业比较专注于某一细分市场，客户仅需单一企业就可以满足需求，说明此模式的特点是企业在某行业中具有最佳的产品和服务，有明显的竞争优势。最佳的产品和服务是指企业的产品和服务首先能够满足客户的核心需求；其次相比于其他竞争者，其产品和服务能够更大程度满足客户的核心需求；并且企业的产品和服务是具有最高性价比的，比竞争对手的产品和服务更具有竞争力。采用这一商业模式的企业要有很强的创新能力，利用技术的发展来优化其成本结构，利用产品不停地更新换代来持续满足客户的需求，进一步扩大其竞争优势。

2. **强调满足客户需求的模式**

这种模式下企业涉及的细分市场是多元化的，客户的需求仅需单一企业就可以满足，说明此模式的特点是企业致力于满足客户的各种需求。第一种商业模式仅提供客户需求的单一满足的解决方案，而不会顾及客户的多种需求。而第二种商业模式侧重于根据客户的个性化独特需求提供具有针对性的全面的解决方案。采用这种商业模式的企业要充分了解客户的需求，对客户需求进行全面分析。了解客户的需求后，企业要根据需求提供定制化的解决方案，并扩大经营范围，将业务扩展到其他细分市场。

3. **与其他企业联盟的商业模式**

这种模式下企业涉及的细分市场是单一的，客户的需求仅靠单一企业是无法满足的，企业要与其他公司联盟才能满足客户的需求。这是一种特殊的联盟，采用这种商业模式的企业要根据客户需要的产品和服务，与相关产品和服务的供应商联盟，这是围绕特定客户的核心需求而进行的联盟。这种联盟有助于企业共同对抗竞争对手的竞争，企业之间生产的协同效应有利于留住客户，能够帮助联盟内的企业获得竞争优势，在行业中保持优势地位，甚至能够垄断行业。

4. 构建价值网络的商业模式

这种模式下企业涉及的细分市场是多元的，仅单一企业是无法满足客户需求的，企业不仅要与多个企业进行联盟，这些企业还要根据客户的需求提供产品和服务、创造价值，形成一个价值网络。采用构建价值网络的商业模式的企业，会产生相比于第三种模式范围更大的企业联盟，联盟企业要一起从顾客整体的需求出发设计一个核心价值系统，这个系统能够提供涉及多个市场的产品和服务。价值网络的中心是客户的需求，多个企业围绕中心提供全面的产品，企业的价值能够相互渗透，协同效应进一步增强，对客户的吸引力更大，客户可以持续留在该价值网络中。

对于商业模式的分类有许多种方法，以上四种商业模式是依据交易关系中价值创造的主体与对象分类的。在商业模式的实际运用中，企业可能采用其中某一个模式，也可能同时采用多种模式。四种模式中，构建价值网络的商业模式能够发挥价值网络中所有企业的优势，更大范围地满足客户需求，网络中的企业还能够相互学习、相互渗透，大大提升了协同效应与竞争力，是商业模式中较高级的形式。

8.3　商业模式设计维度

商业模式设计是将企业战略转化为商业模式蓝本的过程，它通过图形界面辅助设计者捕获与设计商业模式的要素、属性和相互间的关系。

对于企业商业模式进行设计，要遵循商业模式与企业愿景是契合的、商业模式是坚实可靠的原则。价值论观点在商业模式研究过程占有举足轻重的地位。商业模式是以价值为核心，帮助企业完成价值创造、价值传递、价值实现的方式。无论是商业模式各种要素之间的匹配，还是各种商业模式工具的使用，都是为了企业价值创造、价值传递、价值获取能够实现，这是商业模式的主张，因此商业模式应根据这三个维度进行设计，如图8-4所示。

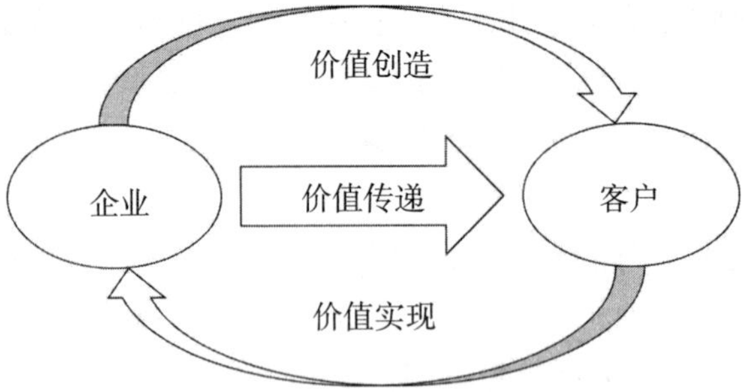

图 8-4　商业模式设计维度

1. **价值创造**

价值创造是企业所有经营活动的核心主题，能够描述企业如何创造价值并将价值传递给顾客的体系。价值创造的水平取决于目标客户对新产品、新服务的主观评价，价值创造以客户价值主张为基础，是对市场机会的把握。企业所提供产品和服务如果不能满足客户的需求，客户不能认同该产品和服务的价值，则说明企业的价值创造是失败的，因此价值创造的关键是顾客中心化。客户是价值创造的方向标，是价值活动的出发点，企业要明白自己要向谁提供产品和服务，应该提供什么样的产品和服务。技术创业企业所提供的产品和服务往往具有较强的创新性，客户对于其产品创新迭代频率要求很高，面对这种创新的高压力，技术创业企业仅凭自己的员工很难满足客户需求。基于此，技术创业企业在设计商业模式时，针对价值创造这一目标的实现，应该加强其资源整合能力，既要充分整合内部资源提升学习能力、创新能力，还要充分利用外部资源，将外部资源的能力转化为协助企业的能力。技术创业企业应该与外部的相关企业共享资源、分享知识，与客户加强交流，为创新提供思路，提升企业的竞争优势。小米公司就经常通过论坛、微博与客户互动、沟通，根据收到的反馈意见不断改进产品和服务，提升客户的满意度。

2. **价值传递**

价值传递是指企业为客户提供了产品和服务后，能够让客户感受到其中的价值，是企业的主要业务内容。成功的价值传递具备以下特点：①清晰，客户可以清晰地了解到企业所传递的价值；②独特，企业所提供的价值对于客户来说是独特的、难以替代的；③一致，客户想要的价值与企业所传递的价值是一致的。对于技术创业企业来说，要实现成功的价值传递，既需要其找到价值传递的正确方式，还要找到企业的竞争优势、独特性在哪里。技术创业企业的创新过程是漫长的，创新能力是有限的，不可能根据每一个客户的需求来提供产品和服务，所以要找到最有价值的客户，充分满足这些客户的需求，最有效地利用自己的能力。这样的商业模式能够让技术创业企业专注于关键的商业建设，而不是“什么都涉及，但什么都不精”。

3. 价值实现

价值实现顾名思义就是企业所创造的价值能够得到实现，而企业的利润则是价值实现的体现。企业持续发展的基础是利润为正，有效的商业模式能为企业获得正的利润提供支撑，因此如何盈利成为商业模式最终要落实的一个问题。企业利润既要考虑收入的多少，又要考虑成本的高低。企业要弄清楚收入来源在哪里、收入的稳定性如何保证以及成本该如何控制这三个问题。企业收入的来源是客户，企业的产品和服务只有得到了客户的认可，收入才能持续增加 。而关于成本，技术创业企业研发周期长，前期投入的成本多，短时间无法把成本收回，资金周转可能会出现问题，因此这类企业更要把控好成本。商业模式对于成本的把控作用很大，技术创业企业可以通过与上下游企业谈判，降低付给上下游企业的成本，还可以通过对自身的日常花费的控制而降低成本。同时实现获得稳定收入和降低成本，企业的价值就能得以实现。

8.4 商业模式设计方法

8.4.1 商业模式设计主题

设计主题能使抽象的商业模式更易于理解，主题是对商业模式整体形态的描述，商业模式设计的两大主题为效率与价值。商业模式中与效率相关的要素包括：重要伙伴、关键业务、核心资源、成本结构，这些要素均会影响企业的有效运转；与价值相关的要素包括：价值主张、客户关系、客户细分、渠道通路、收入来源，这些要素均会影响企业价值的实现。根据不同的主题，商业模式设计可以分为：效率型、新颖型、锁定型、互补型。这四类商业模式同时也是企业价值创造的来源。

1. 效率型商业模式设计

效率型商业模式设计旨在获得一个拥有高交易效率的商业模式，高交易效率的目的是降低所有交易伙伴的交易成本。效率型商业模式的本质是降低成本，企业可以通过降低外部环境的不确定性和复杂性、降低信息不对称性来降低成本。信息的不对称性问题可以通过加强企业与交易伙伴的沟通而解决，因此效率型商业模式的焦点聚集在企业与交易伙伴间的信息共享，提高交易效率。

2. 新颖型商业模式设计

新颖型商业模式设计强调企业以全新的方式与不同的交易伙伴开展经济交易活动。开展经济交易活动的新方式包括寻找未合作过的新伙伴、以新颖的方式联系交易伙伴以及设计新的交易机制。新颖型商业模式设计强调通过向交易伙伴提供解决问题的新方案，构建联系交易伙伴的新渠道，为交易伙伴带来新的交易体验，从而获得更大的客户价值。

3. 锁定型商业模式设计

锁定型商业模式设计通过将企业与交易伙伴的关系“锁定”来阻止交易伙伴的流失，锁定方式通常表现为转换成本。当企业培养了自己的品牌并广泛传播，或者企业的产品和服务深受客户喜爱，具有独特性，那么客户的转换成本就高，这样就会实现企业与客户的“锁定”。因此，锁定型商业模式设计要致力于培养客户的忠诚度，树立良好的品牌形象，拥有品牌效应，促使客户重复购买。

4. 互补型商业模式设计

互补型商业模式设计是指商业系统内绑定活动提供的价值超过单独活动价值的总和，即“1+1>2”，体现了产品之间的协同效应。互补型商业模式设计强调通过产品的绑定组合产生协同效应。

以上四种价值来源将商业模式设计划分成了四类，对于技术创业企业来说，需要持续推出创新的产品和服务，新的产品和服务在推出时难以预测其市场欢迎程度，企业的发展长期处于不确定的环境中，因此效率型商业模式设计和新颖型商业模式设计比较符合技术创业企业的特点。效率型商业模式设计是企业在不确定性环境下创造价值的基本选择，新颖型商业模式设计与企业技术创新战略、自主研发战略比较相符。

8.4.2 设计方法

有效的设计方法可以帮助企业设计更适合、更具创意的商业模式，是商业模式取得成功的重要条件，下面介绍6种普遍采用的设计方法。

1. 客户洞察

企业在准备一款新产品时往往会做大量的市场调查工作，会将客户的想法融入产品的创意中，但他们在设计商业模式时却很少向客户征集意见，往往会忽略客户的观点，良好的商业模式则要避免这个问题。客户洞察要求企业在设计商业模式时要从客户的视角看待商业模式，将客户的思想融入其中。客户洞察不是简单地询问客户需要什么，而是要深刻地理解客户需要什么，将自己的视角转换为客户视角去决定价值主张、渠道通路、收入来源等选择。对于客户彻底地理解是一大难题，技术创业企业在进行商业模式设计时可以与社会学家合作，与消费者经常交流，弄清客户的愿望是什么、客户希望企业是什么样的，以此方法设计出优质的商业模式。

2. 创意构思

传统的商业模式已经难以跟上技术创业企业的发展步伐，技术创业企业所处的竞争环境变化很快，因此面临着设计新商业模式的巨大压力。企业要根据自身情况对已存在的商业模式进行创新，而不是照抄照搬。设计新的商业模式需要有大量的商业模式创意，并从中筛选出最好的创意，这个过程极需创造力。收集和筛选商业模式创意的过程就是创意构思。从理论上来讲，每一个行业都会有一个占据主流的商业模式，但随着现在行业界限的逐渐消失以及同一个市场内通常有多个商业模式在竞争，设计商业模式就有了更多的选择。设计商业模式的一大“禁忌”就是过于重视过去的经验，新的商业模式是企业未来要使用的，过去经验的参考价值极为有限，企业要忽略现状，这样才会有全新的灵感迸发。商业模式设计也不能过多依赖于参考同行业的其他企业的模式，商业模式不是复制粘贴就可以有效运行的，而是需要针对每一个企业的、独一无二的模式。创意构思有两个阶段：第一阶段是创意生成，在这一阶段企业要尽可能多地提出创意，注重创意的数量；第二阶段是创意合成，此阶段要对所有创意进行讨论，找到可取之处，将创意进行组合，整理成少量但有效的可行方案，完成商业模式的创新。总体来说，创意构思方法是对正统观点进行挑战，致力于设计全新的商业模式的设计方法。

商业模式设计的创意可以来自任何地方，商业模式画布中的9个构造块都可以是创新的起点，创新从任何一个构造块出发都可以影响到其他构造块，这些创新可以分为4类集中点的商业模式创新：资源驱动、产品/服务驱动、客户驱动、财务驱动。资源驱动型创新是根据企业现有的基础设施，完成合作关系拓展或转变现有商业模式的创新，比如亚马逊Web服务是亚马逊网站的零售基础设施，也会为其他企业提供服务器能力和数据存储空间，充分利用了企业自有的资源。产品/服务驱动型创新是通过建立新的价值主张的方式来影响其他商业模式构造块，为客户提供新的产品和服务。客户驱动型创新是充分考虑客户需求的，降低获取成本的创新。财务驱动型创新是由收入来源、定价机制、成本结构来驱动的。图 8-5 所示为各类商业模式创新在商业模式画布上的体现。

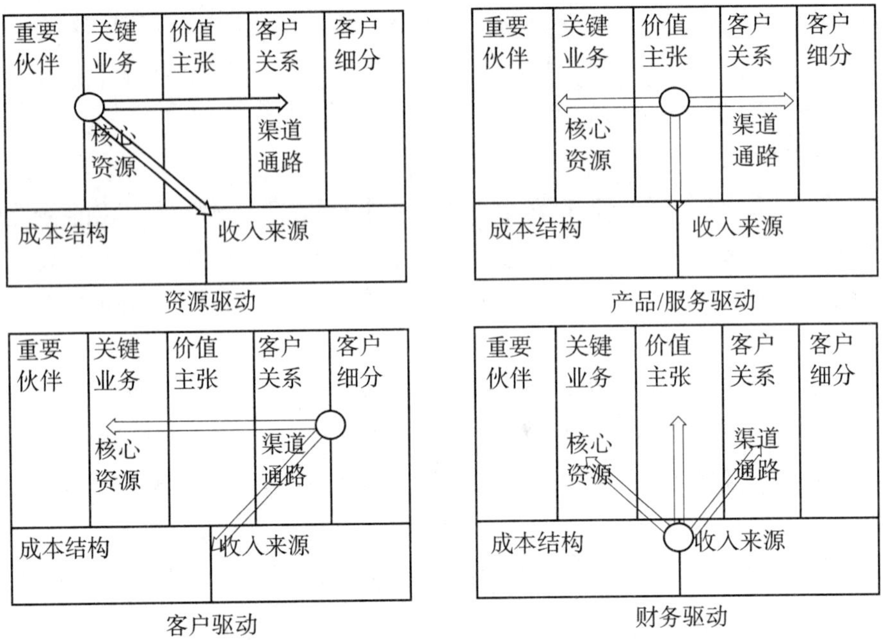

图 8-5　商业模式创新

3. **可视思考**

可视思考是用图片、草图、图标和便利贴等视觉化的工具来构建和讨论事情，比如企业在考量自己的商业模式时，往往会将商业模式画布中的每个构造块贴上便利贴，将企业相关每个要素的关键信息写在上面，将复杂的商业模式可视化，这样更加利于理解。商业模式是一个系统，各个要素之间存在错综复杂的关系，将商业模式作为一个整体看待才有意义，如果不进行可视化，很难看清模式的全貌。可视化还可以将信息变得生动有趣、利于理解，能将抽象的事物变得具体，方便员工们进行讨论。可视化的方法不仅有将便利贴与商业模式画布相结合的用法，还可以通过绘图来实现视觉化，简单的图片可以表达出需要大量文字才能解释清楚的含意，图片里的信息可以迅速传递。

视觉化可以帮助改善技术创业企业探索商业模式的过程。商业模式画布可以指导技术创业企业将哪些信息放在商业模式的哪个要素里，呈现出商业模式的大局，简化了企业的流程、体系等抽象事物，帮助企业深刻理解商业模式的本质。可视化可以促进企业同一部门或不同部门员工间的对话，帮助员工在短时间内记住有用信息，帮助员工了解企业进而促进对企业事务的讨论。可视化还可以帮助员工将脑海中还未成熟的想法简单地表达出来，这一个想法的抛出可以引出更多的创意，是企业的灵感触发器。

4. 原型制作

原型制作与可视思考一样可以让概念变得具体形象，这种方法起初来源于设计和工程领域，近年来逐渐在组织与战略领域设计中采用。商业模式原型指未来潜在的商业模式实例，它不是某个真正商业模式的草图，而是一个思维工具，它不特指某个单一的商业模式，而是提供了众多商业模式的选择，列出了商业模式可以探索的方向，简单来说原型制作是列出来商业模式的多个可能。原型制作方法是根据商业模式设计者的想法构建出多个原型，根据一些关键问题进行选择构建原型，在众多原型之间进行比较，选择最有效的商业模式。在商业模式中考虑消除高成本资源会是怎样的结果？改变客户细分的规则会对企业产生什么影响？这些问题都可以构建出不同的原型，尽管每个选择最终导致的真实结果很难估计，但是企业只要真正地理解了不同可能性的优缺点，采取了进一步的调研，经过深入的探究，还是可以有效地选出一个原型。

商业模式原型是探索新可能性的辅助工具，在为企业提供商业模式原型之前，要认真考虑大量的基础商业模式的可行性。原型的构建是在具有极大不确定性的环境中进行的，要求商业模式设计者要有丰富的想法，能够对企业提出具有针对性的改善商业模式的关键问题，并花大量时间检验各个原型的可行性，从中选择少量合适的原型进行细致雕琢，直到形成了成熟的商业模式理念。商业模式原型可以是仅仅概括和抛出了一个粗略的想法，是一个草图，也可以是一个已经具体到细节的商业模式画布，无论是哪一种形式都有助于企业发现更好的商业模式。

5. 故事讲述

商业模式经常是晦涩难懂的，首先商业模式的9个要素和9个要素之间相互影响、相互组合对于听众来讲很难理解，并且商业模式的分类也是较为复杂的，这些基础的知识就已经足够让听众们难以消化了，因此将商业模式以生动有趣的方式呈现出来可以降低听众的抵触情绪，引起他们的兴趣。商业模式设计者设计出来的商业模式只有得到各级管理层的认可，才能最终被采纳为公司的发展战略，设计者们的想法可能很棒，但如果传达理念的方式不合适，传递效果会大打折扣，管理层可能无法领会模式中的奥秘，所以有效地向管理层推销商业模式创意变得至关重要，讲故事就是一个有效的方式。同时，商业模式在企业的成功运用也需要员工的支持，员工们最好都参与到运行新商业模式工作中去，这就需要设计者们说服员工，让员工认识到新商业模式对于他们的意义，此时讲述一个恰到好处的故事对于调动员工积极性来说格外重要。

如何设计故事呢？在面对不同的听众时，故事的视角应该也是不同的。当设计者为管理层介绍新的商业模式时，故事要从客户视角讲述，客户是故事的主人公，在故事中要先提出客户需要解决的问题，然后讲述新商业模式是如何帮助客户解决问题的。当设计者为员工讲故事时，故事就要从员工视角开始，让员工作为故事的主人公，在故事中证明新商业模式可以改善公司内部的运作机制，提高员工对该商业模式的认同度。故事要将听众们带入企业未来的场景中，感受新商业模式能够为企业带来的改变，打消听众们的疑虑。讲故事是有技巧的，讲述者可以通过图画、视频片段、角色扮演等形式辅助故事的讲述，不同的技巧所适用的场合是不一样的，技术创业企业商业模式的设计者要根据场合选择故事讲述的辅助手段。如果是在小组报告中可以用几幅图画来为故事增强生动性，如果是面向大批观众的报告就可以用视频片段、连环图画等方式生动地讲述故事。

6. 情景推测

同可视思考、原型制作、故事讲述一样，情景推测能够把抽象的概念变成具体的模型，它主要是通过细化设计环境，帮助企业熟悉商业模式设计流程。情景推测是要将新商业模式可能会参与竞争的未来场景都罗列出来，其目的不是预测未来，而是要描绘出未来的各种可能情况，根据未来不同的情况来设计商业模式。这种设计方法要求设计者去思考商业模式在特定情况下可能的演变趋势，加深对于企业的认知，帮助企业调整商业模式，比如当企业推出一款新产品时，设计者就可以从未来该产品可以成功抢占市场和该产品无人问津两种情况来预测。情景推测的流程是首先最好基于两个或两个以上的衡量标准将未来划分为不同情况；然后对未来每一个可能趋势的特点进行总结；最后针对每一种情景设计出一个或多个恰当的商业模式。情景推测能够帮助企业更好地应对未来的发展，即使遇到极困难的问题发生，也会因为事先有准备而及时调整战略，不至于束手无策。

8.5 商业模式设计的后续工作

商业模式设计工作完成后还需要企业继续进行后续工作的完善，后续工作包括企业审视商业模式所运作的环境以及评估已经确立的商业模式。

8.5.1　商业模式环境

重要概念

商业模式环境

商业模式环境是帮助企业调整商业模式的背景，是商业模式设计的驱动因素和制约因素的集合体。

商业模式是在特定的环境中进行设计和执行的，商业环境会由于复杂的经济环境、大规模的技术创新等经常发生变化，理解商业环境的变化趋势能够帮助企业适应不断变化的外部环境。商业模式环境可以被看作是构思或调整商业模式的背景，环境中包括商业模式设计的驱动因素，比如新技术的产生，还包括商业模式设计约束因素，比如监管法规的改动。环境不会预设企业的商业模式，但会影响企业的设计选择。商业模式环境对商业模式的影响大体上可以分为四个主要因素：市场影响因素、行业影响因素、重要趋势、宏观经济影响因素。市场影响因素分为细分市场、需求和需要、市场问题、转换成本、收益吸引力等维度；行业影响因素包括供应链和其他价值链成员、利益相关者、现有的竞争对手、行业新进入者、替代性产品和服务；重要趋势包含技术趋势、监管法规趋势、社会和文化趋势、社会经济趋势；宏观经济影响因素包含全球市场情况、资本市场、商品和其他资源、经济基础设施。表8-1列出了商业模式环境中各影响因素应重点关注的问题。

表8-1　判断环境对商业模式的影响时应重点关注的问题

商业模式环境对商业模式的影响因素		
市场影响因素	细分市场	企业要清楚自己最主要的细分市场是什么。找到正在萎缩的细分市场,用最具潜力的新市场进行替换
	需求和需要	罗列出市场的需求,分析哪些需求还未得到满足
	市场问题	试着探索市场的发展方向,从客户视角出发寻找驱动和改变市场的关键因素
	转换成本	分析客户投向竞争对手的可能性,寻找客户与本企业产品和服务连结的最稳定纽带
	收益吸引力	找到与定价能力相关的因素,找到能让客户心甘情愿付款的产品特性

续表

商业模式环境对商业模式的影响因素		
行业影响因素	供应商和其他价值链成员	找到企业价值链上的关键参与者,挖掘潜在的参与者
	利益相关者	确认哪些参与者会影响企业的商业模式,评估其影响力会有多大
	现有竞争对手	分析现有竞争对手相比于自己的优势和劣势,关注他们的重点细分客户是谁
	行业新进入者	警惕新的行业竞争对手的出现,发现新崛起的行业对手,判断他们与自己的商业模式是否相同
	替代性产品和服务	寻找可以替代本企业产品和服务的潜在替代品,估计客户的转换成本高低,提高警惕
重要趋势	技术趋势	发现能够威胁、改变或改良企业的商业模式的技术趋势,判断是否存在一种技术会扰乱市场
	监管法规趋势	关注会影响企业商业模式的法规及其变化趋势
	社会和文化趋势	关注是否存在某种社会趋势会影响消费者行为、影响到企业的商业模式
	社会经济趋势	概括与企业商业模式相关的主要社会经济趋势,包括企业所在市场的收入分配方式、消费主要集中在哪一领域、人口的趋势等
宏观经济影响因素	全球市场情况	从宏观的经济视角判断全球市场的经济发展处于蓬勃发展期还是萧条衰败期
	资本市场	分析与企业资本需求密切相关的资本市场情况如何,了解融资是否容易、融资成本是否过高
	商品和其他资源	关注企业商业模式中所需资源的目前价格及其未来趋势,尤其是对企业业务至关重要的资源
	经济基础设施	企业业务运营环境中的经济基础包括市场的公共基础设施、交通、所得税、公共服务等方面

技术创业企业面对的商业环境是变化无常的，如何在这种变化中对企业的商业模式进行调整呢？商业模式的变化是难以预测的，没有人能对未来了然于胸。虽然企业无法完全准确地判断出环境的变化趋势，但是企业可以提出一系列关于未来的假设。通过假设市场因素、行业因素、关键趋势和宏观经济因素的发展轨迹，企业可以得出各种不同情况的商业模式环境，据此预测未来商业

模式的一些改变，这种方法与前文所提的商业模式设计的情景预测方法类似，对潜在的商业模式设计帮助很大。

8.5.2　评估商业模式

商业模式评估可以判断企业是否在该商业模式下健康发展，及时发现一些问题，并适当地做出相应调整，让商业模式不断改进优化。定期评估商业模式对企业意义重大，有些企业可能会因为未进行定期评估，商业模式存在的问题未及时解决，受到了惨痛的教训，甚至断送了整个企业的前途。技术创业企业本就是伴随着企业技术不断革新和市场环境不断变化的企业，企业的一定要采用灵活的、能跟上企业发展步伐的管理模式，因此定期评估对于技术型企业更为重要。

课后练习

【拓展阅读】

苹果公司的商业模式创新

苹果电脑公司由乔布斯等人于1975年创立，在其整个发展历程中，2001年为转折点：之前专注于产品和技术创新，2001年开始实施商业模式变革，之后完成了变革后续的系列商业模式创新行动。

2001年以前，苹果呈现出温和增长或起伏不定的绩效表现。成长源于其领先的技术和产品，包括Apple Ⅰ、Apple Ⅱ、Apple Ⅲ、Apple Lisa和Apple Mac等，率先在个人电脑中应用图形化界面和鼠标等新技术；而衰败在于在既有商业模式内坚持软件和硬件的捆绑销售方式，并没能给顾客更多更好的价值主张，却给了顾客限制条件，为直接竞争对手——硬件制造商IBM和软件开发商微软——提供了可乘之机。

2001年是苹果公司的变革之年，先后推出iPod、开通网络音乐服务iTunes网上商店，以及允许与苹果自有iOS系统以外的大量PC用户连接。这些举动并非只是新产品的发布，而是商业模式的变革——将苹果公司从传统科技公司模式革新为平台商业模式。iPod后来一举击败索尼公司的Walkman系列产品，成为全球占有率第一的便携式音乐播放器，随后推出的数个iPod系列升级产品更加巩固了苹果在商业数字音乐市场不可动摇的地位。

2007年发布iPhone，最初的动机是在当时平台商业模式上进行修正，即运用此商业模式寻找交易价值更大的机会。也许相比于iPod而言，由于智能时代的到来，iPhone具备更大的成长空间。随后iPhone的各版本升级以及2010年iPad的发布，都是对商业模式的维持。其商业模式原有的价值创造能力会逐渐衰弱，而某些有效的、及时的新商业行为会维持商业模式，延长其价值创造时间。

2014年，苹果公司除了发布iPhone的升级版——iPhone 6和大屏的iPhone 6 plus外，还发布了自2010年iPad以后的首款新产品——iWatch，标志着苹果公司开始进入健康产业领域，同时还发布了金融领域产品Apple Pay。显然，这些创新行为并非变革其商业模式，因为iWatch要与iPhone 5以上版本的苹果手机配合使用。这是在原有商业模式基础上的增强，建立价值空间更大的商业共生体。

可见，苹果公司总是在主动地选择商业模式创新时机。大多数企业的商业模式在陷入困境的早期迹象出现时，往往是被漠视或是被斥为无稽之谈，而等到商业模式处于后继乏力的状态时才承认事情必须有所改变，并往往因此承受巨大的转型代价。苹果公司并非在既有商业模式显示危机迹象时被动采取行动，而是主动选择时机实施商业模式创新。

（魏炜，胡勇，朱武祥，《变革性高速成长公司的商业模式创新奇迹——一个多案例研究的发现》，管理评论，2015）

【课外练习题】

分析苹果公司的商业模式设计

要求学生结合扩展阅读的资料以及自己查找的关于苹果公司商业模式的资料，对苹果公司商业模式的要素进行分析、归纳与总结，并描绘一幅苹果公司的商业模式画布。

学习目标：

（1）结合真实的企业对商业模式的理解进一步深化。

（2）结合实际案例加强对于商业模式要素的掌握。

（3）学会运用商业模式设计工具——商业模式画布。

练习要求：

（1）本作业布置后2周上交。

（2）学生不仅要写出苹果公司商业模式的文字分析，还要根据分析绘制商业模式画布，在课堂上进行展示。商业模式画布并没有严格的标准答案，希望学生仔细思考，将自己的真实想法注入其中，认真分析每一个构造块应包含什么内容。

【本章思考题】

1. 商业模式的要素包括哪些？
2. 商业模式要素的含义分别是什么？
3. 四类商业模式的侧重点分别是什么？
4. 商业模式的设计维度包括哪些？
5. 如何对商业模式进行设计？具体方法有哪些？
6. 商业模式环境对商业模式有哪些方面的影响？

第9章 创业计划书与创业故事

【核心问题】

（1）创业计划书的写作目的是什么？

（2）创业计划书的核心构成是什么？

（3）创业计划书写作中常见的错误有哪些？

（4）创业故事叙述的内涵和技巧有哪些？

【学习目标】

（1）理解创业计划书的写作目的；

（2）掌握创业计划书的构成和写作技巧；

（3）了解创业故事叙述的内涵和技巧。

【引例】

据统计，投资人平均每天收到50～100份商业计划书，其中只有5～8份会受到重视，投资人阅读每份商业计划书平均时间为3分44秒。Garage Venture的盖伊·川崎撰写商业计划方法有一条著名的“10—20—30法则”。他提出，企业家在阐述商业计划时要能用10张PPT在20分钟内用30号的字体将其创业思想阐释清楚。

维珍集团创始人理查德·布兰森（Richard Branson）说过：“在今天，如果你想成为一位成功的企业家，就必须擅长讲故事。当你能清晰表达自己所做的事情时，你会发现，不仅投资人会被你吸引，你对自己的目标和方向也会更加明确。”

虽然讲好故事有很多技巧，但不到你真正站在听众面前的那一刻，你永远不知道自己的故事会被以怎样的方式娓娓道来。但不用担心，其实最重要的是在你与听众之间搭建起桥梁，要记住人都是情感动物，好的故事永远是能够引发共鸣的故事。每个人都有值得讲述的宝藏，而当你把自己的故事讲给与你心灵相通或是能够理解和欣赏你的人时，你也就赋予了宝藏真正的价值。

（案例来自网络）

9.1 创业计划书的目的

重要概念

创业计划书

创业计划书又叫商业计划书，是创业者就某一项具有市场前景的新产品或服务，向潜在投资者、风险投资公司、合作伙伴等游说以取得合作支持或风险投资的可行性商业报告。创业计划书的撰写一般是按照一定标准的文本格式进行的，是全面介绍公司或项目发展前景，阐述产品、市场、竞争、风险及投资收益和融资要求的书面材料。它主要用来阐述想要干什么、怎么干、面向的目标客户是谁、市场竞争状况及对手如何、经营团队怎样、股权结构如何安排、营销安排、财务分析以及推出机制等内容。

创业计划书是用国际通行的标准文本格式形成的项目建议书，是全面介绍公司和项目运作情况，阐述产品市场及竞争、风险等未来发展前景和融资要求的书面材料。撰写创业计划不能保证创业能够成功，但的确可以增大成功的概率。创业是一段旅程，一段不熟悉且充满风险的旅程，创业计划更像是一份路线图，因此这份路线图必须是正确的。商业计划书有很多用途，例如吸引人才和相关资源。当然，创业计划书的撰写没有绝对成功的方式和方法，因为很多成功的公司从来就没有一份正式的创业计划书，但创业计划书的确可以帮助创业者去推敲创业过程中的细节，去完善和实现他们的创业，在系统思考的基础上向其他个人或组织介绍创业。其具体作用包括如下几方面。

（1）帮助创业者系统地完善创业蓝图。创业计划书是关于创业者创业想法的蓝图，撰写创业计划可以使创业者系统思考新创企业的各个要素，在创立企业之前梳理自己的思路，使创业团队一起努力工作，全力以赴地完善创业过程中的各个细节。创业计划书能够帮助创业者在一个充满不确定性的商业环境中建立长远眼光，并使其能够针对现今商业环境中的各种变化以及如何适应这种变化做出前瞻性的商业决策。制订创业计划可以使创业者将总体思考与随机的思路联系起来。

（2）帮助创业者获取外部投资者的关注。创业计划书是吸引风险投资和战略合作伙伴的重要媒介和工具。创业活动起始于创意而不是资源，这也是其与传统商业活动的最大区别。撰写一份简明易懂，又能准确表述市场潜在价值和创业者热情的创业计划是十分必要的。这是外部投资者，尤其是风险投资者了解这一项目的第一途径。对于风险投资家来说，创业计划是评价创业企业是否真正有投资或经营价值的重要依据。创业计划书可以帮助创业者把计划中的企业推销给风险投资家。它还可以使企业的出资者以及供应商、销售商等了解企业的经营状况和经营目标，从而说服出资者为企业的进一步发展提供资金。

（3）是创业者凝聚创业团队的沟通工具。创业计划书可以向潜在员工、现有员工、资助组织、服务商等传播和沟通企业的愿景和使命。创业计划重在研究和介绍如何把具有可行性的市场机会转换成盈利的产品和服务，包括产品开发、营销和企业发展战略的各个层面的计划。为了实现这些目标，作为创业者，在撰写创业计划书的过程中需要认真、全面地处理许多复杂问题。这些问题围绕如何把创意和愿景转化为现实的过程而展开，创业团队在创业计划书形成的过程中形成了共同的使命和愿景。同时，创业计划书也可以帮助创业者吸引到有潜力的员工。

（4）是推销新创企业的范本。创业计划书是企业的推销型文本，可以为企业向潜在的投资者、供应商、重要的职位候选人和其他人介绍创业项目并为新创企业提供一种方法。这和宣传手册、公司介绍、网站等的作用是相似的。创业计划书可以用来介绍企业的价值，从而吸引到投资、信贷、员工、战略合作伙伴，或包括政府在内的其他利益相关者。一份成熟的商业计划书不但能够描述公司的成长历史，展现未来的成长方向和愿景，还能够量化潜在盈利能力。

9.2 创业计划书编撰

9.2.1 创业计划书阐述的基本问题

1. 创业计划书阐述的基本问题

创业计划书主要针对以下几个问题进行阐述：

（1）我们要做什么？在这个部分需要告诉读者创业项目具体要做什么，把你的服务和产品讲清楚。

（2）为什么要做这个？在这部分需要告诉读者新产品或服务的基本价值是什么？为什么你的创意是一个有价值的创业机会，市场的机会在哪里，现在有人做还是没人做，有人做我怎么改进，等等。

（3）我们把产品卖给谁？目标的市场和顾客是谁？有什么样的特点？你解决了他们什么样的问题？

（4）为什么是我们去做？——团队为什么可以做这件事情，即团队是否拥有开发创意并经营新企业所需的知识、经验和技能。

（5）怎么做？——我的商业模式、收入模式、商业展开路径。应对现有和未来竞争的总体计划是什么。

（6）我们做了什么？——这个要根据项目所处的阶段，早期的项目可能还没有做出一些雏形，也可以讲讲自己未来的规划是什么样的。

（7）融资是要做什么？——如果创业计划书是为了筹资，那么需要筹集多少资金？需要何种融资方式？资金如何使用？创业者和其他人如何实现投资收益呢？

2. 创业计划书的格式及编写规范

（1）封面页（包括公司名称、地址以及主要联系人名字、联系方式等）；

（2）目录页（概括了创业计划书的各主要部分）；

（3）概要及计划书的各个主要部分（每个部分都应清楚地列示标题并要易于识别）；

（4）附录（如：详细的财务计划、公司创建人和核心员工的完整简历。附在正文后面，经常是分开单独装订）。

9.2.2　创业计划书的核心构成

一个好的创业计划书不仅有对技术的深刻理解，更有对市场的理解。虽然不同的创业计划书有不同的变量，但大多数创业计划书都有相同的基本元素，如表9-1所示。

表9-1　创业计划书的基本元素

● 执行摘要	● 创业团队：才能、承诺
● 愿景和使命：使命、目标、核心价值观	● 财务规划：假定、现金流、利润
● 产品和服务：机会、客户、增长潜能	● 投资说明：财务
● 市场分析：目标市场、顾客	● 不确定性和风险
● 竞争和营销：行业、进入	● 收获与退出：投资回报

1. 执行摘要

应对新企业的总体情况做出简短、清楚、具有说服力的概括。计划摘要涵盖了计划的要点，以求一目了然，以便读者能在最短的时间内评审计划并做出判断。执行摘要一般包括以下内容：公司介绍、主要产品和业务范围、市场概况、营销策略、生产管理计划、创业团队、财务计划、融资状况等。执行摘要在创业计划书中起着很重要的作用，可以帮助投资者节约很多时间来理解创业者的愿景和使命。执行摘要里面需要说清楚以下相关问题：

（1）企业的愿景是什么？具体产品和服务是什么？

（2）项目的市场在哪里，谁是企业的顾客，他们有哪些需求，为什么他们愿意为项目买单？

（3）为什么这是一个增长型的机会？企业的竞争对手是谁？竞争对手对企业的发展有何影响？

（4）谁是团队成员？团队成员与项目匹配的核心技能是什么？

（5）企业的合伙人、投资人是谁？

2. 愿景和使命

愿景和使命是创业者的内在动力，能反映出企业的核心价值观，对企业文化的形成也会起到决定性的作用。

愿景指企业长期的发展方向、目标、目的，以及自我设定的社会责任和义务，明确界定公司在未来社会范围里是什么样子，其“样子”的描述主要是从企业对社会的影响力、贡献力、在市场或行业中的排位、与企业关联群体之间的经济关系来表述。愿景由“愿”和“景”组成，“愿”是发自内心的愿望；“景”是实现组织方向和目标时的状态。

使命指企业在社会经济发展中所应承担的角色和责任，是企业的根本性质和存在的理由，说明企业的经营领域、经营思想，为企业目标的确定与战略的制定提供依据。

企业核心价值观指企业在长期的生产经营活动中逐渐形成的，组织成员或群体成员分享的同一价值观念。核心价值观是企业文化的精髓，表现为企业对企业宗旨、企业精神、经营理念、人员价值等的判断，是解决企业在发展中如何处理内外矛盾的一系列准则。如企业对市场、对客户、对员工等的看法或态度，它是企业表明企业如何生存的主张。

3. 产品和服务

在进行投资项目评估时，投资人最关心的问题之一就是，企业的产品、技术或服务能否以及在多大程度上解决现实生活中的问题，或者，风险企业的产品（服务）能否帮助顾客节约开支、增加收入。因此，产品介绍是商业计划书中必不可少的一项内容。通常，产品介绍应包括以下内容：产品的概念、性能及特性；主要产品介绍；产品的市场竞争力；产品的研究和开发过程；发展新产品的计划和成本分析；产品的市场前景预测；产品的品牌和专利。在产品（服务）介绍部分，创业者要对产品（服务）做出详细的说明，说明要准确，也要通俗易懂，使非专业人员的投资者也能明白。一般的，产品介绍都要附上产品原型、照片或其他介绍。

（1）顾客希望企业的产品能解决什么问题？顾客能从企业的产品中获得什么好处？

（2）企业的产品与竞争对手的产品相比有哪些优缺点？顾客为什么会选择本企业的产品？

（3）企业为自己的产品采取了何种保护措施？企业拥有哪些专利、许可证，或与已申请专利的厂家达成了哪些协议？

（4）为什么企业的产品定价可以使企业产生足够的利润？为什么用户会大批量地购买企业的产品？

（5）企业采用何种方式去改进产品的质量、性能？企业对发展新产品有哪些计划？等等。

4. 市场分析

当企业要开发一种新产品或向新的市场扩展时，首先就要进行市场预测。如果预测的结果并不乐观，或者预测的可信度让人怀疑，那么投资者就要承担更大的风险，这对多数风险投资家来说都是不可接受的。

市场预测首先要对需求进行预测：市场是否存在对这种产品的需求？需求程度是否可以给企业带来所期望的利益？新的市场规模有多大？需求发展的未来趋向及其状态如何？影响需求都有哪些因素？其次，市场预测还要包括对市场竞争的情况、对企业所面对的竞争格局进行分析：市场中主要的竞争者有哪些？是否存在有利于本企业产品的市场机会？本企业预计的市场占有率是多少？本企业进入市场会引起竞争者怎样的反应？这些反应对企业会有什么影响？等等。在商业计划书中，市场预测应包括以下内容：市场现状综述；竞争厂商概览；目标顾客和目标市场；本企业产品的市场地位；市场区隔和特征；等等。

企业对市场的预测应建立在严密、科学的市场调查基础上。企业所面对的市场，本来就有更加变幻不定的、难以捉摸的特点。因此，企业应尽量扩大收集信息的范围，重视对环境的预测和采用科学的预测手段和方法。企业家应牢记的是，市场预测不是凭空想象出来，对市场错误的认识是企业经营失败的最主要原因之一。

5. 竞争分析

基于市场分析，在竞争分析模块需要说明本企业与现有解决方案存在哪些差异。如果本行业存在大量的竞争者，可以运用简单的列表比较产品和技术之间的差异。具体应该包括以下模块：

（1）现状综述，包括竞争厂商概览、本企业产品的市场地位、市场区域和特征、顾客为什么想使用或购买竞争者的产品、竞争环境和竞争优势分析。

（2）通过对竞争现状的分析，进而描述有关现有竞争与如何克服的信息、定价以及其他相关事项（有时，这部分内容是单独分开的，而有时它被包含于市场营销内容中）。

（3）通过解释新产品和技术的竞争地位与当前市场动态的匹配性来展示管理团队的能力和知识。

在市场分析和竞争分析的基础上展开产品营销，营销是企业经营中最富有挑战性的环节，影响营销策略的主要因素有：

（1）消费者的特点；

（2）产品的特性；

（3）企业自身的状况；

（4）市场环境方面的因素。最终影响营销策略的则是营销成本和营销效益因素。

在商业计划书中，营销策略应包括以下内容：

（1）市场机构和营销渠道的选择；

（2）营销队伍和管理；

（3）促销计划和广告策略；

（4）价格决策。

对创业企业来说，由于产品和企业的知名度低，很难进入其他企业已经稳定的销售渠道中，所以，企业不得不暂时采取高成本低效益的营销战略，如上门推销、大打商品广告、向批发商和零售商让利，或交给任何愿意经销的企业销售。对发展企业来说，一方面可以利用原来的销售渠道，另一方面也可以开发新的销售渠道以适应企业的发展。

6. **创业团队**

企业的管理人员应该是互补型的，而且要具有团队精神。一个企业必须要具备负责产品设计与开发、市场营销、生产作业管理、企业理财等方面的专门人才。在商业计划书中，必须要对主要管理人员加以介绍，包括：他们所具有的能力、他们在本企业中的职务和责任、他们过去的详细经历及背景。此外，在这部分商业计划书中，还应对公司结构做简要介绍，包括：公司的组织机构图；各部门的功能与责任；各部门的负责人及主要成员；公司的报酬体系；公司的股东名单，包括认股权、比例和特权；公司的董事会成员；各位董事的背景资料。

（1）创始人和创始团队的职业背景和角色（突出团队项目的经历和经验，与当前项目的匹配之处）。

（2）介绍团队里面每一个关键人员的技能以及这个团队为什么能匹配开发该项目（投资人希望看到你要做的事是适合你做的）。

（3）识别管理团队能力的不足。应该包括企业是否希望增加新雇员来弥补这些不足的有关信息。

（4）创业团队是否有其他顾问团队或董事能辅助团队更好地履行职责。

7. **财务规划**

财务规划包括有关新企业的每个阶段将在何时完成的信息（如：何时开始生产、初次销售、突破盈亏平衡点等）。本部分可以是独立的，在适当的情况下，它也可以包含在其他部分中。企业的财务规划应保证和商业计划书的假设相一致。事实上，财务规划和企业的生产计划、人力资源计划、营销计划等都是密不可分的。

财务规划需要花费较多的精力来做具体分析，其中就包括现金流量表、资产负债表以及损益表的制备。流动资金是企业的生命线，因此企业在初创或扩张时，对流动资金需要预先有周详的计划和进行过程中的严格控制；损益表反映的是企业的盈利状况，它是企业在一段时间运作后的经营结果；资产负债表则反映在某一时刻的企业状况，投资者可以用资产负债表中的数据得到的比率指标来衡量企业的经营状况以及可能的投资回报率。财务规划一般要包括以下内容：

（1）商业计划书的条件假设；

（2）预计的资产负债表，预计的损益表，现金收支分析，资金的来源和使用；

（3）现金流量表、资产负债表以及损益表的制备。

商业计划书概括地提出了在筹资过程中创业者需要做的事情，而财务规划则是对商业计划书的支持和说明。因此，一份好的财务规划对评估企业所需的资金数量、增大企业取得资金的可能性是十分关键的。如果财务规划准备得不好，会给投资者以企业管理人员缺乏经验的印象，降低风险企业的评估价值，同时也会增加企业的经营风险。那么该如何制订好财务规划呢？这首先要取决于企业的远景规划：是为一个新市场创造一个新产品，还是进入一个财务信息较多的已有市场。

着眼于一项新技术或创新产品的创业企业不可能参考现有市场的数据、价格和营销方式。因此，它要自己预测所进入市场的成长速度和可能获得纯利，并把它的设想、管理队伍和财务模型推销给投资者。而准备进入一个已有市场的企业则可以很容易地说明整个市场的规模和改进方式。企业可以在获得目标市场的信息的基础上，对企业第一年的销售规模进行规划。企业的财务规划应保证和商业计划书的假设相一致。事实上，财务规划和企业的生产计划、人力资源计划、营销计划等都是密不可分的。要完成财务规划，必须要明确下列问题：

（1）产品在每一个阶段的发出量有多大？

（2）什么时候开始产品线扩张？

（3）每件产品的生产费用是多少？

（4）每件产品的定价是多少？

（5）使用什么分销渠道？预期的成本和利润是多少？

（6）需要雇用哪几种类型的人？

（7）雇用何时开始，工资预算是多少？

8. 投资说明

（1）项目早期的盈利不重要，投资人主要对高增长感兴趣。应说明企业的融资计划，需要多少资金，准备稀释多少股份。

（2）分析一下企业在特定时间需要多少资金，将在接下来的3～6个月时间里做哪些事。

（3）估值应该基于投资者真正支付金额的合理估算，荒谬的估值会被直接扔进垃圾桶。

（4）企业的股权架构是什么样的。

（5）关于日后的退出机制。

9. **不确定性和风险**

计划书除了预测新企业的良好发展的一面，还要充分考虑发展的不利因素，或是新产品开发中容易出现错误的地方，在这部分主要讨论新企业将面临的各种风险，以及管理团队为防范风险所采取的措施。

10. **收获与退出**

任何新企业发展到一定阶段，都存在创业者与投资人的退出与投资回报问题。这一部分需要说明创业者如何被取代，以及投资者退出战略，即他们如何收获资助新企业所产生的收益。例如，出售业务、与其他企业的合并、IPO，或者其他重要募集资金的时间，使得所有者和投资人有机会套现先前的投资。如果公司获得成功，投资者将如何取得收益（如：公司何时以何种方式公开上市）。

除了以上必需的核心内容，技术类创业计划书还可以包含以下相关内容。

11. **开发、生产和选址**

在寻求资金的过程中，为了增大企业在被投资前的评估价值，企业家应尽量使生产制造计划更加详细、可靠。一般来说，生产制造计划应回答以下问题：企业生产制造所需的厂房、设备情况如何；怎样保证新产品在进入规模生产时的稳定性和可靠性；设备的引进和安装情况，谁是供应商；生产线的设计与产品组装是怎样的；供货者的前置期和资源的需求量；生产周期标准的制定以及生产作业计划的编制；物料需求计划及其保证措施；质量控制的方法是怎样的；相关的其他问题。

12. **时间表和里程碑**

创业计划书正文的最后部分应该说明：主要活动何时开始实施，关键里程碑何时达到。从投资者角度看，这部分内容表明创业者的确仔细关注了企业的运营，并且已经为企业的未来发展制订了清晰的计划。具体内容包括：

（1）新企业的正式组建（如果这还没有发生）；

（2）完成产品或服务设计；

（3）完成产品原型；

（4）雇用最初的员工（销售人员或其他）；

（5）在贸易展览会上做产品展示；

（6）与分销商和供应商达成协议；

（7）进入实际生产；

（8）收到初次订单；

（9）初次销售与交付；

（10）盈利。

13. 附录

附录应提供详细的财务信息以及高层管理团队成员的个人简历。

9.2.3 创业计划书的常见错误

1. 创业计划书与可行性报告的区别

创业计划书是创业者或企业为了实现未来增长战略所制订的详细计划，主要用于向投资方和风险投资商说明公司未来发展战略与实施计划，从而取得投资方或风险投资商支持的一份商业计划报告。可行性报告是从事一种经济活动（投资）之前，双方要对经济、技术、生产、供销等社会各种环境、法律等各种因素进行具体调查，研究、分析、确定有利和不利的因素，项目是否可行，估计成功率高低，经济效益和社会效益水平，是决策者和主管机关审批的上报文件。

项目可行性论证报告主要侧重于项目本身技术方面的分析，同时也针对项目实施所带来的经济效益进行评估，但项目报告一般不涉及项目实施中管理因素、人的因素和投资人的利益方面的汇报以及汇报的方式等方面的内容。创业计划书不仅要在技术方面和产业化的模式方面进行翔实说明，更要在管理团队、经营战略，投资者汇报的方式和投资者如何参与未来项目的经营监督等方面进行详细说明。创业计划是一份全方面的项目计划，它从企业内的人员、制度、管理以及企业的产品、营销、市场等各个方面对即将展开的商业项目进行可行性分析。

2. 创业计划书中常见的错误

制订创业计划即设立目标、确定方案、追踪进展、进行调整等一系列过程。创业计划书中常见的十大错误见表9-2。

表9-2 创业计划书中常见十大错误

● 误解商业计划目的	● 工作重点不明确
● 急功近利而缺乏全盘考虑	● 高估商业创意
● 商业计划执行到头	● 创业初期忽略细节
● 对团队保密计划	● 创业后期过于关注细节
● 混淆现金与利润	● 不切实际的预测

（1）误解商业计划目的。

创业计划书重要的是计划内容，而不是计划书本身。商业计划包括设立目标、确定方案、追踪进展、进行调整等一系列过程。制订商业计划只是第一步，还需要经常进行审阅和修订。

（2）急功近利而缺乏全盘考虑。

计划书由一套关系密切的模块组成，就像组装积木一样。无论从任何环节着手，都要坚持执行下去。从自己最感兴趣的环节或者能够迅速获得效益的环节着手。这些环节可以是策略、概念、目标市场、业务、预测、口号、愿景等。无论是什么环节，都应坚持执行下去。

（3）商业计划执行到头。

计划到头了，业务也就止步了。因此，最新的商业计划书只是对以前计划的概括，并且计划书必须一直处于更新状态，以反映出不断变化的各种情况。

（4）对团队保密计划。

商业计划是用于管理的工具。运用常识来确定需要与团队成员分享哪些信息，而哪些信息应当保密。但是，请务必与团队成员分享计划的目标及指标，并通过商业计划培养团队凝聚力及协作精神。但这并不代表与非团队成员分享计划，除非必须这样做，例如进行融资的时候。

（5）混淆现金与利润。

这两者有巨大的区别。客户未付款项会影响创业者的财务状况，却不会降低利润。库存增加会影响现金流，但不会降低利润。利润是一个会计概念，而现金是存放在银行的货币。创业者不会在支付账单时把利润交付出去。

（6）工作重点不明确。

涵盖3～4个重点的计划书是有效且具有针对性的。人们能够理解3～4个要点。列出20个重点的计划书实际上毫无重点可言。

（7）高估商业创意。

创意的价值并不在于创意本身，而在于建立在创意之上的业务。经历了员工朝九晚五、接听电话、生产产品、订购和装运产品、提供服务、客户支付账单等过程，创意才真正成了业务。创意本身不会打造出优秀的企业。

（8）创业初期忽略细节。

计划需要关注细节，包括财务状况、重大事件、责任和截止时间等。现金流是最重要的。但是，分配任务、安排会晤、确认日期、明确执行人员等大量细节也举足轻重。不注重细节的商业计划书毫无用处。

（9）创业后期过于关注细节。

商业计划不是简单的会计问题。创业初期每个月的细节问题都非常重要。但是，创业后期过多关注业务细节就是浪费时间。没有明确销售额预测的情况下，如何能够预测未来3年的每月现金流？虽然创业者确实能够规划未来5年、10年甚至是20年的企业发展大致目标，但是无法规划一年后每月的细节问题，没有人期望要了解这些细节，也没有人会确信这些细节的规划准确度。

（10）不切实际的预测。

没有人会相信不合理的虚高销售额预测。而且，超高的盈利预测通常意味着创业者对费用成本缺乏实际认识。

9.3 创业故事

9.3.1 创业故事的内涵

1. 创业故事叙述

重要概念

创业故事叙述

创业故事叙述就是有关创业者及其创业企业的故事，但它并不是简单地讲事实，而是以有序的方式编排和表述事实。以创业者（或创业企业）身上发生的事实为基础，通过不同程度地强调新创企业与其参照对象的相同或差异程度，并配合一定程度的修辞手段，最终阐释出一个（理想的）创业身份的故事。

创业就是讲故事，很难想象一个创业者或者创业企业没有精彩的故事相伴。有人说，在全世界企业家中，乔布斯是最会讲故事的人，他把产品发布会变成了一个个故事会，丝毫不逊于好莱坞大片。他曾说："世界上最有权势的人是会讲故事的人。优秀的故事讲述者设计了下一代人的愿景、价值观和他们想做的事情。"国内的互联网大佬们，百度的李彦宏，小米的雷军，逻辑思维的罗振宇，还有暂时出局的贾跃亭、罗永浩，哪个不是讲故事的高手。所以，讲故事，无疑是最好的传播形式。"讲故事"一词可以算是舶来品，因为在英文的语境里，内容营销非常流行的一个词就叫storytelling，直译成中文也就是"讲故事"。相较于一般意义的故事，创业故事是关于企业家和其公司的故事，讲述在企业创建、获取资金、实现盈利、形成声誉等过程中发生的冲突事件和故事情节。创业故事的核心是创业身份的塑造，这是创业故事和非创业故事的本质区别。创业身份是关于自身的定义，包含创始人（个人层面）、拟议的新企业（组织层面）和重点机构部门（市场层面）三个层面，有助于创业企业传递三个递进式的问题：①我们是谁；②我们要到哪里去（意味着愿景与目标）；③我们如何去（路线图与关键技术）。

2. 创业故事的阶段性

技术创业具有更为明显的阶段性，往往是先进行基础的技术研发，再通过技术创新驱动的方式实现对技术的商业化和产业化，技术创业的过程可以划分为：基础研发产生创新技术或知识—技术创新转化为创新机会或构想—技术开发或新企业创建过程—商业模式确立。因此，技术创业企业的构想阶段、商业化阶段、成长阶段的生命周期划分较为明晰。技术创业企业由于具有较高的信息壁垒和技术壁垒，技术创新企业的顾客、投资者等利益相关者无法在短时间内对其充分认知，其讲故事的过程面临着更大的挑战。

一方面针对带有感性诉求（如以放松或娱乐为目的）的顾客听众，创业故事往往侧重于塑造自身的独特性，如讲述或证明自己的动机（非赚钱而是使人们致富）、方法（使用上好材料和突破性技术）、效果（使用本产品是为环保贡献）与其他企业存在显著不同；而讲述给被理性主导（从投资中获得利益）的投资者的创业故事侧重于自身的规范性，如说明自己遵循成功公司的战略，展示企业掌握了关键资源，高管团队拥有良好的特质，企业的财务状况良好。

另一方面，针对投资者在不同发展阶段的变化，在构想阶段，参与技术创业的人员专注于开发产品底层技术和创建产品原型，资助管理者、大学教授或具有领域专业知识的科学家为合法性评估者以及创业故事主要听众，他们追求学习合作的开放性；在商业化阶段，创业者将注意力转移到降低市场风险上，风险投资家和天使投资人为合法性评估者及创业故事主要听众，他们追求长期财务自身利益，证明其具有增长和发展的潜力以及管理团队具有良好声誉；在成长阶段，需要大量注入资本来扩大其业务范围，可以通过在证券交易所上市来寻求公共市场的资本，机构投资者为合法性评估者及主要听众，他们追求短期财务自身利益，证明股价的增长潜力以及高管的良好声誉。

技术创业企业在从前一阶段向下一阶段实现合法性门槛跨域的过程中，要求在其运营环境的不同部分叙述不同的创业故事，以满足不同（新旧）受众期望的需求。

9.3.2 创业故事的要素

故事叙述可以通过“身份表述”“情景表述”“行为表述”三种机制提供有关创业企业的身份描述、情景嵌入、机会开发行为逻辑的信号线索，见图9-1。进而有助于化解与外部受众之间的信息不对称，提升其对机会开发逻辑以及能力的认知；同时还有助于降低投资人投资决策的不确定性，形成有关创业企业未来价值创造潜力的合理判断。

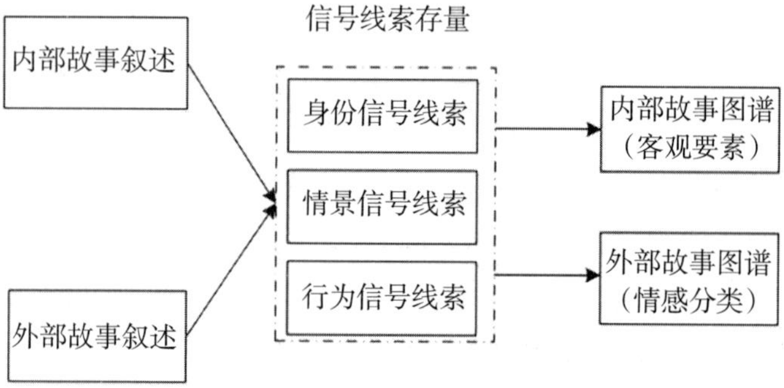

图9-1　技术创业企业故事叙述图谱构成

1. 从内外部视角进行分析

技术创业过程中由科学家、政府专家和媒体等地位较高的行动者撰写的故事之间的互动连接，可以产生一种对技术价值创造潜力的必然感，这些“增长故事”促进了对未来的预期，进而影响了利益相关者的判断。基于此，故事叙述分为内部叙述和外部叙述，内部叙述为技术初创者或企业本身的故事叙述。外部叙述为第三方故事叙述，即由外部专家、政府官员和媒体等对技术、企业和行业的预测和评价。

2. 从信号线索视角进行分析

内部叙述和外部叙述的基本目的是通过对故事的编码和排序向外界传达一个更为合理和难忘的“互联网人设”，回答“我们是谁”“我们要到哪里去”和“我们怎么做”三个递进关键问题，以提高其在关键利益相关者和外部受众眼中的合法性和可理解性。其中，“我们是谁”对应于“身份表述”；“我们要到哪里去”意味着“情境表述”，代表愿景与目标；“我们怎么做”意味着“行为表述”，代表着路线图与关键技术。

3. 从故事载体视角进行分析

与一般的叙事行为相类似，学者们普遍认为创业故事包括口头模式和书面模式两种符号表现形式。口头模式是即兴故事或“小故事”，主要采用口语符号，包括企业家们在与员工、客户和供应商的日常对话中分享的故事，以及在正式演讲中向银行家、风险投资家和媒体代表这样的听众讲述的更加官方化的故事。

书面模式包括故事片段或“最小叙述”，主要采用文字符号和图像符号，出现在公司宣传册、网站和产品包装等宣传资料上，以及在年度报告、商业计划和IPO招股书明书等文件中做更完整的叙述。但由于书面模式中的“视觉文本”和口语模式中的“语言文本”在符号特征、信息结构、叙事性表达（观点和态度的传达）等方面存在着差异，在不同的创业情景和创业阶段下两种文本表达形式的选择倾向性存在着差异。

9.3.3　创业故事的叙述技巧

1. 创业故事叙述的技巧

传统意义上来讲，故事是包含开头、过程和结尾的叙事结构，如图9-2所示。它包含很多角色，且通常有一个引子。这个引子改变了当前的情况，使得主角必须采取行动，并在与其他角色互动中发起或参与事件。一般来说，这个主角会面临挑战，必须克服障碍，在这个过程中学到知识并认识自己，最后改变了现状或世界。

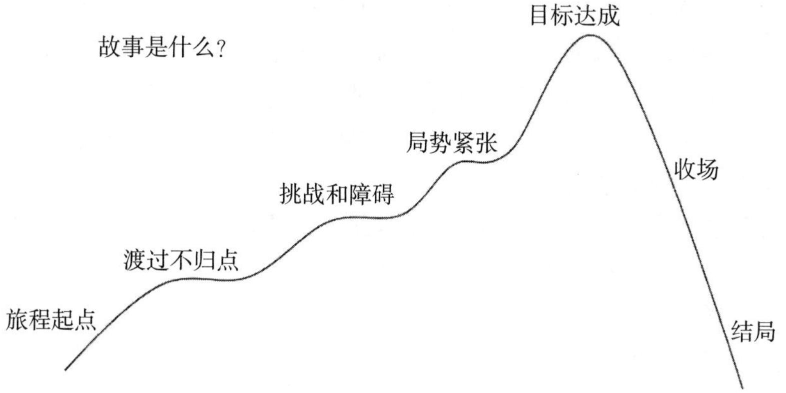

图9-2　一个典型的故事结构

（资料来源：medium.com）

无论“外部故事”如何构建，它进入人们的“感知”层面后只有经过“内化”，成为内部故事，才能被受众作为认知事物的资源。因此，讲好故事需要遵循故事内化的规则，以适当的逻辑和方式向受众讲出故事，从而提高受众情感的摄入程度。

（1）在叙事逻辑上，可以从时序和情节入手，一个完整的故事依据时间顺序和因果关系进行编排，故事结构往往由情景导入、出现冲突和困难、解决问题这三个情节展开。

（2）在叙事方式上，要把握“一个核心”的原则，故事讲述要围绕一个核心故事原型，但可以有不同的讲述方式。

（3）要整合多种途径和方式，在讲故事中，要针对不同的受众群讲述不同于竞争对手的不同形式的创业故事，可以采取不同的方式。

（4）故事叙述简单化却留有空间，受众对故事刚好理解就足够了，让受众在留有的空间中去构建自己的故事。

传统的观点认为，企业都是靠左脑思维——逻辑、定价和规格主导着说服的过程。很多创始人都期望用成本和收益数据来赢得投资者的心，尤其是技术背景出身的创始人，沉迷于向投资者解释产品特性或技术，并且非常注重细节。虽然数据很重要，但他们传递的信息往往是混乱的、冷冰冰的，听众并不能很好地接收和反馈，没有明确的目标感，推销就会变得无聊、乏味而且很容易就会被遗忘。事实证明，情感是更好的营销工具。将想法与情感结合，听众的参与度会大幅提升，说服效果也会大大提高。而想要完美结合这两者，最好的办法便是讲一个故事。故事能够通过生动的表达将信息变得具有画面感，更加具象化和可感知，这种信息的图像化转换使得故事相比于数字会更加容易被人记住，更容易被辨认和认同。所以，与其只谈论千兆字节、带宽、每月活跃用户或平均花费，还不如讲述你设计方案时的心路历程；与其把重点放在数据上，还不如讲一个你是如何帮助用户解决问题的故事，在故事中包装你的数据。

2. 创业故事叙述的内容

那么创业者讲述的故事中都需要包含什么要素呢？根据统计，一个完整的故事叙述包含了以下相关内容。

（1）市场介绍。

创业项目所在的市场情况：

- 市场容量有多大；
- 目前的竞争情况，有哪些领先者；
- 市场未来的发展趋势。

（2）存在问题。

- 整个市场还有哪些问题没有解决；
- 用户的哪些需求还没得到满足；
- 能用钱解决的问题都不是问题。

注：你的创业项目一定是对准某一个市场需求，而且这个需求目前没有很好的解决办法。

（3）如何解决。

- 针对上面提出的问题，你是如何解决的；
- 是否有成功案例。

比如：360解决了用户杀木马和病毒插件的问题，QQ解决的是用户网络交流的问题。

（4）市场规模。

整体市场的规模有多大：

- 用有说服力的数字来表达；
- 不要随意估算，要有数据支撑；
- 不是要长篇大论行业分析报告，投资人每天都在看各种报告。

（5）同行分析。

直接竞争对手和间接竞争对手：

- 他们的经营情况；
- 有哪些问题存在。

（6）核心竞争力。

任何一个项目，都必须有一个核心竞争力：

- 难以被他人复制；
- 无法用钱直接购买。

（7）盈利模式。

- 模式清晰简单；
- 如果不知道如何赚钱就如实说，千万不要生拉硬套说出一些盈利点。

很多时候一个崭新的项目在刚开始的时候都是不知道如何赚钱的，对于一个早期项目来说，许多所谓商业模式都是假的，初期获客的能力就是你展现未来商业能力的一部分，盈利模式这一点投资人会帮你梳理的。

（8）发展目标。

● 已经做了什么；

● 接下来打算做什么；

● 未来几年有哪些计划。

（9）资金需求。

● 不要预测未来三年能挣多少钱，没人会信。

● 说说未来一年或者六个月需要多少钱，如何用。结合实际，千万不要漫天要价。

（10）团队介绍。

详细介绍团队：

● 团队都做过什么项目；

● 团队成员的工作经历、实际经验。

课后练习

【课外练习题一】

要求创始团队坐在一起进行头脑风暴，因为每个人都有思维的盲点，然后把头脑风暴的内容用思维导图的形式整理好，这样就会有一个整体思路了。思路有了之后，不要急着马上做PPT，建议先在纸上将每一页要表达的意思、构图用铅笔画出来，这样可以节省很多制作时间的，就像导演拍电影，都会把每个镜头先用笔画出来。然后和伙伴们讨论、修订。有了上面两步的基础之后，就可以开始制作PPT了。

学习目标：

（1）学会把头脑中的创意转换为商业计划。

（2）学会用思维导图把创业计划中各细节问题具体化。

（3）确保团队成员对创业计划中的细节形成统一的理解和认知。

（4）掌握制订创业计划的相关方法。

练习要求：

（1）本作业要求在课堂上完成讨论初稿，并于2～3周后完成PPT制作。

（2）在课堂上讨论：学生以纸质草稿形式展示创业计划书的思维导图，并讨论相关核心内容。

【课外练习题二】

（1）写下你的定位：利用课本中的模板，为你的产品和公司准备一个定位陈述。如果你有多个客户群体，可以为每一类客户都准备一个。

（2）画出你的创业之旅：抓起一张纸，画出一条线，突出你的创业故事中的关键时刻：是什么经历播下了你想法的种子？你曾经面对什么样的挑战？你现在在哪里？你想去哪里？

（3）准备一个产品新闻发布会：如果今天是你发布新产品的日子，你最想让媒体知道什么？通过模拟新闻发布会，你将会知道如何更好地介绍自己的产品。

学习目标：

（1）理解创业故事的核心内涵，并学会构建创业故事。

（2）掌握创业故事讲述的技巧，让故事叙述变得有吸引力。

练习要求：

（1）请学生们每人在以上练习中任选一个进行准备和演绎。

（2）在课堂上讨论：每个学生独立准备，独立演绎。准备时间为20分钟，演绎时间为3分钟，演绎形式不做限制。

【本章思考题】

1. 创业计划书的写作目的是什么？
2. 创业计划书由哪些核心模块构成？每个核心模块所包含的内容有哪些？
3. 创业计划书写作中常见的错误有哪些？
4. 创业故事叙述的内涵是什么？
5. 创业故事叙述和普通的故事叙述有什么异同？

第10章　技术创业企业的资源获取

【核心问题】

（1）创业资源有哪些？

（2）怎样获取创业资源并实现其价值？

（3）创业资源获取的影响因素有哪些？

（4）技术创业企业如何进行资源管理？

【学习目标】

（1）理解创业资源的类型和作用；

（2）掌握技术创业企业的资源获取策略；

（3）明晰技术创业企业资源获取过程中的影响因素；

（4）理解技术创业企业进行资源管理的过程和机制。

【引例】

2010年夏天，房地产市场低迷，我所在的代理公司业绩滑坡，我便辞掉了销售经理的工作。那时候比较迷茫，我渴望获得成功，思来想去也只有创业可以帮助自己实现这一梦想。后来去杭州游玩了一趟，无意中吃到甜甜圈，感觉很喜欢。有一天在网上找项目，发现有人要转让甜甜圈项目，于是萌生了开甜甜圈店的想法。我便走访南京所有做甜甜圈的店铺，然后按照心中的想法先把店开起来。

开业的时候连鞭炮都没有放，也没有花篮，就静悄悄地低调开业了，只在门口放了一块牌子“小店开张，买三送三”，没想到门庭若市，因为是新手，效率不高，每天的产量跟不上，导致顾客今天来订只能后天取货。大概也是因为这个原因，大家一致认为我们的生意很好，这便有了小范围的口碑。这个阶段只持续了半个月左右，活动结束以后生意便立刻回落。

团购在那个时候也很火，突然有一天美团的负责人来找我们，双方一拍即合。和团购的合作时机恰到好处，正好是店里的开业活动刚结束没多久，我们还不知道接下来该怎么办的时候，团购就来了。上线第一天就卖了1000多份，效果特别好。那时候我们在意的是人流量，每天都有预约来领团购的，就带动了人气，从而提高了营业额。但团购的模式不赚钱，显然不能长期持续下去，不过在当时没有资源的情况下这已经是最好的方式了。

随着时间的推移。我们意识到光靠店铺的自然人流量是支撑不了的。紧接着我们在淘宝上开设了店铺，做起了线上甜甜圈销售，让天南海北的“吃货”都能吃到我们的甜甜圈。后来在淘宝做了一次活动，突然间生意就这么来了，而后我们大部分精力都集中到线上销售。2010年年底的时候我们也开通了新浪微博，慢慢摸索积累粉丝，做得最多的就是转发粉丝发的图片，对客户的评价第一时间做出回应。在微博上首先做的尝试是联合本地有知名度的餐饮美食微博做试吃活动，因为产品卖相好，相比于其他餐饮，粉丝更喜欢拍照分享，传播力特别强，再加上甜甜圈的主要客户群是女孩，而她们大多喜欢在微博上交流。经过一段时间的推广，我开办的甜甜圈店铺在本地已经小有名气，同时也结识了一些美食达人，通过他们的介绍又认识了一些电视媒体的朋友，在他们的帮助下做了一次甜甜圈店的专访，知名度又上了一个台阶，店铺销售额也随之上升。

创业中只要合理利用资源，敢于尝试，彻底地执行，在失败中总结经验继续努力，就会更接近自己的目标。

（善于利用资源成功的创业故事，http://www.zhuna.cn/zhishi/171077.html）

10.1 创业资源的概念及类别

10.1.1 创业资源的概念及理论

重要概念

创业资源

创业资源是指企业创立以及成长过程中所需要的各种生产要素和支撑条件。

企业是一个异质性资源的组合，而资源是企业在向社会提供产品或服务的过程中，所拥有的或者所能支配的用于实现自己目标的各种要素以及要素组合。创业活动本质上是各类创业资源重新整合，支持企业获取竞争优势的过程。

重要理论

资源基础理论

基本观点：将企业概念化为一系列资源的集合体。

资源基础理论的基本思想是把企业看成一个资源的集合体，从而将目标集中在资源的特性和企业的战略要素上，认为资源是企业进行生产经营活动必不可少的要素，并获得可持续的竞争优势和相互间的差异。

重要理论

资源依赖理论

基本观点：组织最重要的问题是生存，为了生存，组织需要资源，然而任何组织均无法完全获取所需要的所有资源。为了获得这些资源，企业就会同它所处环境内控制这些资源的其他组织产生互动关系。由此，对资源的需求构成了组织对外部的依赖。

资源依赖理论的核心假设是组织需要通过获取环境中的资源来维持生存，没有组织是能自给自足的，组织应该设法减少或去除对某些资源的依赖，或设法去掌握该资源，以维持其存续。资源依赖存在共生依赖和竞争依赖两种关系，创业企业与经销商、供应商及顾客之间的关系属于共生依赖，新创企业与竞争对手之间的关系属于竞争依赖关系。新创企业可以利用与客户、供应商、投资者和各类服务机构之间所形成的共生关系获取金融资本、关键技术、人力资本和管理经验，也可以利用与竞争对手间的商业联系来构建分销渠道、提升品牌认知、获取市场资源。

重要理论

资源拼凑理论

基本观点：企业不仅需要获取、分类、发展和利用资源，还需要通过创新从现有资源中生成新的资源，配置资源的方式差异对新企业成长产生了关键影响。

创业资源拼凑的关键就是发现手头资源的新用途或使用价值，并且用它来开发创业机会，进而实现创业价值。资源拼凑理论在自身的发展过程中形成了三个核心概念，即“凑合利用”“突破资源约束”和“即兴创作”。“凑合利用”是指利用手头资源来实现新的目的和开发新的机会，重在对资源的创新性利用；“突破资源约束”是指创业者拒不向资源、环境或者制度约束屈服，积极主动地突破资源传统利用方式的束缚，利用手头资源来实现创业目标，因而凸显了创业者在资源拼凑过程中表现出来的创新意识以及创造创业价值所必需的可持续创业能力；而“即兴创作”与前面两个概念紧密相关，是指创业者在凑合利用手头资源、突破资源约束的过程中必须即兴发挥，创造性地使决策和行动同时进行。

10.1.2　创业资源的类别

1. 按资源来源分类

创业资源按来源可以分为自有资源和外部资源。自有资源是指创业者和创业团队自身所拥有的可用于创业的资源。外部资源是指需要从企业外部获取的各种资源。自有资源的拥有状况会直接影响外部资源的获得和运用，因此，自有资源对于创业是至关重要的。

2. 按资源存在形态分类

创业资源按存在形态可以分为有形资源和无形资源。有形资源是具有物质形态价值，可以度量的资源，如技术设备、资金等。无形资源是具有非物质形态价值，难以精确度量的资源，如政策资源、企业品牌、技术专利、个人信誉等。创业资源更多地表现为无形资源，而无形资源往往是撬动有形资源的重要手段。

3. 按资源性质分类

（1）人力资源。人力资源既包括创业者与创业团队的知识、训练、经验，也包括团队成员的判断力、视野、愿景、价值观和信念，甚至是人际关系网络。

（2）社会资源。社会资源主要是指由人和社会关系网络形成的关系资源。社会资源可以说是人力资源的一部分或者说是一种特殊的人力资源，社会资源能够使创业者有机会接触到大量的外部资源，有助于创业者通过关系网络，增强与合作者之间的信任，从而减少潜在风险。

（3）财务资源。财务资源主要是指资金。创业初期，由于缺乏抵押物等多方面原因，创业者从外部获取大量财务资源比较困难，财务资源主要来自创业者自身、家庭成员或朋友。

（4）物质资源。物质资源主要指是创业活动所需的有形资产，如场地、设备等，有时也包括一些自然资源，如土地、森林等。

（5）技术资源。技术资源主要是指发明专利、生产工艺、专用设备等。技术资源是与物质资源结合，可以通过法律手段予以保护，从而形成组织的无形资产。

（6）组织资源。组织资源是指组织内部的正式管理系统，包括组织结构、运营流程、工作规范、信息系统、沟通机制、决策支持等。在组织资源的支持下，人力资源才能更好地发挥作用，企业文化得以培养。创业过程通常被解释为组织的形成过程，因此，组织资源对于创业企业来说是具有标志性意义的资源。

4. 按创业资源在创业过程中的作用分类

创业资源按在创业过程中的作用可分为战略性资源和运营性资源。战略性资源的特点是能够创造独特的竞争优势。运营性资源是指区别于战略性资源的一般性资源。受资源约束的创业企业在资源数量上不如成熟企业，但富有创意和创业精神的创业者本身，就是难以模仿且不易被替代的战略性资源。独特的商业模式、破坏性的创新、企业文化都有可能成为创业企业的战略性资源。

10.1.3 创业资源的作用

创业资源是新企业创立和运营的必要条件，主要表现形式为：创业人才、创业资本、创业机会、创业技术和创业管理等。一个成功的创业者不仅善于选择和把握一个好的商业机会，制订一个好的创业计划，而且对创业所需的资源也有着特殊的态度、战略和技术。他不仅仅强调拥有对资源的所有权，更重要的是对资源的控制和影响。资源既包括金钱方面的资源，也包括非金钱方面的资源，而且非金钱方面的资源要比人们通常想象的重要得多。创业者可以用来创建新企业的资源主要有三种：财务资源、人力资源和技术资源。财务资源是指企业采取现金形式或易于变现形式的流通的资源；人力资源是指企业的各类人员以及他们奉献于企业的努力、知识、技能和洞察力等；技术资源是企业获取竞争优势的重要来源，同时也是改变生产经营环境、改变人的生活的重要因素。创业者要获得创业的成功，就必须积极努力去获取上述这些资源。

1. 财务资源的作用

财务资源是创业者创业成功所必需的物质基础，如果没有财务资源做后盾，创业只能停留在梦想和计划的阶段，永远无法实施，创业也只是一句空话。财务资源主要分为6种：现金、贷款、应收账款、投资资本、在其他企业的投资以及透支工具。一个创业者需要致力于获得各种不同资源以推进创业企业的发展，但是钱往往是创业者最先考虑的，因为钱是最具有流通性的资源，通过它可以很方便地获得企业所需要的其他经营性资源。

财务资源是新创企业成长的重要“营养液”。如果财务资源不足，就会导致“婴儿期”的新创企业营养不良。轻则使企业因资金不足而丧失盈利能力，重则可能导致企业因现金流枯竭而夭折。在创业实践中，我们经常看到，有些创业者守着很有发展前景的项目，却苦于财务资源不充足而只能望洋兴叹。显而易见，靠绝妙的商业创意打造出的新创企业有可能因为财务资源的不足半途而废。因此，创业资源的获取是一件非常重要的前期工作。

2. 人力资源的作用

人是一种特殊的资源。人力资源是新企业成功的关键要素，财务资源和经营资产资源本身并不能为企业提供竞争优势，它们必须由组成企业的人以其独特的创新方式并利用其才能为企业提供竞争优势。

创业者代表着创业的起点，是创业企业最有价值的人力资源。创业者要想取得成功，必须正确地分析自己的优缺点和确定自己的技能差距。创业者能够在多大程度上为其企业做出专门贡献取决于企业的规模、工作人员的数量和素质。如果企业只依赖于财务资源和经营资产资源就什么也得不到，这些资本必须由人来使用才能推动企业的发展。创业企业的成功，是企业人力资源运用获得的财务资本创造性工作的结果。

3. 技术资源的作用

技术资源是企业获取竞争优势的重要来源。首先，技术资源创造全新业务和开辟竞争新领域。企业常常进行基础研究和应用研究来发掘全新的业务。技术能力产生了许多新业务，这些技术能力以产品的形式体现，被领先企业推向了市场。这种情形并不仅限于制造业。在服务领域中，新技术的采用也是许多新服务产生的重要基础。金融、通信、民航、信息网络等许多服务行业都已经成为技术应用的大宗客户。其次，技术资源改变现有竞争领域的竞争规则。企业也利用技术来改变现有竞争领域的竞争规则。此时，潜在顾客仍然是市场中的原有顾客，但通过技术在产品或价值链构造中的应用，企业能够提高相对于竞争对手的市场地位。再次，技术资源支持现有业务的发展。其途径是产品创新和过程创新。产品创新的重点放在提高产品性能或提高消费者的接收程度，过程创新的重点放在改进制造过程或使用不同的创新的原材料。这两种方式的目标都是提升企业在现有竞争领域的竞争地位。

技术资源应用强化了供应链的管理。当企业进行供应链管理时，技术具有关键的作用。我们知道，在接获订单、开始生产，以及完工交货这一工程中，由于估计产量不精确等因素存在，往往会导致产品计划阶段和完工阶段的时差拉得过长而给企业带来损失。那么，如果合理应用技术，就可以解决这一棘手的问题。显而易见，对企业而言，最好的做法就是设法生产消费者需要的产品。在这一方面，不少计算机程序可以根据某一特定产品使用者的数据，协助厂商估算消费者究竟需要多少这项产品。诸如此类的应用，使得技术在供应链的管理中显示出重要的作用。

技术资源改变了企业在产业价值链中的地位和作用。技术在价值链中的运用不仅包括活动中的特定技术，还包括将现有活动进行有利的合并。因此，从大规模生产到大规模专用化的转变使企业价值链发生了重大变革。一般来说，技术应用不仅强调特定技术的应用，而且还包括重大技术集成可能性的选择。实际上，对产业中的较小参与者来说，在价值链中运用新技术是获取竞争优势的主要手段。

技术资源是后进企业改变竞争地位的重要手段。例如，在商业银行领域，随着金融体制改革的不断深化，一大批新型商业银行像雨后春笋般蓬勃发展起来。这些新兴银行已经不能再像传统的国有商业银行一样，依靠从业人员的增加、分支机构的扩展、营业网点的延伸、营运网络的密集布局等来达到经营规模和服务质量的要求。它们依靠采用新兴技术，比如网络技术、ATM系统等的支持，仅用少量的网点、人员或机构，很快就具备了同大型国有商业银行竞争的实力和地位。

10.2 技术创业企业资源的特性

技术创业企业的资源具有价值性、稀缺性、难以模仿性和不可替代性。

1. 价值性

资源的价值性主要是提示创业者应该重视挖掘资源的质而不只是占有资源的量。因为资源获取本身需要承担成本，部分创业企业为了筹集资金而筹集资金，因为没有好的投资项目而导致资金闲置，造成很大损失。

2. 稀缺性

资源的稀缺性实际上是指一种供求不平衡的状态。如果资源已经被大多数竞争者所拥有，它就不具有战略属性。

3. 难以模仿性

稀缺资源很重要，但最好是难以模仿的资源或者是需要付出极大代价才能复制的稀缺资源。技术创业的稀缺资源主要是技术资源和市场资源，技术的强大壁垒和突破创新对企业的生存发展具有至关重要的作用，市场资源能够帮助企业迅速打开市场，获得经营效益。

4. **不可替代性**

不可替代的资源是指无法被一般性资源所取代的资源，这也是企业的核心竞争优势。对于技术创业者而言，专利、商标等知识产权法律手段可以有效规避技术替代风险，而且随着数字化技术的不断发展，企业的运营成本大大降低，企业应顺势而为、勇于创新，形成自己的竞争壁垒。

10.3　技术创业企业的资源获取策略及影响因素

10.3.1　技术创业企业的资源获取策略

资源获取是新企业在确定资源需求以后利用自身的初始资源获取所需资源的过程，新企业要保持较高的成长性，就必须广泛获取外部资源，其关键在于如何以较低的成本来获得所需的资源。新企业主要通过外购、联盟、吸引和积累等方式获取外部资源。

1. **外购**

外购是通过直接经济交易的方式来实现资源的转移，通过支付全额费用来获取资源。主要包括购买厂房、装置、设备等物质资源，购买专利和技术，聘请有经验的员工等。需要注意的是，诸如知识尤其是隐性知识等资源虽然可能会附着在非知识资源之上，通过购买物质资源（如机器设备等）得到，但很难通过市场途经直接购买，因此，需要新企业通过非市场途径去开发或积累。对创业者来说，购买资源可能是其最常用的资源获取方式，大部分资源，尤其是物质资源、技术资源、人力资源等都可以通过从市场上购买的方式得到。资源并购是通过股权收购或资产收购，将企业外部资源内部化的一种交易方式。资源并购的前提是并购双方的资源尤其是知识等新资源具有比较高的关联度。并购是一种资本经营方式，通过并购可以帮助创业者缩短进入一个新领域的时间，从而及时把握商机，实现创业目标。

2. **联盟**

联盟是指通过联合其他组织，对一些难以或无法自己开发的资源实行共同开发。这种方式不仅可汲取显性知识资源，还可汲取隐性知识资源。但联盟的前提是联盟双方的资源和能力互补且有共同的利益，而且能够对资源的价值及其使用达成共识。通过联盟的方式共同研究开发获取技术资源也是创业者经常采用的方式，尤其是对于高科技企业来说，通过与高等院校和研究机构联盟，可以在不增加设备投入的同时，及时得到企业发展所需要的技术资源，使企业保持可持续发展的后劲。

3. 吸引

吸引是以创业意愿和预期回报来引起资源主体的投资兴趣，吸引他们参与创业。创业者具有很强的资源约束，因此更倾向于利用自己的社会网络来获取所需的资源。资源吸引指发挥无形资源的杠杆作用，基于新创企业的商业计划，通过对创业前景的描述，利用创业团队的声誉来获得或吸引物质资源（厂房、设备）、技术资源（专利、技术）、资金和人力资源（有经验的员工）。创业者在接触风险投资或者技术拥有者的过程中，可以通过描述创业前景或展示团队良好声誉，获得资源拥有者的信任和青睐，从而吸引其主动将拥有的资源投入创业企业之中。

4. 积累

高效的创业者可以通过与资源主体建立关系，利用信任和承诺等社会交易方式来获取自己所需的资源。但是，有些特殊资源是无法从外部直接获得的，如特殊的人力资本，因此，新企业必须采取内部积累的方式，提升现有资源的质量来获得特殊资源。资源积累指利用现有资源在企业内部通过培训，形成所需的资源。主要包括自建企业的厂房、装置、设备，在企业内开发新技术，通过培训来增加员工的技能和知识，通过企业自我积累获取资金等。创业者很多时候会采用资源积累的方式来筹集企业所需的人力资源或技术资源。通过资源积累的方式获取人力资源可以作为一种激励方式，激发创业团队或企业员工的工作积极性，提高工作效率；通过资源积累的方式获取技术资源，则可以在获得核心技术优势的同时，保护好商业机密。

10.3.2 技术创业企业资源获取的影响因素

资源获取是在识别资源的基础上，得到所需资源并用于创业过程的行为。对于新创企业而言，是否能够从外界获取所需资源，首先需要资源所有者对创业者或者创业团队的认可，而这一认可在很大程度上取决于商业创意的价值。商业创意为资源获取提供了杠杆，一项能被资源所有者认同的、有价值的商业创意，才有助于降低创业者获取资源的难度。

除了商业创意的价值，影响创业资源获取的因素还包括创业导向、创业者（创业团队）先前工作经验、资源配置方式、创业者能力、社会网络等。

1. 创业导向

创业导向强调企业通过市场分析来选择并实施战略行为和新市场进入行为。创业导向反映了企业建立新事业、应对环境变化的一种特定心智模式，这是一种态度或意愿并会导致一系列创业行为。

在常见的创业研究模型中，创业导向被划分为三个维度：创新性、风险承担性和前瞻性。创新性是指“企业热衷于能够带来新产品、新服务、新工艺的新思想、新观点和新的实验手段”，风险承担性是指“管理者愿意承担较大和有风险事务的程度”，前瞻性是指“企业通过预测未来需求改造环境，来寻找比竞争对手更早引入新产品或服务的机会”。在日益激烈的竞争环境中，新创企业往往需要采取更多的创新行为、承担更多的风险来参与竞争，以取得良好的企业绩效。在明确的创业导向指引下，企业能够创造性地整合资源、利用资源，并在资源的动态获取、整合，利用过程中，注意区分不同的资源，充分发挥知识资源的促进作用。为此，创业者要注重创业导向的培育和实施，充分关注创业团队的价值观、组织文化和组织激励等影响创业导向形成的重要因素。

2. 创业者（创业团队）先前工作经验

创业者（创业团队）的先前工作经验分为创业经验和行业经验两大类。其中，创业经验是指先前创建过新的企业或组织，是创业者在此过程中所获得的感性和理性的观念、知识和技能等，它提供了诸如机会识别与评估、资源获取和公司组织化等方面的信息。行业经验是指创业者在行业中的先前工作经历，它提供了有关行业规范和规则、供应商和客户网络以及雇佣惯例等信息。

创业过程本身就是一个知识转移的过程。从先前创业经验中转移来的知识能够提高企业家有效识别和处理创业机会的能力，有助于发现、获取创业资源。拥有创业经验的创业者有一种“创业思维定式”，驱使他们寻求和追求那些最好的机会。在不确定性和时间压力下，先前创业经验提供了有利于对创业机会做出决策的隐性知识，这种隐性知识可以通过创业者转移到新创的组织里，因此，创业者拥有较多的创业经验更容易获得可取的特定机会，从更多的途径获取到创业资源。此外，先前创业经验还提供了帮助创业者克服新企业面临的新的不利因素的知识。这些都能够帮助社会企业家规避风险，增强他们的资源获取能力。

先前行业经验中所积累的顾客问题知识、市场知识等造就了创业者的“知识走廊”，强化了其发现创业机会、获取资源的能力。同时，先前行业的管理经验能够帮助创业者解决创建和管理创业团队过程中遇到的诸多困难，而且管理能力越强，获取资源的可能性越大。此外，拥有先前行业经验的创业者往往拥有更强的社会网络，其在先前行业中获得的公正声誉和处理利益相关者之间关系的技能有利于新创企业获得合法性认可。

3. 资源配置方式

资源配置是指人们对相对稀缺的资源在各种不同用途上加以比较做出的有利选择。在创业过程中，资源总是表现出相对的稀缺性，创业者不可能获取到所有资源以开发创业机会，因此要求创业者对有限的、稀缺的资源进行合理配置，充分利用好已有的资源、身边的资源、别人不予重视的资源，发挥资源的杠杆撬动作用。

资源的配置方式有市场交易与非市场交易两种。在市场经济条件下，大多数资源可以通过市场交易而得到。但是，由于资源的异质性、效用的多样性和知识的分散性，人们对于同样资源往往具有不同的效用期望，有些期望难以依靠市场交易得到满足。因此，如通过资源配置方式创新，能够开发出新效用，使之更好地满足资源所有者的期望，创业者就有可能从资源所有者手中获得资源使用权，以开展生产经营活动。

4. 创业者能力

创业资源获取的关键往往取决于企业的软实力，一是创业者的信息搜寻能力，二是创业者的管理能力。

识别资源的来源是新企业获取资源的前提。企业需要搜集和掌握大量资源所有者的信息。创业者搜集到的资源所有者的信息越多，通过网络获得资源的效率就越高。信息搜索越有效，获取信息的效率就越高，成本就越低。信息搜集的渠道也就是信息的来源，可以通过互联网、公开出版物、竞争对手和关联方、展览和行业协会等渠道获得。主要包括：中国中小企业信息网、“创客中国”国家创新创业公共服务平台、世界创业实验室、创业邦、全国大学生创业服务网等。

创业者的管理能力是企业软实力的重要表现，管理能力越强，获取资源的可能性越大。创业者的管理能力可以从其沟通能力、激励能力、行政管理能力、学习能力和外部协调能力等多方面予以衡量。良好的沟通能力可以使创业团队表现出坚强的凝聚力，采取共同的行动，从而更容易获取必要的外在资源；团队激励和合作有助于企业综合能力的提升，产生团队外溢效果，获取必要的资产和资源；较强的行政管理能力有利于将各种资源进行较完美的匹配与组合，使企业的正常运作更有效率，企业因而会根据成员的要求和组织发展的需要，去吸引更多的人力资源和其他无形资产；学习能力则可以使创业者不断地提升自身管理能力，了解外部市场的变化和创业企业内部的需求，对其做出理性判断，运用一定的方式获取企业所需的资源；外部协调能力是创业者个人才能的外向性应用，创业者的外部协调能力越强，与合作者（如供应商、销售商等）达成一致的可能性就大，创业者就可以利用外部资源为企业服务，得到资源获取的外在效应，在获取必要资源的同时，为企业创造良好的发展环境。

5. 社会网络

社会网络是多维度的，能够提供企业正常运转所需的各种资源，也是新创企业最重要的资源之一。社会网络是隐性知识传播的重要渠道，它能通过促进信息（包括技能、特定的方法或生产工艺等）的快速传递而协助组织学习，同时还可以大大降低企业的交易成本，帮助企业获取与需求相匹配的资源，因此对于创业资源的获取具有重要意义。

研究表明，社会网络的关系强度、关系信任以及网络规模对创业资源的获取具有正向影响。因此新创企业应关注强关系网络的维护和利用以弥补其合理性的不足。强关系网络的主体通常以家庭、亲戚朋友为主，与这些关系的频繁、密切接触，更易于获取资金、技术、人力等运营资源和有益的创业指导与建议。不同的社会网络和网络地位，为人们之间的沟通协作提供了不同的渠道。在社会网络中处于优势地位的创业者，具有较好的社会关系依托，可以有选择地了解不同对象的效用需求，有针对性地对不同对象传递商业创意的不同方面，有目的地获取不同资源所有者的不同理解和信任，最终成功地从不同网络成员那里获取所需的不同资源，为自己进行资源配置方式创新奠定基础。

10.4　技术创业企业资源管理

10.4.1　技术创业企业的资源管理过程

1. 创业资源的识别

新企业的资源识别过程是创业者根据自己发现的创业机会和自己的愿景，在评价现有资源的基础上进一步确定资源需求和来源的过程，主要包括评价初始资源、细化需求、确定资源来源三个方面。新企业的初始资源始于创业者的资源禀赋，初始资源评价能够帮助新企业明确自己当前的资源和能力基础，了解下一步的资源和能力需求。资源识别会影响新企业的资源战略，并对它们的长期运作产生影响。新企业的创建通常是通过机会与资源的整合来实现的，然而具有不同创业动机的创业者其创业过程是不同的。根据创业者的不同驱动因素将新创企业资源识别过程分为决策驱动型资源识别过程和机会驱动型资源识别过程。

（1）决策驱动型资源识别过程。创业者首先形成创业决策，目的在于满足其自身的成就需要，然后再通过开发商业机会得以实现。由于这类创业者只拥有一种愿景，所以创业者将努力地挖掘自身现有的资源禀赋，从中发现可以实现其创业目的的可行性商业机会。这一过程是一个自上而下的过程，创业者首先将建立企业作为其创业目标，因此创业者的初始资源将决定其能够识别的商业机会，在这一过程中由于创业者对自身禀赋资源的反复评价，也将会对创业愿景进行不断地修改，这是一个反复的过程，直到创业者找到适合自己创业的商业机会为止，因此通过这一过程确定的商业机会是以创业初始资源为基础的。

（2）机会驱动型资源识别过程。创业者已经发现了可行的商业机会，然后决定创建企业并进一步开发机会，这种创业类型是将创办企业作为机会实现的手段，其目的是提供一种产品或服务。在机会型资源识别过程中，创业者对资源的识别和评价都是围绕商业机会来进行的，相对于决策驱动的识别过程来说，这种资源识别过程更注重机会开发所依赖的核心资源和独特能力，其他资源都是围绕这些基础资源来识别和利用。由于在资源识别之前创业者已经建立一个相对明确的计划，是自下而上的识别过程。创业者将从不同的驱动因素出发，对已掌握的禀赋资源进行识别，并加以归类，确定资源的不同用途，然后进入新创企业资源获取阶段。

新企业必须在评估初始资源的基础上进一步细化自己的资源需求，确定开发创业机会所需的资源结构。早期阶段，新企业应该着重关注资源识别，根据创业机会的特点详细列出自己的资源需求，并进一步确定各种资源的相对重要程度。在明确了资源需求以后，接下来就应该了解控制相关资源的主体（资源提供者）。有些资源掌握在个人手里，有些资源被竞争对手或潜在的竞争对手所控制，而还有一些资源则散布在社会网络中，因此，新企业必须根据自身的初始资源和能力来明确可能的资源来源。

2. 创业资源的获取

资源获取过程中，初始资源、创业网络、企业特征和创业者特性都会影响到企业的资源获取行为。由于资源所有者的先验知识有限，加之新创企业的技术和产品存在着不确定和信息不对称等问题，所以对于新企业来说在获得资源方面存在着很大的困难。新企业将会面对由于缺少顾客、供应商和政府部门等法律和外部主体所导致的不确定性。因此，资源所有者倾向于延迟资源投入直到企业暴露出更多的信息。除了不确定性，创业资源获取过程中也存在着复杂的信息不对称现象，因为相对于外部评估者来说，创业者占有较多的企业层面、产品技术层面和团队能力层面的信息，这种信息不对称导致了资源所有者不愿对新企业进行投资。首先，为了防止其他人利用同样的机会，创业者不愿意向资源所有者公开全部信息，因此用于评估的信息很可能是不完备的。其次，创业者可能采取机会主义行为，因为他们掌握资源所有者所不具备的信息。因此，面对以上的问题，新创企业在资源获取的过程中要灵活地利用资源获取方式来建立与外部资源所有者之间的联系，创业者可以利用工具型资源，通过识别创业禀赋资源的价值，利用有形资源杠杆和无形资源杠杆来实现资源的获取，如图10-1所示。

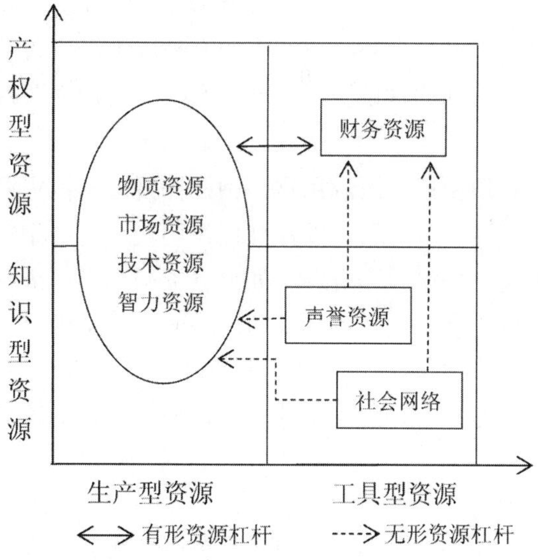

图10-1　新创企业资源获取过程

（1）有形资源杠杆。在创业初期，新创企业没有资源基础，因此很难从内部开发资源，获取资源的主要途径就是从外部资源所有者手中获得资源的使用权，基本方式是通过购买和租赁等工具型资源来获取所需资源。这种方式要求创业者掌握一定的资金或所有权性资产作为抵押，同时新创企业可能占有一定技术和市场资源等的生产型资源，创业者可以暴露这部分资产的期权价值，利用生产型资源来吸引其他资源所有者，我们称这种通过有形资产获取资源的方式为有形资源杠杆。新创企业在利用有形资源杠杆时，通常与资源所有者进行直接交易或签订期权合约，这种资源杠杆一般通过出让占有的资源或暴露资源的期权价值来实现。

（2）无形资源杠杆。新创企业占有和控制的资源必定是有限的，因此还需要通过其他方式来获取资源。在资源获取阶段，创业者可以通过个人的网络关系和声誉等资源，与资源所有者建立联系，从而获得资源，我们称这种途径为无形资源杠杆。社会网络对于新企业来说是一种异质的、有价值的资源，可以作为获得其他类型资源的杠杆。在新企业形成的早期阶段，创业者经常利用由个人关系建立的社会网络来获得财务资源、关键技术和管理人才以及购买订单。同时，创业者的社会网络和声誉是共同构成缓解不确定性和信息不对称问题的一种机制。社会网络能够促进资源获取过程：首先，社会网络能使资源所有者集中创业者能力方面的重要信息，了解新企业的技术和产品的市场潜力；其次，社会网络可以降低机会主义所产生的交易成本。声誉的形成是要靠时间积累的，但声誉的损毁却非常快，网络能够产生“自加强”效应来约束机会主义行为。

创业者在资源获取阶段同时利用这两种杠杆撬动其他资源。有形资源杠杆是双向的，既可以通过工具型资源发挥杠杆作用获取生产型资源，也可以利用生产型资源来获得有形的工具型资源，如财务资源，进而继续发挥工具型资源的杠杆作用。由于创业者个人声誉和社会网络的积累是一个长期的过程，所以无形资源杠杆只能发挥单向作用，即通过无形的工具型资源来获得生产型资源。因此，新创企业有效合理地利用这两类资源杠杆，能够提高新创企业的资源获取效率。

3. 创业资源的整合

资源整合是指新企业对资源进行组合配置以形成或提高能力的过程，主要包括稳定调整、丰富细化和开拓创造三个方面。新企业在获取资源以后，要通过整合资源来形成研发、营销等能力，进而利用这些能力来为顾客创造价值。新企业必须根据自己所处的环境合理利用自己的能力，丰富细化就是扩展和细化企业现有优势资源和能力的过程，一般适用于高度不确定的环境。在丰富细化过程中，企业可以通过学习新技能或增加互补性资源来实现资源的丰富化，这些追加的新资源既可以是企业提升现有资源，也可以是获取新资源的结果。但丰富细化过程会降低资源和能力的因果模糊性，导致经过丰富细化的资源或能力极易模仿。

资源整合有助于企业提升能力、提高绩效，这种影响效果随创业者特性、企业特征的不同而存在差异，并受创业网络和战略行为或导向的影响。资源整合过程不单单要将获得的资源加以整合，还要将创业者、创业团队的初始资源和其他资源一起转化为组织资源。对大多数新企业来说，组织资源不是立即形成的，而是通过逐渐的演进，经过一定时间形成的。创业者基于现有的资源和能力，对各种离散的产权型资源和知识型资源进行整合，形成系统的资源，并不断吸收新的资源，开发新的能力，对现有能力进行提升，最终实现资源的整合。

资源转化。在对离散资源组织和整合的同时，创业者和创业团队还必须将个人的优势资源投入新创企业之中，或者将个人的能力与组织优势相结合，产生独特的竞争优势，创业者的知识和能力是实现新企业资源规模不断扩大、价值逐渐提高的必要基础。创业者需要通过个人的能力来建立新企业，在进行资源整合的过程中要将个人的初始资源用于建立企业的竞争优势，从而开发、管理和维持整个资源基础。新创企业的资源整合过程最终将新创企业的离散资源转化为组织资源，各个环节之间相互依赖，是一个动态的过程。新企业的形成过程也是一个资源不断积累迭代的过程，每次经历资源识别、资源获取和资源开发过程后，在组织内部都会积淀一部分的组织资源，而这些组织资源又会进入下一资源整合过程，影响下一环节的资源识别过程，并作为创业者的资源杠杆用于获取其他资源。最终，组织资源作为资源开发的基础资源，用于整合新的资源。

4. 创业资源的利用

资源利用是指企业利用自己的能力来调配资源、开发商机、为顾客创造价值、为自己创造财富的过程，主要包括资源调动、资源协调、资源配置三个方面。资源调动是指基于某种战略目标识别和选取资源，利用这些资源来支持必要的资源结构，以便通过这种资源结构来开发新的商机。资源调动是资源开发必不可少的环节，但只依靠它是无法有效推动新企业成长的。因此，还必须通过资源协调过程来合理配置资源。资源协调是对调动起来的各种资源进行整合，以便对它们进行高效、合理的配置，并把它们整合成可利用的资源结构。最后，通过资源配置对资源结构与新企业的资源优势战略、市场机会战略等资源战略进行匹配。

课后练习

【课外练习题】

牛根生创业整合资源案例分析

没有任何资源，难道就不能做事情，不能创业吗，就不能赚大钱吗？我们不能被眼前的困难吓倒了，要明白一个道理，资源可以整合的，没有工厂，可以借别人的工厂生产，没有品牌，就先做别人的品牌，积累了一定基础后，再做自己的品牌，同时也可以整合其他品牌资源。比如说，大家都听过，怕上火就喝王老吉，你就说，上火就喝“降火王”，当别人喝王老吉的时候，同时也想到你。基本上企业的任何资源都可以整合。

现在这个时代，靠一个企业独立经营、单打独斗，力量是十分有限的，一定要整合各方面的资源才能把企业做大。

牛根生是这方面的牛人。牛根生刚开始只是伊利的一个基层员工，凭着自己的勤奋和聪明做到副总裁。后来因为各种原因辞职了，但是他那个时候已经40多岁了，去北京找工作，人家嫌弃他年纪大。没有办法，他又回到呼和浩特，邀请原来伊利的几个同事一起出来创业。人有了，但是没有工厂，没有品牌，没有奶源，每一个问题都是致命的。

牛根生开始整合资源了。第一个问题，没有工厂怎么办？他通过人脉关系找到哈尔滨一家乳制品公司，这家公司设备都是新的，但是生产的乳制品质量有问题，同时营销渠道这一块没有打通，所以产品一直滞销。牛根生找到这家公司的老板说：“你来帮我们生产，我们这边都是伊利技术高层，帮忙技术把关，牛奶的销售铺货我们也承包了。”这位老板一听，马上答应下来。而且他们几个一起出来创业的伙伴也有落脚的地方，解决了生存的问题。

第二个问题，没有品牌怎么办？在乳制品这个行业，没有品牌很难销售，因为品牌代表着安全可靠。牛根生借势、整合、打出口号：“蒙牛甘居第二，向老大哥伊利学习。”口号一出，让伊利情何以堪，却又哭笑不得。一个不知名的品牌马上挤进全国前列。牛根生不只是盯着伊利，还把自己和内蒙古的几个知名品牌联系起来，说：“伊利、鄂尔多斯、宁城老窖、蒙牛为内蒙古喝彩!”因为前三个都是内蒙古驰名品牌，把自己放在最后，给人感觉蒙牛就是内蒙古的第四品牌。牛根生整合品牌资源，没花多少钱，就让自己的品牌成为知名的品牌。

第三个问题，没有奶源怎么办？自己去买牛来养的话，牛很贵，也没有那么多人员去照顾。蒙牛整合了三方面的资源：一是农户，二是农村信用社，三是奶站的资源。用农村信用社的钱借给奶农，蒙牛担保，而且蒙牛承诺包销售。奶牛生产出来由奶站接收，蒙牛又找到奶站合作。蒙牛按时把农村信用社的钱还了，把利润又分给了奶农，趁机喊出一个口号："一年养10头牛，过的日子比蒙牛的老板还牛"。

我们能做事情，不是自己能做就能做，即使自己做也很难做好，而且会耗费太多的人力、物力。这个时候，我们就要整合资源，发挥自己的长处，借助别人的优势，用更少的成本创业，甚至零成本创业都有可能。

（案例来源：搜狐网，https：//www.sohu.com/a/127279499_427564）

请结合《牛根生创业资源整合案例》，回答以下问题：

（1）牛根生在创业初期遇到了哪些困难？

（2）牛根生是如何有效整合和利用资源的？

（3）你阅读完案例后有哪些心得和体会？

学习目标：

（1）明确创业资源的概念、类型和获取途径。

（2）了解创业项目的资源需求及其作用。

（3）明晰创业资源创造性利用的方法。

练习要求：

（1）本作业布置2～3周后上交。

（2）课堂讨论：学生通过PPT的形式分享创业资源整合的案例，着重讨论以下几个问题：资源识别、资源获取、资源整合、资源利用的过程和机理。

【本章思考题】

1. 创业资源更多地表现为有形资源还是无形资源？

2. 哪些资源需要在组织资源的支持下才能更好发挥作用？

3. "在创业初期，创业者拥有很多资源不一定是好事情。"你怎样看待这个观点？

4. 创业前最关键的资源是什么？创业企业持续发展最重要的资源是什么？

5. 如果你是一家创业企业的创业者，正在自己看好的领域创业，你会如何进行资源管理？

第11章 技术创业企业的融资

【核心问题】

（1）融资有哪些划分方式？

（2）什么是企业融资金融成长周期理论？

（3）创业企业的主要融资渠道有哪些？

【学习目标】

（1）掌握融资的划分方式；

（2）理解融资成本与融资风险；

（3）掌握创业融资的主要渠道。

【引例】

2001年在澳大利亚度过了14年留学和工作生涯的施正荣博士，带着自己十多年的科研成果回到家乡无锡创业。当无锡市有关领导得知施正荣的名声，以及他的太阳能晶硅电池科研成果在国内还是空白时，立即拍板要扶持科学家做老板。在市经委的牵头下，无锡市政府联合当地几家大型国企投资800万元，组建了无锡尚德太阳能电力有限公司。有了政府资金的鼎力支持，尚德公司有了跨越式发展，仅仅3年时间销售额已经过亿元，成为业界明星企业。

（来源：张雪奎，《创业者必须知道的创业融资小窍门》，2013）

11.1 创业融资的基本问题

11.1.1 融资

融资是指资金融通，有狭义和广义之分。就狭义而言，融资主要指资金的融入，即资金的筹集。就广义而言，融资包括资金的融入与资金的融出，资金的融出即资金的运用，或称为投资，广义的融资是资金双向互动的过程。本章所述融资是指狭义融资。

1. 依据资金的来源，融资分为内源融资与外源融资

内源融资，或称为内部融资，是企业的创始资本及其运作过程中的积累所形成的，通过内部融通资金，将留存收益和折旧用于扩大再生产的过程。其中，留存收益主要指经营活动中的利润和扣除股利之后的剩余部分留在公司以进行再投资，折旧是提取的固定资产有形或无形的损耗，用于重置固定资产的价值。内源融资资金来源于企业内部也不会产生相应的费用，有原始性、自主性、低成本、抗风险等特点，不需要支付利息或股息，节约交易成本，不会减少企业现金流，是企业发展初期的重要资金来源。

外源融资，或称为外部融资，是企业从外部融入资金以转化为投资的过程，主要依靠企业外部的个人或者机构以获取资金。随着企业的不断发展，内源融资能力的增长逐渐受到企业盈利能力、净资产规模等多方限制，仅依靠内源融资将难以满足企业扩大再生产的要求，所以需要外源融资以满足企业发展的需求。外源融资主要包括金融中介贷款、民间信贷，通过公开或私人市场所发行的股票、债券、票据等。外源融资具有高效性、大量性、集中性、灵活性等特点，可以动员全社会对储蓄资源的利用，优化社会资源的配置效率，在企业发展壮大中具有重要作用。

2. 依据资金获取方式，融资分为直接融资与间接融资

直接融资是指企业作为资金需求方，不通过金融中介机构，直接向资金提供方融资的形式，包括企业之间的商业信贷，发行的商业票据、债券、股票等证券。这种融资方式一般是双方直接建立债权债务关系，若以股权融资方式体现为所有权和控制权之间的关系，资金约束的主体为居民或个人，以及一些金融机构或有盈余的企业，企业需要对投资者或借款者的资本负责。而且，作为直接融资形式的股票和债权具有较好的流通性，可以在二级证券市场上流通。

间接融资是指企业作为资金需求方，通过金融中介机构，间接向资金提供方融资的形式，如银行或非银行贷款。这种融资方式主要体现为企业与银行之间的债权和债务关系，资金约束的主体往往为银行，企业对银行具有还本付息的责任。这种融资方式不具有流通性。

3. 依据产权划分，融资可以分为股权融资与债权融资

股权融资又称为权益融资、所有权融资，是企业向股东或投资者筹集资金的方式，采用这种方式获取的资金是企业的股本，代表着对企业的所有权，如发行股票的融资方式。

债权融资又称为债务融资，是企业通过发行债券或向银行贷款所获取资金的方式，采用这种方式获取的资金称为负债资本，代表着对企业的债权。

传统企业融资方式分类如图11-1所示。

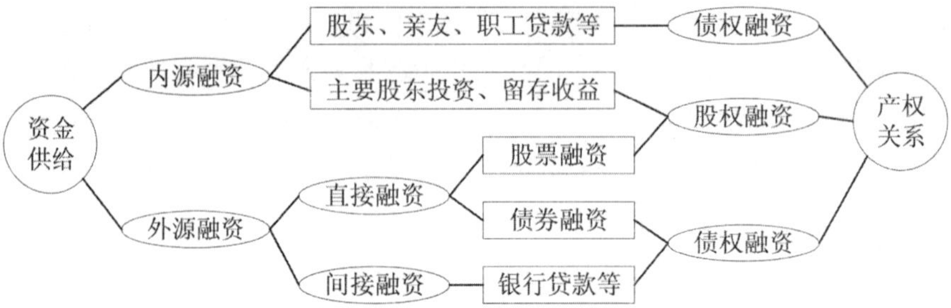

图11-1 传统企业融资方式分类

11.1.2 创业融资

创业融资是指创业者为了企业的生存与发展筹集资金的活动，即为企业在发展早期或创业阶段的融资。创业融资的研究对象为创业企业的融资行为，具体涉及在一定融资风险下，如何获取资金，使融资成本最小化以及企业价值最大化。

1. 创业融资的特征

（1）融资的外源性：创业企业处于发展的初期，面对技术产品化、商业化、市场化的需求，企业内部的资金积累难以支持其发展，于是外源性的融资方式成为融资的必要手段。

（2）融资的多元性：面对创业企业的发展的多样化需求以及不同发展阶段的差异，创业企业需要采取多种形式、多种渠道相结合的融资方式以筹集资金。

（3）融资的社会性：创业企业往往具有更为突出的融资难问题，而大量的创业企业是社会经济发展的重要力量，融资离不开政府相关机构的扶持与帮助。

2. 创业融资的动机

创业融资动机是创业企业融资行为出现的前提，是直接推动创业融资活动的内部力量，是指引发并维持创业企业融资活动的倾向性。关于创业融资动机的研究有不同的理论与视角，基于不同的“人性”假设可以大致分为以下几个方面。

（1）基于“经济人”假设的创业融资动机。

基于“经济人”假设的创业融资动机是将创业企业当成追求财富的理性经济人，认为创业企业融资是为了获取更多的财富，创造更多的经济价值。

（2）基于“自我实现人”假设的创业融资动机。

基于“自我实现人”假设认为创业企业是为了自我实现，而自我实现的前提是能够不受外界干扰地进行自我决策，企业融资的目的就是为了考虑自身控制权。

（3）基于“社会人”假设的创业融资动机。

“社会人”假设认为创业企业是在复杂的社会中生存，并非独立的个体，企业的目的是追求在社会交往中其他成员的尊重与认可，因此，社会的尊重与认可也是创业融资的重要动机。

3. 创业融资的成本与风险

融资成本是指占用和使用资金需要付出的代价。从资金获取者来看，是指融资者为获取资本需要支付的最低价格；从资金提供者来看，是指资金所有者提供资金时需要补偿的资本收益。融资成本的高低由时间价值补偿和风险价值补偿共同决定。时间价值补偿是指资金提供者推迟现实消费而要求的补偿；风险价值补偿是指资金提供者将确定收入变成不确定收入所要求的补偿。

风险即不确定性，或称为“损失的可能性”。融资风险是指因资本收益率及借款不确定性使企业在使用债务过程中产生利益损失的可能性，主要包括企业可能丧失偿债能力的风险、借债可能造成股东利益损失的风险两个层面。

11.1.3 创业融资困难及其原因

创业企业融资困难是一个世界性难题，在我国表现得尤为突出。长期大量的研究表明，创业企业大都面临着资金的缺口，无论是股权融资或债权融资，新创企业都存在一定的障碍。创业企业融资困难主要存在以下原因。

1. 企业经营的不确定性强

创业企业，特别是高新技术创业企业，其研发的产品具有一定超前性与复杂性，高新技术发展本身的不确定性强，并且受到未来市场需求、竞争对手、政府管制等多种不确定因素的影响，从而使创业企业未来的发展前景呈现出很大的不确定性和高风险性。在这样高风险性下投资者甚至创业者本身都无法确定企业未来的发展情况。投资者对企业进行投资的主要目的之一就是追求盈利，因此必须考虑资金的安全性，从而使创业企业难以从传统渠道获取资金。

2. 企业资产结构的特殊性

固定资产、流动资产和无形资产是企业资产的主要组成形式。创业企业，特别是初创的高新技术企业，流动资产和固定资产都较少，主要是知识、技术等无形资产。这些无形资产具有项目评估困难、效益不确定、商品化过程复杂等特点，致使其企业价值难以评估，投资者也无法对创业者行为进行有效控制，从而加大了高新技术创业企业获取资金的难度。加之，不动产抵押贷款仍是获取银行贷款的重要方式，但创业企业的厂房、机器设备等投入不够，无法提供有效的抵押担保，进一步加重了创业企业的融资负担。

3. 严重的信息不对称性

在信息经济学中，信息是一种稀缺资源，获取信息需要付出相应的信息成本。信息不对称是指信息在不同主体之间不均衡，存在偏离的现象，主要包括事前不对称和事后不对称。在信贷市场上，事前信息不对称主要是指投资者对于创业企业的经营状况、投资项目不甚了解，从而导致逆向选择；事后信息不对称主要是指投资者对创业企业的资金的使用情况、是否认真工作情况不甚了解，从而导致道德风险。逆向选择是指“劣币驱逐良币”的现象。在借贷市场上，投资者难以事前得知创业企业完整的经营情况，从而处于信息相对不利的位置。由于投资者的信息掌握不完全，所以通过提高利率水平减少投资者潜在的风险损失。较高的利率水平会使经营状况较好的企业不愿意贷款，而经营状况不好的企业或“骗子”为了获取本金而借款，从而出现了逆向选择的困境。因此，金融机构为了减少逆向选择的情况，会减少放贷量，从而使大量企业的融资需求得不到满足。金融市场上的道德风险是指企业获取贷款后，可能违背原先承诺的条件，将获取的资金用于其他高风险的项目，导致贷款无法偿还，使金融机构承担贷款损失。作为资金需求方的企业有更多资金使用的信息，而金融机构却无法完全掌握相关信息，所以处于不利位置。金融机构为了降低道德风险，就可能减少向中小型的创业企业投放贷款，或者提高贷款门槛。以上信息不对称问题，都加大了创业企业获取资金的难度。

11.2 技术创业企业融资渠道

创业企业通常需要获取金融资本来助推其发展，往往依赖股权融资和债务融资。风险投资（VC）、企业风险投资（CVC）、天使投资、IPO、众筹、小额信贷、政府资助等都是创业企业获取资金的重要渠道。

11.2.1　企业融资金融成长周期理论

顺序融资理论在对企业融资行为的选择解释上具有一定的静态性与短期性，无法对企业不同阶段的资本结构的动态变化进行描述。企业融资金融成长周期理论在一定程度上弥补了其不足，从长期与动态的角度解释企业资本结构变化的动态性规律。韦斯顿和布里格姆（Weston and Brigham，1970；1978）依据企业不同阶段融资来源的变化提出了企业金融生命周期的假说，将企业的金融生命周期划分为初期、成熟期、衰退期三个阶段，之后又将这三个阶段进一步拓展为六个阶段，分别为创立期、成长阶段Ⅰ、成长阶段Ⅱ、成长阶段Ⅲ、成熟期、衰退期。企业生命周期与主要融资渠道的关系见表11-1。

表11-1　企业生命周期与主要融资渠道的关系

发展阶段	主要融资渠道	潜在问题
创立期	创业者自有资金	资本化程度低
成长阶段Ⅰ	自有资金、留存收益、商业信贷、银行短期存款、透支等	存货过多,流动性危机
成长阶段Ⅱ	成长阶段Ⅰ的方式,以及金融机构的长期融资	一定程度的金融缺口
成长阶段Ⅲ	成长阶段Ⅱ的方式,以及发行股票或债券	控制权分散
成熟期	包括以上全部渠道	保守的投资回报
衰退期	金融资源撤出:企业并购、股票回购、清盘等	投资回报开始下降

资料来源:Weston & Brigham,1978.

早期的企业金融生命周期理论主要依据资本结构、企业利润等显性特征以说明企业在不同阶段的融资选择，而较少关注企业信息等隐性特征。1998年，伯杰和尤德尔（Berger and Udell）将信息问题纳入研究中对金融生命周期理论进行了修正。修正后的理论认为，信息约束、资金需求、企业规模是影响企业融资结构变化的基本因素。在企业建立初期，企业规模小，信息也较为封闭，企业获取外源性融资的难度较大，主要依靠内源融资；随着企业进入成长阶段，由于扩大投资，企业的资金需求大增，随着企业规模的扩大，也拥有了一定可抵押的资产和初步的业务记录，信息的透明度也提高，于是企业有了更大的基于金融中介获取外源债务融资的可能性；企业进入成熟阶段后，企业的财务及业务记录逐渐完善，从而具有进入证券市场发行债券和股票的可能，其基于金融中介的债务融资比重下降，股权融资比重开始上升，优秀的创业企业也逐渐成长为大企业。该理论表明，企业的融资渠道会随着企业的成长而不断发生变化，随着企业的成长与成熟，其外源性融资渠道也会更加宽广。图11-2反映了企业不同成长阶段与其资金获取渠道的关系。

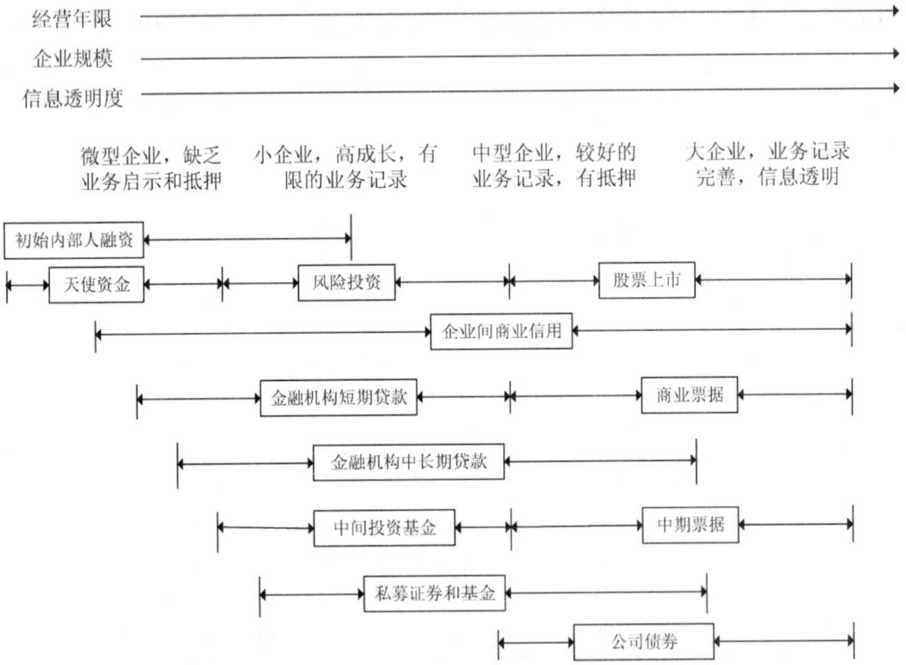

图11-2　企业不同成长阶段与其资金获取渠道的关系

（资料来源：Berger&Udell，1998）

11.2.2　天使投资

天使投资者往往是经过认证的个人，他们将自己的资本投入年轻企业中。这些人往往是前企业家，寻求为其专业领域的投资公司提供资金和增值。虽然天使投资也是获取股权融资的重要形式，但学术界对其研究相对较少。天使投资者倾向于寻找充满激情的创业者，社会信任、创业者与天使投资者的关系与冲突、投资者个体特征、天使投资者人力资本、企业印象管理策略、天使投资团队性别组成、天使团队策略都会影响其对创业企业的价值评估以及投资决策。

11.2.3　风险投资

风险投资是在创业企业中最为广泛认可的股权融资形式。风险投资公司通常是规模较小、地域分散的实体，与他们投资的公司密切合作，以提供超越资本的指导与价值。风险投资在创业领域受到了极大的关注。

1. 影响风险投资资金获取的因素

首先，创业主体的异质性影响风险投资资金的获取，如：创业者性别、身份、人力资本、与投资者关系与冲突、感知控制程度、高层管理团队的组成、创始团队经验、企业社会网络、企业商标等差异，以解释什么样的创业者更容易获得风险投资资金支持。同时，创业主体可以采取各种策略以获取投资者对其潜在发展价值的认可，如：通过媒体关注、第三方联盟信号、印象管理策略、业务规划文本等。此外，投资者的特征对做出投资决策具有一定影响，如投资者直觉过程、投资者对创业激情的看法、投资者价值观等都是影响其投资决策的重要因素。

2. 风险投资对企业发展的影响

创业企业获取风险投资后会对企业发展产生影响。如：创业公司与风险投资者的关系会影响企业创新，获取风险投资会促使企业加入联盟，风险投资者作为强大的利益相关者对资源和企业绩效之间的关系都会产生影响，风险投资对企业绩效的影响，等等。

3. 风险投资企业本身的发展

风险投资企业本身的发展也是研究者关注的重点。如：风险投资企业多元化或专业化、公司的筛选和认证能力、国际风险投资参与、投资行为和绩效、风险投资公司联盟、融资合约设计、新市场进入决策等。

4. 环境影响

制度环境也会对风险投资产生重要影响。如：国家的法律体系的质量、政治风险的程度、不可避免的披露原则（一种商业秘密法律保护形式）、文化背景、经济政策、国家关系等。

11.2.4　企业风险投资

企业风险投资是指大型成熟企业对创业企业进行股权投资，该活动通常由企业风险投资计划管理，以追求财务回报和战略收益。企业风险投资也是创业融资的重要来源。

成熟企业做出企业风险投资的战略决策受多种因素影响。获取新技术信息是企业风险投资的重要动机，研究也表明通过企业风险投资获得的信息可以提升企业的研发生产力，是否会做出风险投资计划也受到国家市场创新环境、知识产权保护制度的影响。

关于成熟企业如何参与企业风险投资的研究，探讨了企业风险投资者如何迅速在风险投资联合网络中获得中心地位、如何有效地实现外部知识搜索，并发现企业人员薪酬、企业战略联盟都会对企业风险投资产生影响。

此外，企业风险投资对企业发展的推动作用。与独立的风险投资支持同行相比，企业风险投资能够提供专业的互补资产，企业风险投资的被投资企业的创新产出率更高。

11.2.5 首次公开募股（IPO）

首次公开募股（IPO）使公司能够向公众投资者出售股票，从而获得大量的财务资源，企业可以利用这些财务资源为增长提供资金。

在创业研究中，学者们对IPO公司治理机制，即公司所有权和控制结构，表现出了极大的兴趣，纷纷探讨了治理机制类型、高层管理团队董事会控制、高层管理团队中女性构成、代理冲突、创始人特征、创始团队规模、治理结构、所有权结构、高层管理团队独立性对持有期回报（HPR）、IPO抑价、IPO收益等绩效的影响。

11.2.6 众筹

除了以上传统的创业融资方式外，从潜在的大量有兴趣的资助者手中汇集少量资本的方式——众筹，越来越受创业者和学者的关注。众筹是指创业者直接向许多人直接募集资金（通常是通过互联网平台）的一种新兴创业融资方式。

在众筹研究中，学者们对如何获取众筹成功、提升众筹绩效以及众筹能力产生了浓厚的兴趣。其中，众筹者的性别、种族受刻板印象影响可能会产生隐含偏见，从而影响众筹结果。同时，个人网络、身份、教育、项目质量、项目支持动态、人力资源、社会资本、知识资本、可持续发展导向、资助者感知都会对众筹的成功或失败产生潜在影响。

11.2.7　小额信贷

小额信贷是指由扶贫小额信贷制度发展而来针对中低收入群体金融需求的信贷机制及金融产品。作为一种新兴的创业融资方式，最初，小额信贷是指发展中经济体中生活贫困的群体或个人无抵押创业启动贷款，这种融资方式也逐渐扩散到发达经济体。

小额信贷既是一种信贷机制，也是一揽子金融产品。小额信贷的发展体现了现代金融市场理论的新发展，具有以下特点：第一，市场机制的有效利用。采用市场化利率、相当规模、快速资金周转、有效成本核算等手段向贫困人群提供小额、短期的信贷资金服务；第二，吸收了民间非正式信贷优点，利用社会压力替代抵押担保；第三，小组联保自动筛选并排除高风险贷款者，并通过独特的拖欠惩罚措施有效提升还款率；第四，贷款连续发放就贷款人和放贷机构而言形成了一种连续博弈，对贷款人形成了激励约束机制，降低了信贷风险。

课后练习

【课外练习题】

案例1：上海一家高科技公司属国内一流艺术灯光景观建设专业企业，开发了数十项产品。在强大的科技研发能力支持下，该公司业务发展迅速。与业务发展相伴而行的则是资金困境。工程类企业的行业特点是资金回笼速度慢，营运资金占用情况严重。但由于公司规模较小，又缺乏与银行合作的信用记录，获得银行贷款困难重重。2005年年底，该企业得到中投保提供担保的80万元流动资金贷款，由此，该公司取得了快速发展，2007年6—7月，该公司先后中标北京奥运场馆照明工程合同。

案例2：重庆江北通用机械厂从1995年开始研制生产大型氟利昂机组新产品，它具有兼容功能，并可以用其他冷冻液进行替代。但由于银行对新产品一般不予贷款，企业难以筹集资金扩大生产规模，最后重庆风险投资公司提供了100万元贷款。两年后，江北通用机械厂新产品销售额达7000万元。

案例3：兰州大成自动化工程有限公司自运行一年来，主要进行产品开发，几乎没有收入，虽然技术的开发有了很大的进展，但资金短缺的问题越来越突出。当时正值科技型中小企业技术创新基金启动，企业得知后非常振奋，选择具有国际先进水平的“铁路车站全电子智能化控制系列模块的研究开发与转化”项目申报创新基金。为此，他们进一步加快了研发的速度，于1999年12月通过了铁道部的技术审查，取得了阶段性的成果。正因为企业有良好的技术基础，于2000年得到了创新基金100万元的资助，这不仅起到了雪中送炭的作用，而且起到了引导资金的作用。同年，该项目又得到了甘肃省科技厅50万元的重大成果转化基金，教育部“高等学校骨干教师资助计划”12万元的基础研究经费。2001年，针对青藏铁路建设的技术需求，该项目被列入甘肃省重点攻关计划，获得科技支持费用30万元。

问题1：以上三家技术创业企业分别从什么融资渠道获取资金？

问题2：不同的融资渠道对技术创业企业有何作用？

问题3：技术创业企业为何更容易面临资金短缺的难题？

学习目标：

（1）通过实际案例掌握技术创业企业的主要融资渠道。

（2）结合课外资料了解技术创业企业面临的融资难题。

练习要求：

（1）本作业布置后3～4周内上交报告。

（2）在课堂上讨论：学生通过小组讨论的方式先进行组内分享，并就重点内容进行汇总。每个小组选举一名代表进行小组汇报。

【本章思考题】

1. 什么是融资？融资有哪些主要的划分方式？
2. 什么是创业融资？创业融资的特征与动机是什么？
3. 企业融资金融成长周期理论对创业企业融资有哪些指导意义？
4. 创业融资主要渠道有哪些？创业企业应如何进行融资渠道的选择？

第12章　风险与收益

【核心问题】

（1）风险的来源有哪些?

（2）什么是系统风险、非系统风险?

（3）如何规避创业风险?

（4）如何获得创业收益并实现收益递增?

【学习目标】

（1）理解风险和不确定性之间的关系；

（2）辨别系统风险和非系统风险并明晰规避风险的方法；

（3）了解收益的特点以及获取的方式；

（4）理解收益递增战略和收益分配的机制。

【引例】

施乐怎么了

2000年2月14日，全球复印机的龙头企业施乐公司正式宣布，将其设在中国的业务分支机构以5.5亿美元的价格卖给了富士施乐公司。在此之前，施乐公司已于12月1日开始大裁员，计划在2004年前，裁减大约5200名雇员。施乐公司的股票下跌20%，达到了18年来的最低点。美国著名的评级公司穆迪公司给施乐降级，认为其110多亿美元的债务难以偿还。施乐的墨西哥分公司因为经济犯罪嫌疑而受到证券交易委员会的调查。施乐公司面临的难题有增无减：库存大幅积压，收益大幅减少。而最火烧眉毛的事情是，到2000年年底，施乐公司至少要获取11亿美元的新贷款，才能保证正常运转。那些眼见施乐公司负债加重的银行家们愿意在此时伸手帮助吗?

一度曾被誉为20世纪美国科技的希望所在的大公司，在不到一年的时间里，竟落到如此地步，的确让人们难以理解。施乐公司的问题出在哪里?

施乐公司的发明成了别人成功的标志。许多人可能并不知道，施乐公司的光辉不仅仅是在于它发明了激光打印机和复印机。计算机、视窗、鼠标发展到今天，都有施乐公司的一份功劳。但问题的关键是，所有这些发明最后都成了别人成功的标志。林芝梅叶在最近出版的《苹果的秘密：苹果电脑的真实故事》一书中讲了这样一个故事。1979年，苹果的创始人之一亚伯斯访问了施乐公司的实验室。当他看到施乐公司的研究人员正在使用一种类似于现在视窗菜单式的图文用户界面工作时，眼睛立刻就瞪大了。他惊叫道："这真是件伟大的发明!简直是一场革命!"亚伯斯很快就按着这个思路创造出了苹果机的操作系统，进而又有人将其发展成了今天我们使用的视窗。据说，当年施乐公司还想告苹果公司，最后也就不了了之了。施乐的激光打印机也走了一条相似的路。如今，那些使用惠普打印机的客户还有多少人会记得，这原本是施乐公司的发明呢?美国一些企业管理专家认为，施乐公司的问题是在把技术转换为产品、把产品推进到市场的各个角落这两个环节出现了"卡壳"现象。施乐公司停留在过去的辉煌之中，背上了老大的包袱，而忽视了技术转移。施乐公司的销售系统改革也是屡屡犯错。另外，有关领导层甚至在员工没有事先做好准备的情况下，就全力推进结构改革，结果是好心未能办好事。

在施乐公司做过研究工作，现在从事新兴技术管理研究的麦叶曾认为，施乐公司的问题在于过于重视那些利润丰厚的业务，而忽视了薄利业务。其结果是施乐公司根本无法与像惠普公司这样的对手竞争，最后只有将市场拱手相让。有专家分析说，现代市场的竞争已经使成本利润比缩小，许多大公司都采取了薄利多销的方式，以吸引更多客户，巩固市场占有率。施乐公司仍然坚持昂贵的价格，显然已经不能适应这样的竞争局面。

（案例来源：鲁若愚，银路，《企业技术管理》，2006）

12.1　技术创业风险

12.1.1　风险的定义和来源

1. 风险的定义和度量

重要概念

风险

风险是创业企业产生损失的概率。

风险是对将来可能出现的结果的潜在变动性的度量。创业者通常被认为是风险接受者。然而，大多数优秀的创业者们都极为重视风险管控。选择承受何种风险是一种重要的能力，该能力是基于经验和良好的判断力而形成的。创业者通常有能力通过采取一些有效措施来降低企业的风险。通过承担预计的风险、利用核心竞争力，大部分创业公司可以减少或管控风险，并创造价值。

当我们分析风险时，我们考察远期的结果，试图估计潜在的结果及结果的变动。表12-1列举了考特尼(Courtney)于2001年提出的不确定性的四个等级。

表12-1　不确定性的四个等级

不确定性等级	风险等级	案例
明确又简单的结果	非常低	购买短期国债
有限的可能性	低	奥运会期间兜售体育用品
可能性的范围广	中	在新的市场里推出改良产品
有无穷的可能性	高	创立企业来设计、销售基于燃料电池的革命性能源产品

2. 风险的来源

技术创业企业中的创业者追求远大的目标，就会承担比在成熟企业或政府部门工作高得多的风险。这种风险来源于技术、市场、运营、管理等方面的不确定性，即某种行为的结果是未知的或者可变的，这种不确定性可能导致技术创业企业遭受损失。新创企业之所以存在不确定性，是因为新开发产品在市场销售、生产过程和管理等方面的新颖性。新产品在市场上销售但缺乏对市场的了解，也缺乏对顾客的认识。生产过程的新颖性与创业团队掌握的有限生产工艺知识相关。管理的新颖性涉及创业团队一些必要能力的缺乏、规章以及法律条款的变动同样是不确定性的来源。表12-2列举了风险的来源。

表12-2　风险的来源和影响因素

风险来源	影响因素
市场不确定性	消费者、市场规模和增速、渠道、竞争者
组织和管理不确定性	能力、财务优势、人才、学习技能、战略
产品和工序不确定性	成本、技术、原材料、供应商、设计
监管和法规不确定性	政府规章、法律及条令、标准和行业规则
财务不确定性	成本和资本可用性、投资的预期收益

12.1.2　风险的类型

1. 系统风险

重要概念

系统风险

系统风险是指创业环境的不确定性带来的风险，例如商品需求及竞争的不确定性、生产要素市场供给的不确定性、国家法律及政府政策的不确定性等带来的风险。系统风险是创业者自身难以掌控的，创业者只能加强监测和预警进行规避。

（1）商品市场风险。

商品市场风险指在创业的市场现实环节，由于新产品市场的潜在性、待开发、待成长，或是竞争者的过度进入，创业者会遭遇市场需求的不确定性，或者是竞争的不确定性，由此可能造成创业的失败。

在现实中，消费者通常对市场中既有产品的需求是相对稳定的，新产品的市场需求多是潜在的、待开发的和待成长的。越是新产品，用户的接受过程越会持谨慎态度。因此，创业者很难准确预判市场需求以及市场未来走向。即使市场最终会接受创业者的某些新产品，但创业者很难判断市场接受的具体时间点。加之由于多数新产品的市场需求是潜在的、待开发的，所以创业者很难预测该新产品的市场需求的成长速度，可能会忽视未来可能的同行竞争，从而很难预测未来同行市场竞争的实际态势。

因此，创业者在开发产品的过程中，应加强产品的管理和运营，关注相关市场需求“机会窗口”敞开的时间段，不能盲目地开发市场。对于新产品市场需求的增长情况，“摸着石头过河”，在预期市场需求成长的前提下，脚踏实地、循序渐进，保持长远战略眼光和市场敏锐度。充分发挥专业知识、经验、悟性，尽可能弱化“自恋意识”，努力使创业之前的机会识别更加客观、理性，充分进行市场调研，从而规避此类风险。

（2）要素市场风险。

创业作为一种商业活动，通常需要资金、技术、人力资源、上游产品等生产要素的投入。然而特定的商业团队能否得到所需的生产要素，客观上具有很大的不确定性，这就形成了要素市场风险。

在初创企业的生产要素中，创业者首先需要得到的是资金，然而恰恰资本市场存在着很大的不确定性。现阶段中国创业者主要通过自筹、债券融资、股权融资、申请政府资金支持等方式获得创业起步阶段所需资金，但这些资金来源具有很大的不确定性。其次，创业者获得起步技术的途径主要是：创业者自有技术、使用过期专利技术，以及有基本创意后开发的新的技术或购买他人技术使用权。然而，创业者从外部获得技术的可行性、实用性及其效果能否达到创业者的预期，具有较大的不确定性。再次，初创企业起步初期的人员薪酬与人员能力的不对等，会造成企业的人力资源较少且流动性大。除此之外，商品生产离不开上游市场的供应商，创业者看好某个上级，但为生产自己的产品能否从上游市场获取相应且优质的原材料或零部件，这也造成了上游产品市场供应的不确定性。

由此，创业者需要扩宽融资风险渠道，规避资本市场风险；创业起步初期，尽量使用自有技术，同时对所用技术进行科学评估，选择实用、有效、可靠的技术；在人力资源方面，加大筹措资金的力度，为新创企业员工提供必要的生存薪酬，然后加以薪酬、股权、精神的激励，提升员工的积极性；最后，搭建企业在上游关系中的口碑和信誉，加强与上游供应商的联系，建立健全规章制度，提前做好应对上游产品市场不确定性的各种预案。

（3）政策法律风险。

我国的法律体系正在不断完善之中，政府政策也在不断调整，所以创业过程也面临着国家法律和政府政策方面的风险。当新产品、新服务、新商业模式出现后，如果政府认为其损害公共利益，或是引发市场不公平竞争，造成市场秩序紊乱，就会对其进行法律和政策方面的限制。除此之外，创业者开发出新产品或新服务，在正式销售之前，需要获得政府职能部门的认证和授权许可，如营业许可、质量检测、环境认证等，但由于某些原因，初创企业可能无法获得所有的资质和授权。此外，如果企业开发的某些产品对社会秩序或环境造成损害，极有可能触犯国家法律，并受到政府对商业活动的管制。

因此，创业者在创业初期应深入研究国家法律、政策和改革趋势，做好法律、政策的风险规避。在生产经营过程中，应严格遵守国家法律和政策，按照相关行业标准执行，增强企业生产的安全保障能力。若遇到行业内的规范整治，应积极整合资源达到相关标准，使企业能够平稳运营和发展。

2. 非系统风险

重要概念

非系统风险

非系统风险是指创业者自身行为的不确定性带来的风险，也是创业者通过自身努力，有机会作出防范甚至化解的风险。其中主要包括技术风险、财务风险、团队分化风险等。

（1）技术风险。

企业在创立初期，新产品的试制能否成功往往具有不可预见性，由于产品批量化产销的过程较为烦琐，批量化产销之前，需要通过技术整合，形成批量化产销所需要的产品制造方案、制造流程、管理方案以及销售方案等，由此新产品的批量化的产销过程能否成功也具有一定程度的不确定性。产品想要实现批量化生产，需要行业的技术配套，然而对于初创企业而言，受资金、技术等方面的影响，行业的技术配套往往难以获取，因此，行业的技术配套难以确定。

因此，在创业初期，创业者选择创业机会时应思考、分析和判断当前企业有哪些核心技术和资源，对技术开发及批量化生产阶段所需要的资源、技术、人力进行充分的调研和评估，分析生产相关产品所需的原材料、零部件、元器件、专用设备的可获得性和可操作性，并权衡通过市场交易获取这些生产要素的经济性和可靠性，最终确定可以开发的产品。

（2）财务风险。

创业企业在成立初期，由于新产品开发和市场开发的资金需求难以确定，以及企业自身的财务资金有限，所以不可避免地会遭遇不同程度的财务风险。在创业过程中，新产品开发的实际资金需求往往是事先难以预测的，但一旦开发了新产品，批量化生产的资金需求相对明朗。然而，新产品的市场多是潜在的、待成长的，市场开发过程的产品宣传、营销推广等环节，所需资金的数量和持续时间难以预测，所以，初创企业很容易面临财务风险。

因此，创业企业在进行研发和市场开发的过程中，需要提前做好经费预算，并留有适当的“资金余量”，为研发、市场开发准备较为充足、宽松的资金支持。除此之外，应拓宽筹资融资渠道，提升企业的信誉，做好临时筹资融资的应急预案。

（3）团队解体风险。

创业团队解体风险，是指由于各种原因造成创业团队分裂，使团队的作用无法发挥，而使创业企业遭受损失甚至破产的可能。一个好的创业团队对创业企业的成功起着举足轻重的作用。然而，创业团队的人员流失率高是一个普遍现象，因此谨慎分析、对待、防范创业团队解体风险，对于创业者成功创业非常重要。

创业团队靠感情建立，创业者在创业期往往凭借感情自觉做事，忽视了必备的契约安排。这种“重感情、轻契约”的工作关系，随着创业企业的成长，矛盾和问题会逐渐暴露出来。创业企业无法明晰企业的产权制度和利润分配制度；随着企业规模的壮大，经营战略无法统一；随着创业企业的成长、规模的扩大，其管理也更加制度化、规范化和现代个人化，管理者的能力能否胜任高管职位也是需要权衡的问题；由于创业团队成员的经营经验具有差异性，对公司理念、文化和价值观不认同……这些创业团队间的潜在解体风险，最终就会导致“共患难”却不能“同富贵”的结果。

因此，创业者决定合伙创业时，就应该寻找德才兼备、具有共同价值理念的优秀人才组建创业团队，以契约规范企业的产权制度和利润分配制度，建立团队成员进入和退出机制，树立团队领导核心，拥护领导核心的指挥，执行领导核心的战略。

（4）控制权风险。

控制权分为决策控制权和经营控制权，按照现代企业制度，控制权通过契约授权实现公司内部配置，除通过股东大会行使最终决策控制权外，所有权分散令股东们只能将剩余控制权授予董事会，董事会则将“经营控制权”授予经理。根据创业企业发展趋势，创业成功后投资者将有可能成为企业大股东，创业者很可能成为企业实际经营者或（并）持有一定股份，这种后续关系发展将对创业过程中双方心理和行为产生影响。研究表明，经营者持股与公司绩效呈“N”形关系，因而提出管理防御假说。管理防御是指经理人在公司内、外部控制机制下，选择有利于维护自身职位并追求自身效用最大化的行为。该假说的核心思想认为，随着经理持股比例上升，股东对经理的控制力不断弱化，经理本身具有职位固守和获取私利的动机，较高的经理替换成本使得其在经营决策时会基于自身效用最大化而非公司价值最大化考虑，最终导致公司价值减损。这种代理人为避免自身被替换而出现对公司价值具有负向影响的假说也被称为“堑壕效应”。创业者对持股及创业成功后自身角色定位和预期将成为经理堑壕效应的前向延伸，并影响企业创业过程中的风险分担和利益分配。因此，创业者应谨慎对待企业持股比例，有效分离经营控制权和决策控制权，避免出现控制权被剥夺的情况。

12.1.3　技术风险的影响因素

技术风险有多种影响因素，如企业技术创新过程和模式的不确定性、技术垄断的不确定性、技术优势的不确定性、技术的社会环境变动等。

1. 技术创新过程的风险

技术创新具有未知特性，即在创新的过程中，创新主体对未来技术的发展方向并没有确定性的认识，因此是一个不断摸索的过程。技术创新的这一未知特性通常是在创新过程中逐渐显现的，技术创新过程同时又是投入创新资源以换取不稳定回报的过程，这一过程具有不可逆性。只有在创新过程中不断进行探索，人们对问题的认识才有可能逐渐深化、清晰，找到解决方案，并发现正确推进创新的途径。具体来看，技术创新的不确定性主要体现在以下几方面。

（1）技术前景不确定。新技术在诞生之初都是不完善的，对于在现有技术知识条件下能否很快使其完善起来，开发者和进行技术创新的企业家都不敢确定，因此，创新企业往往面临着很大的纯技术风险。

（2）产品生产的不确定性。创新项目成功地研发出来之后，如果由于配套材料和生产工艺的限制而不能成功地生产出产品并推向市场，创新活动还是会归于失败。

（3）技术进步的不确定性。由于高新技术进步迅速，创新产品极易被更新的技术产品替代；如果更新的技术比预期提前出现，原有技术将蒙受提前被替代甚至被淘汰的风险。

（4）技术的商业化前景不明确。企业技术创新的最终目的是要实现商业化、赢得经济利润。但对企业一项新的创新项目，决策人根本不可能确切地知道该项目能够为企业带来多少利润。

2. 技术创新模式的风险

根据技术创新主体的不同，企业的创新模式可分为合作创新型、自主创新型、模仿创新型三种。对一个企业来说，选择不同的创新模式所面临的风险因素和风险种类都是不同的。

（1）合作创新的风险。

有关企业技术合作的决策是很复杂的，因为合作企业间的关系远不止部件制造和特定原材料供应方面的合作。这种创新模式决定了合作企业面临三大风险：知识产权风险、竞争风险和组织风险。

①知识产权风险。通过研发或技术营销所获得的知识往往具有知识产权。当某项新技术或新产品是由一家企业独自研究开发的，相关的知识产权所带来的经济回报完全属于拥有其知识产权的企业。但由几家企业合作开发时，不可避免地涉及创新成果的知识产权在合作者之间如何分配的难题。因此，由于知识产权的分享和合作伙伴的最优化行为的威胁，合作企业的知识产权存在潜在的威胁。

②竞争风险。在很多合作创新中，由于合作的需要，某些合作成员面临额外的风险：相对于传统典型的顾客供应商合作关系，参与成员之间的相互依赖的关系要紧密得多，每个合作成员都有可能进入其他成员的知识库。这种知识库可能包括该企业当前和计划生产的产品，以及研究和产品开发中使用的信息。因此，所谓竞争风险，指的是合作成员可能模仿其他成员的技术，并试图与其进行竞争。如果有意无意地泄露商业机密，小企业可能会丧失相对于竞争对手的重大技术优势。

③组织风险。合作成员之间的协调对于合作组织来说，就像润滑剂一样，是合作组织顺利运行的必要工作。有效的创新合作中需要的行为模式与单个组织的正常运作有所不同。组织风险是指合作管理所面临的问题。这种风险起因于四个因素：包括合作成员的地位不平等、行为方式不同、不作为、人际关系。

（2）自主创新的风险。

自主创新是企业技术创新的最高境界，是“高投入、高风险、高收益”的模式。企业自主创新能力是与企业的创新资源密切相关的。此外，企业的经营传统、经营风格、经营理念、产品特点、市场地位等因素也是影响企业自主创新能力的因素。自主创新的主要特点就是高投入和高风险性。因此，除了前述各个层次的风险之外，相对于合作创新来说，企业面临的风险因素和风险存在的领域发生了变化。对选择自主创新模式的企业来说，风险主要来源于以下几方面。

①技术方面。为了获得有效的技术突破，企业必须具备雄厚的研究开发实力，企业不仅要投巨资于技术研究与开发，而且必须有一支实力雄厚的科研人员队伍，不断提高研究与开发的能力。这对企业而言，一方面固然是一种人力资源储备的优势，但另一方面也是一种较为沉重的财务负担。事实上，自主研究开发的成功率是相当低的。据统计，在美国，基础性研究的成功率为5%，技术开发的成功率一般为50%左右。而开发产出在时间上也是高度不确定的。由于技术创新的不可逆性，自主创新研究开发投资的负担和风险都是很高的。

②生产方面。由于创新的是新产品或新工艺，对自主创新企业来说，一般较难在社会上招聘到现成的参加新产品或新工艺生产的熟练技术工人，而必须由企业投资对生产工人进行必要的特殊培训。另一项繁重的任务就是要帮助相关生产协作单位提高生产技术能力。此外，新工艺、新设备可靠性的风险也必须由自主创新企业承担，这在一定程度上增加了自主创新的生产成本和质量控制风险。

③市场营销方面。为了实现创新成果的商业化，自主创新企业要在市场开发、广告宣传、用户使用知识普及等方面投入大量的资金，开拓市场的有效需求，打开产品销售的局面。对新产品来说，这种广告宣传对用户所起的作用在很大程度上是一种新产品概念和消费观念的导入，因此，其投入具有很强的外溢效果，模仿企业可以“搭便车”，使自主创新企业面临外部经济性，而且市场开发有时并不立竿见影，开发者不一定是最后的受益者。由此可见，自主创新的风险性是很高的。

（3）模仿创新的风险。

相对于前两种创新模式，模仿创新有低成本的优势，而且可以规避首次创新所面临的技术、市场及商业化风险。但情况并不总是有利的，模仿创新也面临着种种失败的风险。

①知识产权壁垒带来的风险。这种风险主要是法律保护的壁垒，模仿创新有时会和率先者的知识产权发生矛盾，产品技术受专利保护的率先创新企业会通过法律保护自身的利益，阻碍模仿创新的发生。

②技术落后的风险。模仿创新战略的主要缺点是被动性。由于模仿创新者不做研究开发方面的广泛探索和超前投资，而是做先进技术的跟进者，所以，在技术方面有时只是被动适应，在技术积累方面难以进行长远的规划。在市场方面，被动跟随和市场定位经常性的变换也不利于营销渠道的巩固和发展。

③接受领先者制定行业标准的风险。这一风险本质上也是源于模仿创新的被动性和跟随性。处于技术转移的接受方，只能接受首创者先期制定并被客户接受的行业标准，这样必然会面临由于标准可能变化而技术跟进不及的风险。

④“赢者通吃”的风险。在一些行业，存在着“赢者通吃”现象，领先进入这个行业的企业会占有绝大部分市场，使模仿创新成为一种冒险的选择，电子商务市场的“长尾理论”间接地描述了领先企业“赢者通吃”的风险。

⑤其他风险。模仿创新战略有时会受进入壁垒的制约而影响实施的效果，如核心技术信息被封锁，模仿创新难以进行，率先企业先期建立的完备的营销网络难以突破等。

3. 技术优势的不确定性

技术领先对企业来说并不直接意味着商业上的领先。这是因为新技术的“爆发”市场效应并不是仅依靠技术本身，而是由技术和其他补充性资产在年度供给、基础设施等的基础上配套产生的。因此，纵然技术具有优势，企业在该技术方向上的发展仍然面临种种不确定性。

市场是否接受、何时接受领先技术是不确定的。过早或过晚将新技术推向市场都将面临很大的风险。

技术优势能否转化为商业优势是不确定的。最典型的案例是，贝尔实验室发明的晶体管为美国带来了莫大的荣誉。但是，这一发明带来的商业利润却大多进了日本人的口袋。

过于追求技术的超前性，会使得决策人过于冒险，置客户需求于不顾，这是技术优势所面临的最大的人为风险。

12.2 技术创业收益

12.2.1 创业收益的内涵

1. 创业收益的定义

重要概念

创业收益

创业收益是初创企业在创业期间创造的最终经营成果，是反映和衡量企业经营绩效的主要标准之一。企业获取收益的能力，是衡量公司财务状况是否健全的重要标准。企业收益包括企业营业收益、投资收益及营业外收支净额。

从历史上看，收益概念最早出现在经济学中。亚当·斯密在《国富论》中，将收益定义为“那部分不侵蚀资本的可予消费的数额”，把收益看作是财富的增加。后来，艾·马歇尔在其《经济学原理》中，把亚当·斯密的“财富的增加”这一收益观引入企业，提出区分实体资本和增值收益的经济学收益思想。20世纪初期，美国著名经济学家尔文·费雪发展了经济收益理论，提出了三种不同形态的收益：精神收益——精神上获得的满足；实际收益——物质财富的增加；货币收益——增加资产的货币价值。创业收益的概念是从企业收益演变过来的，指初创企业在创业期间的经营成果，包括企业的营业额、利润等指标。

2. 企业收益的特点

（1）综合性。企业收益的实现过程，是企业经营活动综合作用的结果。收入、成本、损失、税收等因素的变化，都会使企业的收益发生变动。这正说明企业收益实现的综合性与企业生产经营活动的复杂性密切相关。

（2）风险性。在市场经济条件下，企业的生产经营活动及财务活动充满风险和不确定性。企业不可能把这些风险完全置于自己的管理与控制范围之中，因此，收益的实现必然有风险。承认收益的风险性，才能在其实现过程中采取措施，尽量减少各种风险对收益的实现产生的各种负面影响，使企业的各种资源能够充分、合理地使用，进而实现企业收益最大化。

（3）可控性。尽管企业收益实现过程具有客观风险性，但是，企业可以采用各种科学管理方法对企业未来经济活动进行规划和控制，对企业内外部环境进行预测，了解和把握市场变化趋势，严格预算，从而对企业收益进行一定程度的控制。

（4）可操纵性。现实中企业收益是运用会计核算方法体系计算得出的，而会计处理方法又具有一定的人为主观性，因而，企业在确认和计量收入、成本、纳税方面存在一定的人为估计因素，可人为调节某一时期的收益。但是，就企业存续期来看，企业的总收益应当是一定的。

12.2.2　技术创业的盈利要素

1. 灵活得当的战略

一成不变的战略选择显然不适用于技术创业。环境在变，一切都在快速变化，在制订技术创业战略时，必须比环境变化更快。大多数管理者经常把过去成功的经验当作今后成功的资本，但经验容易使人固执，经验越多，越要小心谨慎，虚心学习。没有经验的人可能常常犯错误，但一般都是些小错误；经验丰富者一般很少犯错误，但一旦犯错误，很可能就是致命的。在进行技术创业时，那种凭经验制订战略的思维模式必须改变，而应把有规则的想象作为制订技术创业战略的基本思路。在技术创业的过程中，正确的思路是根据新兴技术的市场特征、竞争对手的强弱和采取的策略、自身的实力和核心能力等因素，在不同的环境和不同的阶段灵活采用不同的战略。在面对新兴技术时，战略已经没有了固定的模式。关键要充分运用规则和灵活想象这两个战略制订的要素，根据环境的变化和自身的核心能力，不断选择和调整战略，保持战略的灵活性。

2. 新型的组织形式

反应速度缓慢、无法集中优势能力的多层级金字塔组织显然已成为技术创业的障碍。过去那种重点研究和发展垂直和层级结构组织的设计思想，也不再适应技术创业企业的发展。组织扁平化、组织分离、构建联盟和建立新型组织形式，是绝大多数技术创业企业发展的必然选择。当一项新技术出现萌芽时，我们就应该认真审视什么样的组织最适宜它茁壮成长，什么样的组织是促进它盈利的最佳组织。在技术的早期，联盟通常是企业拓展技术的一个重要“窗口”。组织应适应变化的环境，这一管理箴言在技术创业企业中体现得更加充分。现在已发展出许多适应新兴技术的新型组织，如“左右逢源”的组织形式，即可以用左手经营传统的技术或传统的行业，用右手发展新兴技术；再如网络组织、虚拟组织、孵化型（spin-out）组织、前后端（front-back）组织等。

3. 知识产权保护

技术创业企业必须置身于一种完善的保护机制之下，尤其是加强知识产权保护，否则新兴技术将几乎无法获利。当前越来越多的大型企业开始认识到知识产权在获取创新利益中的重要性。IBM是当今运用专利的典范。IBM公司在2002年成功地获得了3288项美国专利，连续10年位居美国企业专利排名榜首，这个数字比其后的10家IT公司总和还多20项。大量的专利给IBM带来了丰厚的回报，创造了约100亿美元的知识产权收入。此外，IBM的专利在其产品化过程中也帮助了开发部门，在客户中产生了较大影响。“研发—技术—知识产权—标准”这个完整的套路，已成为国际巨头们在竞争中盈利屡试不爽的有力武器。专利权对技术保护的真正意义，是取得时间上的领先，建立短期的“技术壁垒”，企业要充分利用这一段时间，赢得足够的创新利润。

4. 补充性资产的掌控

对于补充性资产的有效管理，是获得创新收益的一个十分重要且有效的方法。补充性资产是指能力资源，例如销售渠道、服务能力、客户关系、与零部件提供商的关系和补充性产品。掌握这些资产的企业更有可能从新兴技术创新中获得商业利润。通过补充性资产获得利润的机会是向每一个掌握资产的人敞开的，不论是创新者还是其他任何人。既拥有技术又控制其补充性资产的企业，无疑将会在竞争中处于极为有利的地位，可以容易地获得技术带来的超额利润，甚至会将这种超额利润保持较长时间。一个缺乏某些补充性资产的技术创业者，很难获得预期或最大的创新收益，在寻求这些关键的补充性资产的过程中，提供补充性资产的企业往往坚持要分享一部分创新收益，缺乏补充性资产的创新者有时不得不花费高昂的代价去获得补充性资产。

5. 时间领先

时间领先的长短对不同的技术领域是不同的。如果是在一个竞争十分激烈的领域，可以获得的领先时间是很短的。所以，处于时间领先的企业一定要抓住这段时间获得尽可能多的利润。时间领先的长短不仅与领先企业的灵活想象、领先的技巧和运气有关，而且与跟随者的竞争能力以及采用策略等多种因素有关。如果技术创业者不仅是一项新兴技术的创造者，而且也是这场竞争的创造者的话，那么技术创新领先者将会获得更长的时间领先优势。如果领先者在这场竞争中与其他竞争对手几乎同时起步，那么即便获得了时间领先的优势，这种优势的保持时间也一定不会很长。如果技术创新的领先者能把创新与其他优势相结合，再通过补充性资产或者是其他方法来保护利润，那么领先的时间会更长。当技术创新者建立了良好的商誉，或者消费者的转换成本较高时，时间领先的优势会更长。尤其是在消费品市场，能首先满足需求的生产厂家会获得巨大的利润。时间领先不仅可以提供在竞争对手出现之前获得利润的机会，还可以利用这段时间锁定补充性资产，使竞争对手即便完成了技术上的创新，也无法完成产品的商业化过程。

12.2.3 技术创业的收益递增

1. 收益递增的内涵

重要概念

收益递增

收益递增指的是随着生产或被消费的产品或劳务的总量增加，产品或劳务的边际收益也随之增加。

收益递增会使得一个已经领先的企业变得更加领先。该理论说明，拥有一个逐渐成为行业标准的成功产品的企业会享受到收益递增和销量递增的成果。然而，我们并不能够保证越来越大的市场份额就一定会有高利润。并且，我们也不可能提前预测究竟哪一家公司会达到市场垄断地位。倘若一个产品、一家企业或是一项技术在市场中竞争的某项通过优良品质或明智战略引领了全行业，那么收益递增就会放大这项优势，该产品、企业或是这项技术也就能继续锁定市场。

2. 收益递增的途径

增加企业收益是企业的基本职能，增加企业收益的途径很多，但主要途径是扩大销售、降低成本、控制风险、纳税筹划等。

（1）扩大销售。扩大销售是增加企业收益最基本的途径。增加销售，不仅可以增加销售收入从而使主营业务利润增加；而且，由于销售的增加，还会相对节约有关成本费用。为了增加销售，企业应当做好以下几方面的工作：①根据市场和顾客的需要组织生产，不断研究和开发新产品，以满足顾客的需要；②加强销售工作的管理，做好应收账款的管理，减少坏账损失；③做好促销工作，使顾客了解产品的功能、质量和价格；④做好售后服务工作，提高产品的竞争力。

（2）降低成本费用。成本费用是决定企业收益高低的关键因素，企业必须在降低成本费用方面多做工作。降低成本费用，应从以下几个方面人手：①努力降低企业产品生产成本，产品生产成本是成本的主要组成部分，只要有产品，就必定有产品成本；产品成本包括直接材料、直接人工和制造费用；根据成本与业务量的依存关系，可以将成本费用分解为固定成本和变动成本；企业应当以变动成本为重点，重点挖掘节约变动成本的潜力。②努力降低企业资本成本，这要求企业合理使用各种资金，用有限的资金来完成更多的工作；要求企业采取多种形式加速资金的周转，提高资金的增值能力。③努力降低企业的管理成本。这要求企业要提高管理的效率，减少无效工作。

（3）控制风险。企业开展的各种经济活动都面临着风险，只要能获得与风险相对称的报酬，企业就应当勇于承担风险。但是，风险一旦管理不善，就会给企业带来损失，甚至是不可估量的损失，因此，企业不但要敢于承担风险，重要的是要善于控制和分散风险，对风险进行全方位的管理。这样一来，企业就能够获得较大的风险报酬，从而增加企业收益。

（4）纳税筹划。纳税是企业必须履行的义务，企业必须按照税法的规定依法纳税。但是，税金是构成企业收益的重要组成部分，与企业利润存在此消彼长的关系，因此，企业应当在符合税法规定的前提下，尽量减少纳税支出，这就要求企业积极开展纳税筹划，合理地安排自身的经营活动和财务活动，来达到合法避税或减轻税收负担的目的，增加企业的收益。

12.2.4 技术创业的收益分配

1. 收益分配战略

重要概念

收益分配战略

收益分配战略是指以战略眼光确定企业净利润留存与分配的比例，以保证企业和股东的长远利益，主要包括：资本收益的管理、股利分配政策等。

收益分配是利用价值形式对社会剩余产品所进行的分配。企业的收益分配战略应遵循既有利于股东又有利于企业的原则。企业的收益应在其利益相关者之间进行分配，包括债权人、企业员工、国家与股东。然而前三者对收益的分配大都比较固定，只有股东对收益的分配富有弹性，所以股利战略也就成为收益分配战略的重点。股利战略要解决的主要问题是确定股利战略目标、是否发放股利、发放多少股利以及何时发放股利等重大问题。从战略角度考虑，股利战略目标为：促进公司长远发展；保障股东权益；稳定股价，保证公司股价在较长时期内基本稳定。公司应根据股利战略目标的要求，通过制订恰当的股利政策来确定其是否发放股利、发放多少股利以及何时发放股利等重大方针政策问题。

同时，收益分配战略的制订必须以投资战略和筹资战略为依据，必须为企业整体战略服务。一方面企业要满足营销及产品质量发展的需要，全力支持企业的扩张型发展战略，内部挖掘潜力来部分满足企业高速发展中对资金的需求；另一方面企业还应最大限度满足企业培育与提升核心竞争力对权益资本的需要，积极探索知识、技术、专利、管理等要素参与收益分配的有效办法，制订有利于留住人才和人尽其才的收益分配政策。

2. 利益分配机制

技术创业的团队涉及技术、人力、市场等领域，因此利益分配也应权衡这些方面，形成技术创业收益分配机制，主要包括成果评价机制、产权界定机制、约束协调机制和协商谈判机制，以形成分配公平依据，调动团队积极性，保障合作稳定和协调利益矛盾。

（1）成果评价机制。科研成果作为收益各方分配收益的基础，其定价关系到各方收益的比例，是各方关注的焦点问题。由于科研成果往往是创新成果，没有现成的市场价格作参考。因此，对科研成果的定价带有一定的预测性和估计性，科研成果反映了科研人员的贡献大小，如果对科研成果的定价不合理，会直接影响到科研人员的研究积极性和投入技术创业的热情度，最终导致科技创新与技术创业不能顺利进行。因此，必须构建科学的技术成果评价机制。

（2）产权界定机制。产权是收益分配机制的核心，产权往往是由相关主体的初始投资额决定的，包括成员用于购置研发和生产设备、仪器等的事前投资，科技成果作价入股的无形资本，以及成员雇用工程师、技术专家和普通技术工人等的人力资本。如果对科研成果的产权归属问题界定不清、各方的投资比例与收益分配问题没有明确规定，那么相关主体的收益就得不到合理分配，从而影响到整个技术创业的激励效应。所以，必须建立完善的对科研成果产权界定机制，防范潜在产权收益冲突。

（3）约束协调机制。由于技术创业活动的不确定性，各利益主体的机会主义行为难以避免，所以必须建立有效的约束机制，通过事先建立的惩罚和激励措施，保障各方的公平收益。各主体无论规模大小、实力强弱，在合作中的地位和对利益追求的权力都是平等的，要通过约束机制的构建保证每个主体都能从成功后的合作中获取相应的利益，实现互惠互利。合作各方实力存在差异，为调动各方的积极性，必须注重收益的协调问题。技术创业主体是作为整体开展创业活动的，但是这些主体间存在复杂的、相互关联的工作，需要各主体之间相互协同。所以，要建立公平的合作制度，培养各主体间的团结协作精神，避免因为主体间的隔阂猜忌而影响整体绩效。

（4）协商谈判机制。技术创业收益分配不仅是技术创业有形资产的分配，也是专利权、技术诀窍和商誉等无形资产的分配。技术创业主体的收益分配是一个多主体谈判的过程，是一个典型的完全信息条件下最优合约谈判问题。各方谈判实力主要取决于其在技术创业中的核心竞争力，如科研人员的优势在于其科研能力，企业投资者的优势在于其资金等。不同的技术创业项目中，各方核心竞争力的价值是不同的，这就直接导致了各方的不同的项目中其谈判能力有巨大的差异。

课后练习

【拓展阅读】

创办于1996年的合俊集团，是国内规模较为大型的OEM型玩具生产商。在世界五大玩具品牌中，合俊集团已是其中三个品牌——美泰、孩子宝以及Spin master的制造商，并于2006年9月成功在香港联交所上市，在2007年的时候，销售额已经超过9.5亿港元。然而进入2008年之后，合俊集团的境况急转直下。在2008年10月，这家在玩具界举足轻重的大型公司没能躲过这次全球性金融海啸，损失惨重。目前，合俊集团已经关闭了其在广东的生产厂，涉及员工超过7000人。

全球金融危机爆发后，整个玩具行业的上下游供应链进入恶性循环，再加上2008年生产成本的持续上涨、最低工资上调及人民币升值等大环境的影响，导致合俊集团的资金链断裂。表面上看起来，合俊集团是被金融风暴吹倒的，但是只要关注一下最近两年合俊集团的发展动态就会发现，金融危机只是压倒合俊集团的最后一根稻草。实际上，合俊集团本身的商业模式存在着巨大的风险。作为一个贴牌生产企业，合俊并没有自己的专利技术，在生产中也没有重视生产研发的投入，依靠的是欧美的订单。美国的次贷危机发展成金融危机后，首先受到影响的肯定是这些靠出口美国市场过活的贴牌企业。

而在2008年11月2日中央电视台新闻联播记者采访倒闭后的合俊集团时，在现场拍到的产品是像商品的赠品玩具滑旱冰及骑自行车的护膝用品、赚几元钱的电子狗等的小商品。早在2007年6月，合俊集团已经认识到过分依赖加工出口的危险。2007年9月，合俊集团计划进入矿业，以约3亿元的价格收购了福建天成矿业48.96%股权。天成矿业的主要业务是在中国开采贵金属及矿产资源，拥有福建省大安银矿。据合俊集团旗下东莞樟木头合俊樟洋厂一位核心部门的负责人表示，2008年2—3月份，合俊集团付给天成矿业2.69亿元的现金，直接导致厂里资金链出现问题。

公开资料显示，合俊集团2007年10月底曾公告，以3.09亿港元总价收购福建省大安银矿勘探权。然而令合俊集团始料未及的是，这家银矿一直都没有拿到开采许可证，无法给公司带来收益，而3.09亿港元的资金中国矿业也没有按约定返还给合俊集团（上述公告表明，双方约定2008年4月拿不到开采证，则将返还收购资金给合俊集团）。

对于天成矿业的巨额投入，合俊集团根本未能收回成本，跨行业的资本运作反而令其陷入资金崩溃的泥沼。随着资金越来越紧张，为缓解压力，合俊集团卖掉了清远的工厂和一块地皮，并且定向增发2500万港元。可是，“2500万顶多维持两个月的工资”。为了维持公司的日常运营，合俊集团开始向银行贷款，但是不幸的是银行贷款的途径似乎也走不通了。公开资料显示，合俊集团的贷款银行全部集中在香港，分别是星展、恒性、香港上海汇丰、瑞穗实业、南洋商业、渣打和法国巴黎银行香港分行7家。

合俊集团2007年年报显示，其一年内银行借款额为2.39亿港元。“这其中有一亿七八千万是以公司财产作抵押，剩下数千万主要是老板在香港的熟人提供担保。”上述负责人透露。但是合俊集团2008年上半年并没能拿到新贷款。可以说，收购矿业孤注一掷的“豪赌”，赌资本应该是合俊玩具用于“过冬”的“粮食”。没有了这笔巨额资金，合俊最终没能挨过制造业刚刚遭遇的冬天。

（豆丁网，https://www.docin.com/p-796308408.html）

【课外练习题】

结合合俊集团案例，请以PPT的形式讲述企业所遭遇的风险有哪些？你如果是创业者或者企业管理者，会采取哪些措施规避这些风险，使企业良性发展？

学习目标：

（1）尝试利用规避风险的方法防范系统风险和非系统风险。

（2）设计企业收益的模式以及制订收益递增战略。

练习要求：

结合你熟悉的企业，请分析其面临的风险，如果你是创业者会如何规避这些风险？撰写一份报告。

【本章思考题】

1. 如何理解创业风险？
2. 创业风险的来源有哪些？
3. 规避风险的途径和方法有哪些？
4. 获取收益的模式有哪些？
5. 技术创业企业如何有效实现收益分配？

参考文献

[1] 李家华. 创业基础. 第2版[M]. 北京：清华大学出版社, 2015.

[2] 陈安国，张继红，周立，何建坤. 论研究型大学的技术转移模式与制度安排[J]. 科学学与科学技术管理，2003（09）：38-42.

[3] 王凯，邹晓东. 美国大学技术商业化组织模式创新的经验与启示——以“概念证明中心”为例[J]. 科学学研究，2014，32（11）：1754-1760.

[4] 方炜，孙树栋. 新产品研发项目关键成功因素实证研究——基于不同的企业创新战略[J]. 科研管理，2007（05）：102-109.

[5] 鲁若愚，张鹏，张红琪. 产学研合作创新模式研究——基于广东省部合作创新实践的研究[J]. 科学学研究，2012，30（02）：186-193，224.

[6] 荆宁宁，胡汉辉. 新产品研发业务流程中的知识过程[J]. 科学学与科学技术管理，2008（01）：84-87.

[7] 杨林，张敏. 国外企业战略变革理论与经验研究综述[J]. 外国经济与管理，2008（05）：56-65.

[8]刘益. 波特“五力模型”的缺陷及其改进[J]. 管理工程学报，1999（S1）：13-16+68-69.

[9] 汪涛，万健坚. 西方战略管理理论的发展历程、演进规律及未来趋势[J]. 外国经济与管理，2002（03）：7-12.

[10] 谭劲松，艾琳·费舍尔，罗纳德·米切尔，潘庆财. 小企业情境中的创新和技术战略研究[J]. 管理世界，2009（11）：156-165.

[11] 罗仲伟，任国良，焦豪，蔡宏波，许扬帆. 动态能力、技术范式转变与创新战略——基于腾讯微信“整合”与“迭代”微创新的纵向案例分析[J]. 管理世界，2014（08）：152-168.

[12] 张赤东，郑垂勇. 我国中小企业技术创新战略SWOT模型分析[J]. 科技管理研究，2007（03）：106-109.

[13] 徐飞，陈洁，何伟. 基于创新SWOT矩阵的企业技术竞争战略[J]. 科学学研究，2006（05）：808-815.

[14] 王泽宇，严子淳. 社会网络强弱关系对互联网创业融资绩效影响研究[J]. 管理学报，2019，16（04）：550-560.
[15] 胡海青，王兆群，张颖颖，张琅. 创业网络、效果推理与新创企业融资绩效关系的实证研究——基于环境动态性调节分析[J]. 管理评论，2017，29（06）：61-72.
[16] 李新春，潮海晨，叶文平. 创业融资担保的社会支持机制[J]. 管理学报，2017，14（01）：55-62.
[17] 钟田丽，胡彦斌. 高技术创业企业人力资本特征对R&D投资与融资结构的影响[J]. 科学学与科学技术管理，2014，35（03）：164-174.
[18] 梅德强，龙勇. 高新技术企业创业能力、创新类型与融资方式关系研究[J]. 管理评论，2012，24（01）：67-74.
[19] 龙勇，常青华. 高技术创业企业创新类型、融资方式与市场策略关系研究[J]. 科学学与科学技术管理，2008（01）：70-74.
[20] 林剑. 社会网络作用于创业融资的机制研究[J]. 南开管理评论，2006（04）：70-75.
[21] 蔡贵龙，柳建华，马新啸. 非国有股东治理与国企高管薪酬激励[J]. 管理世界，2018，34（05）：137-149.
[22] 尹美群，盛磊，李文博. 高管激励、创新投入与公司绩效——基于内生性视角的分行业实证研究[J]. 南开管理评论，2018，21（01）：109-117.
[23] 朱德胜，周晓珮. 股权制衡、高管持股与企业创新效率[J]. 南开管理评论，2016，19（03）：136-144.
[24] 李延喜，曾伟强，马壮，陈克兢. 外部治理环境、产权性质与上市公司投资效率[J]. 南开管理评论，2015，18（01）：25-36.
[25] 陈仕华，郑文全. 公司治理理论的最新进展：一个新的分析框架[J]. 管理世界，2010（02）：156-166.
[26] 袁知柱，鞠晓峰. 制度环境、公司治理与股价信息含量[J]. 管理科学，2009，22（01）：17-29.
[27] 冯根福，温军. 中国上市公司治理与企业技术创新关系的实证分析[J]. 中国工业经济，2008（07）：91-101.
[28] 张宗益，张湄. 关于高新技术企业公司治理与R&D投资行为的实证研究[J]. 科学学与科学技术管理，2007（05）：23-26+116.
[29] 贾生华，陈宏辉. 全球化背景下公司治理模式的演进趋势分析[J]. 中国工业

经济，2003（01）：78-86.
[30] 周业安. 人力资本、不确定性与高新技术企业的治理[J]. 中国工业经济，2002（10）：56-63.
[31] 黎博，黄毅，徐运保，谭超. “卓越计划”视域下的管理人才创新创业能力培养路径探究——评《基于卓越计划的管理类专业人才培养模式改革研究》[J]. 管理世界，2021，37（02）：26.
[32] 张学艳，周小虎，包佳妮. 动态能力视角下的科技型创业者政治技能与创业绩效[J]. 管理学报，2020，17（08）：1179-1187.
[33] 李扬，单标安，费宇鹏，李北伟. 数字技术创业：研究主题述评与展望[J]. 研究与发展管理，2021，33（01）：65-77.
[34] 贺小刚，朱丽娜，吕斐斐，贾植涵. 创业者缘何退出：制度环境视角的研究[J]. 南开管理评论，2019，22（05）：101-116.
[35] 马锋，潘成利，冯锋. 科技成果转化中的知识产权相关问题研究——基于中国科学院下属科研院所的调研分析[J]. 管理评论，2021，33（03）：138-145.
[36] 韩秀成，李牧. 关于建设知识产权强国若干问题的思考[J]. 管理世界，2016（05）：1-8.
[37] 李莉，闫斌，顾春霞. 知识产权保护、信息不对称与高科技企业资本结构[J]. 管理世界，2014（11）：1-9.
[38] 张克英，李仰东，郭伟. 合作研发中知识产权风险对合作行为影响的研究[J]. 管理评论，2011，23（12）：76-83.
[39] 林嵩，张帏，林强. 高科技创业企业资源整合模式研究[J]. 科学学与科学技术管理，2005（03）：143-147.
[40] 蔡莉，柳青. 新创企业资源整合过程模型[J]. 科学学与科学技术管理，2007（02）：95-102.
[41] 蔡莉，葛宝山，朱秀梅，等. 基于资源视角的创业研究框架构建[J]. 中国工业经济，2007（11）：96-103.
[42] 韩炜，杨俊，包凤耐. 初始资源、社会资本与创业行动效率——基于资源匹配视角的研究[J]. 南开管理评论，2013，16（03）：149-160.
[43] 许佳荧，张化尧. 共性资源联盟与“互联网+”创业——基于创业者视角的多案例分析[J]. 科学学研究，2016，34（12）：1830-1837.
[44] 易朝辉，周思思，任胜钢. 资源整合能力与科技型小微企业创业绩效研究

[J]. 科学学研究，2018，36（01）：123-130+13.
[45] 赵文红，李秀梅. 资源获取、资源管理对创业绩效的影响研究[J]. 管理学报，2014，11（10）：1477-1483.
[46] 刘万利，胡培. 创业风险对创业决策行为影响的研究——风险感知与风险倾向的媒介效应[J]. 科学学与科学技术管理，2010，31（09）：163-167.
[47] 丁栋虹，张翔. 风险倾向对个体创业意愿的影响研究[J]. 管理学报，2016，13（02）：229-238.
[48] 田增瑞，司春林. 创业投资收益回收的激励、方式及时机选择[J]. 研究与发展管理，2004（06）：62-67.
[49] 杨隽萍，于晓宇，陶向明，等. 社会网络、先前经验与创业风险识别[J]. 管理科学学报，2017，20（05）：35-50.
[50] 黄永春，毛竹青，苏德金，等. 创业期望、风险恐惧与新生企业家的创业行为——基于调节聚焦理论[J]. 科研管理，2020，41（06）：17-28.
[51] 孙卫，张颖超，尚福菊，等. 创业团队冲突管理、团队自省性与创业绩效的关系[J]. 科学学与科学技术管理，2014，35（06）：137-143.
[52] 石书德，张帏，高建. 影响新创企业绩效的创业团队因素研究[J]. 管理工程学报，2011，25（04）：44-51.
[53] 张鹏，邓然，张立琨. 企业家社会资本与创业绩效关系研究[J]. 科研管理，2015，36（08）：120-128.
[54] 胡望斌，张玉利，杨俊. 同质性还是异质性：创业导向对技术创业团队与新企业绩效关系的调节作用研究[J]. 管理世界，2014（06）：92-109+187-188.
[55] 周冬梅，陈雪琳，杨俊，鲁若愚. 创业研究回顾与展望[J]. 管理世界，2020，36（01）：206-225+243.
[56] 谢科范，吴倩，张诗雨. 基于七维度分析的创业团队岗位配置与角色补位[J]. 管理世界，2010（01）：181-182.
[57] 杨俊，田莉，张玉利，王伟毅. 创新还是模仿：创业团队经验异质性与冲突特征的角色[J]. 管理世界，2010（03）：84-96.
[58] 朱仁宏，周琦，张书军. 创业团队关系治理与新创企业绩效倒U形关系及敌对环境的调节作用[J]. 南开管理评论，2020，23（05）：202-212.
[58] 郑鸿，徐勇. 创业团队信任的维持机制及其对团队绩效的影响研究[J]. 南开管理评论，2017，20（05）：29-40.

[60] 亚历山大·奥斯特瓦德，伊夫·皮尼厄. 商业模式新生代[M]. 北京：机械工业出版社，2011.

[61] 魏炜，胡勇，朱武祥. 变革性高速成长公司的商业模式创新奇迹——一个多案例研究的发现[J]. 管理评论，2015，27（07）：218-231.

[62] 原磊. 商业模式分类问题研究[J]. 中国软科学，2008（05）：35-44.

[63] 仝自强，李鹏翔. 技术型初创企业商业模式创新演进机理研究[J]. 软科学，2021，35（03）：55-62.

[64] 毛蕴诗，陈涛，李炜. 苹果：此前转型与成功的逻辑分析[J]. 经济管理，2013，35（06）：62-71.

[65] 李志强，赵卫军. 企业技术创新与商业模式创新的协同研究[J]. 中国软科学，2012（10）：117-124.

[66] 凯瑟琳·艾伦. 技术创业：科学家和工程师的创业指南[M]. 北京：机械工业出版社，2009.

[67] 理查德·多尔夫，托马斯·拜尔斯，等. 创业的轨迹：从创意到一个企业的真正诞生[M]. 北京：中国人民大学出版社，2011.

[68] EVANS D S，LEIGHTON L S. Some Empirical Aspects of Entrepreneurship [J]. American economic review，1989.

[69] CHOI Y R，LÉVESQUE M，SHEPHERD D A. When should entrepreneurs expedite or delay opportunity exploitation?[J]. Journal of Business Venturing，2008，23(3)：333-355.

[70] SHARMA P，CHRISMAN J J. Toward a reconciliation of the definitional issues in the field of corporate entrepreneurship[M]. Springer Berlin Heidelberg，1999.

[71] HELPMAN E . Innovation，imitation，and intellectual property rights[J]. NBER Working Papers，1992.

[72] BOZEMAN B . Technology transfer and public policy：A review of research and theory[J]. Research Policy，2000，29(4-5)：627-655.

[73] WHITE R S. Working knowledge：How organizations manage what they know [J]. Journal of Technology Transfer，2001.